# 어려운 시들

김남석 평론집

국립중앙도서관 출판시도서목록(CIP)

어려운 시들 : 김남석 평론집 / 김남석. – 부산 : 산지니, 2008
  p. ;   cm. – (산지니평론선 ; 2)

ISBN 978-89-92235-34-1 03810 : ₩18000

811.609-KDC4
895.7109-DDC21
CIP2008000816

# 어려운 시들

김남석 평론집

산지니 평론선 2

산지니

서문

## 시를 건너는 법
― 쉬운 시를 꿈꾸며 ―

시는 '말들의 굽이치는 물결'이다. 시어들은 일정한 유속(流速)에 따라 시행을 이루고, 겹쳐 쌓인 시행들은 시의 수심(水深)을 이룬다. 따라서 시를 읽으려는 이들은 시어들의 흐름과 시행들의 깊이를 따지지 않을 수 없다. 한 편의 시를 읽는다는 것은 해석되기 이전의 이쪽 강안(江岸)에서 시의 강을 지나 맞은편 해석의 강안으로 나아가는 것을 뜻한다. 시를 건너 도달한 맞은편 강안은 곧 의미의 세계라고도 할 수 있다.

시를 읽는다는 것은, 수수께끼를 풀기 위한 지적 모험과도 유사하다. 시는 감추어진 시어들을 찾아 의미의 징검다리를 연결했을 때에만, 맞은편 강안에 도달하는 것을 용인한다. 거꾸로 이야기하면 시인들은, 시를 읽고자 하는 이들이 적정한 상상력으로 감추어진 시어들을 찾고 시어들의 흐름에 유의하며 동시에 시의 깊이를 측정할 수 있도록 배려하는 이들을 가리킨다고 할 수 있다.

하지만 요즘 세상의 풍조는 이러한 보편적인 합의를 어기는 것에 더욱 관심을 쏟고 있는 듯 하다. 시를 읽을 수 없도록, 시의 맞은편 강안에 도달할 수 없도록, 시어들을 깊숙이 감추거나 고의로 건널 수 없도록 만드는 시들이 출몰하고 있다. 그들은 의미의 저쪽 강안에 도달하는 것이 그다지 중요하지 않다고 주장하는 듯 하다. 혹은 누구나 한 편의 시를 읽으면 도달하는 강안이 다를 수밖에 없다고 주장하는 듯하다. 일견 생각하면 그들의 생각에도 일리가 있어 보인다. 어떻게 한 편의 시를 읽고 동일한 해석을 얻을 수 있겠는가?

하지만 다시 생각하면, 그것은 궁색한 답변일 수밖에 없다. 읽기 쉬운 시를 써야 한다는 논리는, 시를 읽고 도달하는 해석의 지평이 같아야 한다는 뜻이 아니다. 시라는 장르는, 아니 문학 자체는, 어떠한 경우에도 같은 해석을 얻기 힘들다. 그럼에도 시는 보편타당한 합의점을 이끌어낼 수 있어야 한다. '나'의 정신세계와 '너'의 정신세계가 다르니 어차피 이해는 불가능하지 않겠느냐는 단정은, 문학이 개성의 실현이면서 동시에 보편의 구현이어야 한다는 기본적인 원리를 이해하지 못하는 소치라 할 수 있다. 문학은 분명 동의할 수 없는 세상과의 단절에서 시작하고 또 그래해야지만, 궁극에는 그 세상과 어떤 방법으로든 다시 소통하려는 행위임을 잊어서는 안 될 것이다.

시를 어렵게 쓰는 것보다 더 위험한 것은, 이해 불가능한 시들을 둘러싼 일련의 논의들이다. 이해 불가능한 것은 이해 불가능하다고 말해져야 하는데도 불구하고, 어떤 이들은 그 이해 불가능한 것들 사이에 질서가 있고 의미가 있고 또 가치가 있다고 말해버린다. 그들의 의견은 황당하고 지나치게 낯설지만, 다른 한 편에서 보면 건널 수 없다고 생각했던 시를 건너려는 나름대로의 시도였다는 점까지 부인하기는 힘들다. 동의할 수는 없지만 해볼 만한 모험이라고 할까.

 정작 문제는 그 다음이다. 건널 수 없는 시들을 건널 수 있다는 사람들을 비판하는 사람들이 생겨났다. 그것은 어찌 보면 당연하다. 건널 수 없는 시들을 어떻게 건넜느냐고 물을 수 있고, 도달할 수 없는 곳에 어떤 의미를 논할 수 있겠느냐고 반론할 수 있기 때문이다. 나 역시―다른 사람들의 눈으로 보면―그러한 반론을 제기하는 사람이다.

 그러나 그 반론은 순진한 것일 경우에만 반론으로 가치가 있다. 반론을 통해 또 다른 욕망―사람들은 그것을 인정받기 위한 비평가의 투쟁이라고 너그럽게 인정하기도 한다―을 개입시키거나 순수하지 못한 헤게모니 문제를 관련시킬 경우, 우리는, 적어도 나는, 그러한 반론을 반론으로 인정할 수 없을 것 같다.

어려운 시는 과거에도 있었다. 이상은 우리에게 시가 얼마만큼 어려울 수 있는가를 몸소 체험시켰다는 점에서 문학사적 의의를 지닌다. 그가 건너갔던 시의 세계는 우리 문학사에서 시가 얼마만큼 낯설고 어려울 수 있는가를 알려주는 이정표가 되기 때문이다. 지금도 많은 이들이 그가 건넌 시의 강(江)을 다시 건너, 모든 것이 조화롭게 이해되는 해석의 지평에 안착하기를 꿈꾸고 있다. 그러나 여기서 잊지 말아야 할 것은, 이상을 꿈꾸는 모든 시인들이 그러한 너그러운 평가를 받기는 힘들다는 것이다. 그것은 어찌 보면, 가장 먼저 걸어갔던 이상만의 특권일 수 있다.

우리는 두 번째 이상을 원하지 않는다. 우리가 원하는 시는 한동안 고민하면 이해할 수 있는 시이다. 궁리하고 상상하고 또 지적 모험을 포기하지 않는다면, 건널 수 있는 시이다. 그 시를 읽고 우주와 세상과 집단과 타자 그리고 자아에 대해 생각할 수 있는 순간이다. 나는 시라면, 아니 잘 쓰인 시라면, 그런 순간을 맞이할 수 있어야 한다고 믿는다. 그리고 시 비평은 그 순간을 실현시킬 수 있도록 돕는 비평이어야 한다고 믿는다. 이것이 내가 생각하는 시이고, 동시에 시 비평이다. 그렇게 보면 이 세상에는 어려운 시들이 너무 많다는 생각이 든다.

차례

005    서문

013    제1부  **어려운 시들**

015    어려운 시들―젊은 시의 경향에 대하여
042    현란한 언어들―젊은 시의 경향에 대하여 · 2
076    젊은 시인들의 의식세계―넓이에의 강요 · 1


111    제2부  **우리 시의 다른 미래들**

113    우리 시의 다른 미래들
139    지역의 시를 읽다―늘어가는 지역 잡지들을 위하여
168    만화와 시

| | | |
|---|---|---|
| 185 | 제3부 | **아름다운 언어들** |

| | |
|---|---|
| 187 | 번져가는, 묻어나는—손택수의 시 세계 |
| 205 | 말(言)로 그린 그림—박성우의 시 세계 |
| 231 | 연민의 시학—이대흠의 시를 읽고 |
| 248 | 세 시인이 살아가는 방식—허형만, 노향림, 장석주의 시 |
| 269 | 시선(視線)들의 미묘한 차이—문인수, 최춘희, 정우영의 시 |
| 283 | 세상으로 난 편지길 |

| | | |
|---|---|---|
| 297 | 제4부 | **찬란한 가능성들** |

| | |
|---|---|
| 299 | 파열된 기억의 핵 |
| 316 | 80년대를 바라보는 방식에 대하여 |
| 330 | 사라지는 것들—이영광의 신작시 |
| 344 | 내 안의 마녀, 그리고 남자들—김지유의 시 세계 |
| 364 | 단정함과 어긋남—하재연, 고현정, 김언, 박진성의 시 |

# 제1부
# 어려운 시들

# 어려운 시들
— 젊은 시의 경향에 대하여 —

## 1. 어려운 시들을 향한 출사표

 2005년에도 많은 시집이 출간되었고, 많은 시평이 행해졌다. 그러나 제대로 된 평가를 받고 제대로 가치를 인정받는 글(시집이나 평론이나)은 그리 많지 않은 것 같다. 많은 시집들이 출간되었지만, 그 가치를 전적으로 인정하기 힘든 경우가 많았고, 그럼에도 불구하고 시평들은 그러한 시집들의 가치를 긍정하기에 바빴기 때문에, 역시 전적으로 그 해석을 신뢰하기 힘들었다.

 오해가 있을까봐 밝히지만, 나는 이 글을 통해 오래된 폐습 '전체'에 대해 논의하고 싶은 생각은 없다(그것은 다른 지면을 통해서 기회가 닿는 대로 해볼 요량이다). 다만 '어려운 시'(의 해석)에 대한 문제 제기는 이 기회에 꼭 한 번 해보고 싶다. 요즘의 시는 점점 어려워지고 있다. 그럼에도 시단과 시 비평은 그러한 어려움을 너무나 유연하게 해결하고 있다(나는 시 비평이 어려운 시의 함정을 너끈하게 뛰어넘은 것을 보고 감탄할 때가 한두 번이 아니다).

내가 어렵다고 느끼는 것은 실제로 시의 문법이 어려워지고 고급화되어 어렵다고 느끼기 때문이기도 하지만, 지나치게 주관적인 사고에 매몰되어 시의 기본적인 합의를 어기기 때문이기도 하다. 다시 말해서 시에서의 말(언어)의 사용을 지나치게 개인적인 차원의 문제로 국한시키고 있다. 그럼에도 시 비평은 이러한 개인화와 암호화를 함부로 옹호하고 있다는 혐의가 짙다.

문제는, 허술한 시집을 함부로 칭찬하는 것에 있지 않다. 진짜 문제는 뛰어나고 정교한 시집들을 어렵다는 이유로, 손쉽게 해석하고 함부로 의미 부여하는 것에 있다. 함부로 의미 부여된 시집들이 세상에 널렸기 때문에, 진실로 의미 부여될 시집들은 사장될 지경이다. 또 그러한 해석이 판치면서 '남이 알아듣지 않도록 시를 쓰기만 하면 좋은 시가 된다'는 좋지 않은 속설도 유행하는 것 같다.

그렇다면 다시, 문제는 시 해석의 정직함이다. 먼저 시의 해석 과정에서 부딪치는 난관을 어떻게 극복했는지 확실하게 밝혀야 한다. 나는 이 글을 통해 2005년에 내가 읽은 시집들 중에서 어렵다고 생각하는 시(집)들과 대화를 시도할 작정이다(비록 전적인 옹호는 아니지만, 시 해석 과정에서 생기는 난감함을 통해 재음미할 가치가 파생되는 경우로 한정한다). 어떠한 해석이 난감하고, 어디가 해석되지 않는지, 어떠한 문제에서 해석의 갈림길이 생기는지, 그 과정과 어려움을 어떻게 고민해야 하는지, 가급적 정직하게 밝힐 것이다. 이러한 정직함만이 한 근의 시를 천근으로 다는 어리석음을 방지하기 때문이다.

## 2. 시가 그려낸 환상, 현실 뒤편의 풍경들

　이민하의 시집 『환상수족』(열림원, 2005)을 읽다가 심한 어지러움을 느꼈다. 그녀의 시는 습관적 언어 관습에 물든 사람들에게 일종의 충격을 준다. 그 충격은 1930년대 이상이 우리 시단에 준 충격과 근본적으로 동일할 것이다. 언어의 환경을 바꿈으로써, 시란 으레 이런 것일 거라고 믿었던 사람들에게 난감함을 던져주는 실험과 도전의 언어. 그러나 그러한 언어들이 가진 한계 역시 만만하지 않다. 그러한 언어들은 이질감이라는 정서적 충격을 가하지만, 동시에 몰이해라는 냉담한 반응도 감수해야 한다. 이민하의 시를 읽으며 내가 감지한 어지러움도, 한편으로는 이질감에 대한 흥미로움이면서 동시에 다른 한편으로는 이해되지 않는 것에 대한 차가운 시선이기도 하다.
　그녀의 시를 읽기(이해하기) 위해서 하나의 샘플을 골라보았다. 시인에게는 다소 실례일 수도 있겠으나, 그녀의 시 중에서 가장 평이하고 그래서 쉽게 이해가 될 여지가 많은 시이다. 이 시를 통해 그녀의 내밀한 언어 감각을 살펴보고 싶다.

　참 아름답군요 딱 한 번 스쳤을 뿐인데 양파 같은 눈이 보기 좋군요 끝없이 즙을 짜는 세월의 물컹한 살점이 도려내기 좋군요 당신은 안경을 벗고 나는 창문을 벗어요 당신은 바지를 끄르고 나는 계단을 끌러요 당신은 가랑이를 벌리고 나는 활주로를 벌려요 당신은 혀를 내밀고 나는 비행기를 내밀어요 당신은 내 몸을 올라타고 나는 구름숲을 올라타요 구름숲에는 녹색 투명한 산들이 거꾸로 매달려 자라고 오렌지를

눈에 낀 태아들이 골짜기마다 우글거리고 오백 년 묵은 짐승들의 비명
이 으스러져 보드라운 밀가루처럼 날려요 머리끝에서 발끝까지 천릿
길을 온몸의 발굽으로 숨가쁘게 내달리는 안경을 벗은 당신,

— 이민하, 「안경을 벗은 당신,」 부분

 시인은 '당신'이라는 상대와 함께 있다. 당신이라는 뉘앙스와 둘만의 행위로 보건대, 당신은 남자이고 연인이고 어쩌면 남편일 수도 있다. 두 사람은 사랑의 행위에 빠져들고 있는 것으로 보이는데, 그 과정을 시인은 다소 윤색해서 시 안에 포함시키고 있다.
 가령 '당신은 안경을 벗고 나는 창문을 벗어요'를 보자. 성행위를 위해서 상대가 안경을 벗은 것으로 보인다. 그렇다면 상대인 '나'는 안경에 해당하는 무언가를 벗어야 한다. 하지만 시에서는 '창문'을 벗는다. '옷'이나 '구두'나 '목걸이'가 아니라, '창문'이다. 그 다음을 보자. '당신은 바지를 끄르고 나는 계단을 끌러요'. 남자는 바지를 벗는다. 혁대를 푸는 행위를 강조해서 시인은 '끄른다'고 표현했다. 그렇다면 '나'는 '치마'를 '끄르던', '브래지어'를 '끄르던' 해야 한다. 이것이 일상적인 언어 습관이고, 반복과 변주가 가져올 것으로 기대되는 시어 조합이다. 하지만 시인은 이러한 기대를 무참하게 배반한다. 배반할 뿐만 아니라, 전혀 엉뚱한 단어를 그 자리에 삽입한다. '창문'과 '계단'은 해석이 불가능한 단어들이다. 적어도 나에게는 그러하다.
 억지로 해석해보자. '당신'이 안경을 벗는 동안, '나'는 그러한 '당신'을 보게 되고, 그런 상대를 향해 가지고 있던 마음을 연다고 가정하자. '당신'이 무언가를 벗어 새로운 차원으로 '나'를 보게 되는 것에 화답하기 위해서, '나'도 무언가를 벗어 새로운 차원의 시각을 확보하

려 한다고 할 수 있다. 안경이라는 물리적 시야 대(對) 마음의 창문이라는 심리적 시야가 대조/비교된다고 할까.

  '바지'의 경우도 비슷하게 추정할 수 있다. '당신'이 바지를 끄르는 행위는 옷을 벗는 행위 중 일부이다. 모르긴 몰라도 '바지'를 벗고도 더 벗어야 할 것들이 있을 것이다. '나'가 여자라면 벗어야 할 옷들의 목록은 더욱 많을 것이고, 그것은 마치 '계단'을 오르는 과정처럼 순서와 단계를 가지게 될 것이다. 시인은 물리적으로 바지를 벗는 행위 대(對) 심리적으로 그 다음 단계를 준비하는 행위를 대조/비교하고 있다.

  이러한 언어적 추정은 그 자체로 맞는 것일 수도 있고 아닐 수도 있다. 그나마 이 시의 이 구절은 복잡하지 않기 때문에 추정이 가능할 수도 있다. 문제는 이러한 언어적 습관이 시의 중요한 기능을 담당하지만, 그렇다고 무한정 용인될 것이 아니라는 점이다.

  실제로 인용된 부분의 그 다음 부분을 보면 더 복잡하고 내밀해진다. '당신은 가랑이를 벌리고 나는 활주로를 벌린'다는 구절은 성교의 직전 단계를 묘사한 것 같다. '활주로'라는 의미는 성교 시 사용되는 은어 같지만, 상황을 통해 대략적으로 이해될 수는 있다.

  하지만 그 다음은 어려워진다. '당신은 내 몸을 올라타고 나는 구름숲을 올라타요'. 이 구절에서 두 사람은 육체적 합일에 이르고, 서로의 느낌을 표현했을 것이다(시인의 표현을 빌리면). 그러나 시적 상황에 대한 모호성은 더욱 커져, 그 해석들은 일반적인 상식 혹은 각자의 정서적 직관에 의존해야 할 뿐, 시어나 문장이 조성하는 시적 환경에서 그 의미를 골라내기는 힘들어진다. 한마디로 말해, '구름숲'의 실체를 각자의 경험에서 찾아야 한다는 말이다.

가장 문제는 그 다음이다. 나는 그 다음 구절을 제대로 해석할 수 없다. 내 판단으로는 성애의 어떤 내밀한 감각을 묘사한 것 같지만, 지금의 상황으로는 해석이 불가능하다고 믿는다. 어쩌면 이민하의 시는 한 편 한 편, 한 구절 한 구절 떼어서 읽는 것이 아닐지도 모른다. 또 전통적인 언어의 쓰임이 아니라, 시 전체가 풍기는 분위기로 이해해야 할지도 모른다. 그녀의 시는 시각성을 강하게 지향하고 있어, 단어 하나의 의미가 아닌, 단어와 단어가 만나 이루는 충돌과 파장에 주목해야 할지도 모른다.

그러나 나의 독법으로는 이민하의 시에서 먼저 재고되어야 할 지점은 언어에 대한, 언어를 이해받기 위한, 모색과 노력이다. 시가 '미스터리'가 되지 않기 위해서는, 언어적 습관에 의해 해석되고 이해되는 부분도 포함되어야 한다. 만일 음악이나 미술처럼 그 자체로 의미가 탈색된 질료(매개체)를 사용할 수 있다면, 이민하의 실험이 더 중립적으로 평가받을 수 있겠지만, 근본적으로 언어(시어)는 이미 숱한 감정과 사상과 경험과 형언할 수 없는 복잡함으로 무장한 질료일 수밖에 없다. 따라서 시어를 다룰 때는 '음'을 다루거나 '색깔'을 조합하는 것과는 다를 수밖에 없다.

나는 이민하의 시가 한국시의 한 지평에 닿아 있다고 생각한다. 이상이 보여주었던 난해한 시 세계를 향한 도정을 연상시키기 때문이다. 이상의 언어 실험이 우리에게 의미 있는 것은, 시어의 굴절을 통해, 쉽게 이해되지 않으려는 시의 극한을 보여주었기 때문이다. 이러한 작업을 통해 이상은 시어의 새로운 가능성을 화두처럼 던져주었다.

이민하의 시 세계가, 이상 이후 유일한 모색이라고도, 이상의 업적에 도달하는 가장 뛰어난 실험이라고 할 수는 없다. 다만 이상의 시 정신을 곁들인 것이라고 할 수는 있다. 그래서 2005년의 비중 있는 성과로 기억되어야 한다. 하지만 더 중요하게 기억해야 할 것은, 언어 실험의 극한과 함께 언어의 통속성도 함께 고려되어야 한다는 점이다. 이해받지 못하는 언어가 지나치다면 우리는 그녀에게 이해되지 않는 시 한 편만을 요구할지도 모르기 때문이다. 다음 시는 그녀의 시 가운데 가장 친절한 그래서 가장 달라 보이는 시이다. 그녀의 시 이정표로 따지면, 기본적인 출발점을 상기시킬 수 있는 시일 게다.

한 아이가 거울을 보며 울고 있네
꿈에서 막 깨어난 한 아이가 거울을 보며 울고 있네
벼랑 끝에서 서 있던 꿈에서 막 깨어난 한 아이가 거울을 보며 울고 있네
붉은 사자가 달려오는 벼랑 끝에서 서 있던 꿈에서 막 깨어난 한 아이가 거울을 보며 울고 있네
여름 해변처럼 타오르는 갈기를 매단 붉은 사자가 달려오는 벼랑 끝에서 서 있던 꿈에서 막 깨어난 한 아이가 거울을 보며 울고 있네
모래밭에서 알을 낳는 옥색 치마의 어머니를 집어삼키던 여름 해변처럼 타오르는 갈기를 매단 붉은 사자가 달려오는 벼랑 끝에서 서 있던 꿈에서 막 깨어난 한 아이가 거울을 보며 울고 있네
울고 있는 아이가 눈을 뜨는 모래밭에서 알을 낳는 옥색 치마의 어머니를 집어삼키던 여름 해변처럼 타오르는 갈기를 매단 붉은 사자가 달려오는 벼랑 끝에서 서 있던 꿈에서 막 깨어난 한 아이가 거울을 보며 울고 있네
중천의 해만큼 키가 자라버린 한 아이가 거울 속에서 혹은 거울 밖

에서 울고 있는 아이를 보며 울고 있네
—이민하, 「한 아이가 거울을 보며 울고 있네」

　이 시의 구조는 간단하다. 마지막 행을 제외하고는, 앞 행을 반복하면서 그 앞에 새로운 상황을 덧붙이고 있다. 거꾸로 말하면, 마지막에서 두 번째 행에 해당하는 시적 상황을 놓고, 가장 작은 일부부터 조금씩 상황을 확대해나가고 있다. 영화로 따지면 '점진노출'에 해당한다. 가령, 방을 왔다 갔다 하는 사람의 모습을 먼저 보여주고, 카메라가 물러나면서 그 앞으로 쇠창살을 보여주고, 더 물러나면서 간수들과 높다란 담을 보여주면, 관객들은 처음에는 즐거운 표정으로 방안을 움직이는 사람을 보고 있다고 믿다가, 나중에는 그 사람이 죄수임을 알게 된다. 이러한 기법은 정보를 통제하여 점진적으로 노출하는 방식을 통해 사람들에게 흥미 있는 영상을 보여주려는 의도를 지닌다.

　위의 시도 마찬가지이다. 한 아이가 울고 있는데, 그것은 꿈에서 막 깨어났기 때문이며, 그 꿈에서 벼랑 끝에 서 있었기 때문이며, 그 앞으로 붉은 사자가 달려왔기 때문이다. 상황은 점차 확대되면서, 6행이나 7행처럼 애매한 구절도 양산된다. 아이의 어머니는 해변에서 실종되었을지도 모르며(6행), 그때 아이가 그 장면을 보고 울었던 적이 있을지도 모른다(7행). 6행이나 7행은 통사적으로도 비문이고, 시적 상황도 분명하지 않지만, 앞에 있는 행들의 도움으로 어렵지만, 그래도 대략적으로 이해될 수 있다. 문제는 마지막 행이다. 8행은 변주되고 있다. 8행은 기존의 리듬을 깨고 시행의 확대가 아닌 축소를 보여주고 있으며, 그로 인해 의외성을 느끼게 한다.

　나는 이 시가 8행을 설명하기 위해서 앞의 7행이 존재했다고 믿는다. '중천의 키만큼' 자란 아이가 과거의 한 시절을 회상하면서 울고 있는 상황을, 그 안에 담긴 공포를 표현하기 위해서, 길고 긴 시행들을 건너 마지막 행에 도착했다고 생각한다. 그리고 앞선 일곱 개의 행이 의미 있었다고 생각한다. 왜냐하면 시를 미스터리로 끝맺지 않도록 보조하는 역할을 했기 때문이다. 이민하의 다른 시에서도 이러한 보조 장치가 반드시 제 역할을 하기를 기대해 본다. 그것이 어려운 시를 쓰는 시인의 기본적인 소임일 것이다.

## 3. 간결하지만 복잡할 수 있는 배치들

평소 신해욱의 시가 어렵다고 생각해왔다. 그녀의 시는 추상적인 느낌을 자아냈고, 그녀의 건조한 문체는 그러한 추상성을 쉽게 풀어주지 못했다. 그런데 그녀의 첫 번째 시집을 읽으면서, 추상적인 시들 사이의 관계와 구도에 대해 생각하게 되었다. 한 편으로 오롯하게 이해되지 않던 시들도, 이웃 시들과의 관계 혹은 전체를 고려한 배치 속에서, 과거보다 더 많이 그리고 더 의미 있게 이해되었다. 그러한 제목의 시가 없음에도 불구하고, 시집 제목을 '간결한 배치'라고 지은 것도 그 때문이라고 생각했다.

신해욱의 시집 『간결한 배치』(민음사, 2005)는 다섯 개의 중간 제목으로 구획되어 있다. 보통 한 구획 당 6~14개 정도의 시를 포함하고 있는 데 반하여, 마지막 구획만이 단 한편으로 이루어졌다는 점은, 이 시집이 어떤 의도 하에 시를 배치하고 있음을 알게 해준다. 이 중에서 나의 흥미를 유독 끌었던 구획은, 두 번째 구획에 해당하는 '모텔 첼로'이다. 중간 제목을 '모텔 첼로'라고 작명했음에도 불구하고, 이 두 번째 장(구획)에는 '모텔 첼로'라는 시가 없다. 다만 모텔 첼로와 관련 있는 시들의 제명이 차례로 늘어서 있고, 그 밑에 모텔 첼로의 방 번호가 부제처럼 붙어 있다(밀실이라는 시에는 '밀실' 답게 모텔 방 번호가 붙어 있지 않다). 그리고 2장 '모텔 첼로'로 들어가기 직전의 시, 그러니까 1장의 마지막 시 「그리고 아무도 없었다」에서 '모텔 첼로'를 미리 소개하고 있다.

> 모텔 첼로가 있는 오랜 벌판엔 이따금
> 낡은 짐승들이 배회하고 있었고
> 어두운 객실에서 당신이 죽을 때마다
> 인디언 인형은 사라져갔네
> 어딘가로 가라앉은 당신의 눈들
> 일렁이며 눈 뜨는 당신의 아름다움
> 아무도 없는 모텔 첼로의 열 꼬마 인디언과
> 당신의 죽음은 열두 번 계속될지니, 라는 낮은 속삭임 사이
> 오래 고인 강물이 흘러가고 있었고
> 바람은 구름이 있는 높은 곳에서만 불었네
> 흔들리는 모텔 첼로의 금 간 그늘 속에서
> 입으로만 웃는 인형의 검은 눈은 줄어들지 않았고
> 당신의 죽음은 오래도록 계속되고 있었네
> 그리고 아무도 없었네
> ―신해욱, 「그리고 아무도 없었네」

신해욱의 시를 읽을 때마다 섬뜩한 인상을 받는다. 그 이유는 대략 세 가지이다. 그로테스크한 상황 묘사, '나'를 앞세우는 독백체, 그리고 수식어가 생략된 간결한 문체. 이 세 가지는 신해욱의 시를 건조하고, 황량하고, 솔직하게 보이게 만든다. 그로 인해 그녀가 묘사하는 상황이 시적 가정이나 상상이 아니라, 마치 그녀가 보고 있는 세계의 진실인 것처럼 믿게 만든다. 더욱이 간결한 문체는 단호한 어조로, 시인의 믿음을 읽는 이에게 강요하는 효과도 거둔다.

위의 시도 마찬가지이다. 비록 '나'라는 어사는 문면에 나오지 않았지만, '당신'이라는 문구를 앞세워 말하는 자의 입장을 강력하게 내세우고 있다. 여기에 간결한 문체와 그로테스크한 묘사가 곁들여진다. 모텔 첼로는 부드러운 이름답지 않게, 드라큘라의 성처럼 음습하고 기괴한 인상을 드리우고 있다.

사실 모텔의 인상이 그러하다. 아무리 화려하게 치장한다고 해도, 그 공간에는 이해되지 않은 어둠과 음습한 냄새가 하루 종일 떠돌고 있다. 하룻밤의 편안함을 위해 찾아드는 공간이지만, 막상 그 공간에서는 좀처럼 잠들기 힘들다. 단절, 차단, 냉막, 고요, 기괴, 그리고 알 수 없는 불안까지 담지한 곳이다. 시인은 이러한 공간에 죽음의 이미지를 겹쳐 놓고 있다. '당신의 죽음이 열두 번 계속된다'는 저주 아닌 저주까지.

흥미로운 것은 이러한 '모텔 첼로'를 소개 받은 후에, 2장 '모텔 첼로'가 시작된다는 점이다. 그러니까 「그리고 아무도 없었다」는 '모텔 첼로 시편'들로 들어가기 위한 서시(序詩)라고 할 수 있다. 다른 말로 하면 시인이 바라보고 있는 세상의 입구인 셈이다. 그 입구는 '죽음'과 '주술' 그리고 '적막'이 넘쳐흐르고 있다.

2장의 첫 번째 시는 「이방인―101호」다. 손님은 음습한 모텔 첼로로 들어간다. 모텔은 세상의 변경에 있지만, 손님은 자신이 단 하룻밤일지언정 거주할 공간이 세상의 중심이기를 바란다. 시인은 '변경에선 언제나 당신이 중심'이라고 말해준다. 다음은 「안내인―102호」다. 102호로 찾아온 안내인(종업원)은 섬뜩한 목소리로 주문할 것을 요구한다. 그가 요구하는 주문은 상례에서 벗어나 있다는 점에서, 이 안내인은 이 죽은 자의 공간(모텔 첼로)을 구성하는 어떤 두려움이다.

세 번째 시 「밀실」은 더욱 큰 두려움이다. 「밀실」에는 방 번호가 붙어 있지 않다. 공식적으로는 존재하지 않는 공간인 셈이다. 그 내용을 보면, 좁은 공간에 매장되고 있는 자의 심정을 노래하고 있다. 누군가가 생매장을 당하며 이 죽은 자의 공간의 일원이 되고 있는 것이다. 카프카의 그로테스크한 진실을 상기시키는 방도 있고(106, 107호), 오 헨리의 공간을 연상시키는 방도 있다(308호). 지하도 있고, 지하실 방 사이의, 그러니까 벽 사이의 좁은 공간도 있다. 신해욱이 건축한 공간은 총 11개이고, 서두의 모텔 입구(「그리고 아무도 없었다」)까지 포함하면 총 12개의 공간이 제시된 셈이다(열두 번 죽을 것이라고 말한 바 있다).

위에서 내가 추정한 것이 모두 옳다면, 시인은 의도적으로 하나의 공간을 건축했고, 그 공간에 시적 의미를 담아 하나의 맥락 있는 시편으로 묶어놓은 셈이다. 그렇다면 그녀가 건축하려고 했던 공간은 어떤 의미, 어떤 맥락을 지닐까.

먼저 공간들의 공통점을 찾아보자. 첫째, 누군가의 내면 독백으로 채워져 있다는 것이다. 정도의 차이는 있겠지만, 시는 기본적으로 내면 독백이다. 시인의 목소리로 세상의 모습을 살피는 글쓰기이자 책읽기의 방식이다. 하지만 그러한 일반적인 통념을 감안해도, 신해욱의 시는 독백성이 강하다. 그녀의 시는 눈에 띌 정도로 '나' 혹은 '당신' 등의 호칭을 강조하고 있다. 그로 인해 각 시편에서 누군가의 목소리라는 강한 인상을 받게 된다.

둘째, 그 사람들이 모두 갇힌 자라는 점이다. 그들은 갇혀 있고, 어떤 경우에는 파묻히고 있고, 꼼짝 못하는 상황이거나, 잠기는 문에 속수무책으로 당하고 있다. 방 자체도 암실이거나 지하거나 숨겨진 방이기도 하고, 심지어는 벽 사이의 갇힌 공간인 경우도 있다. 최고층이라고 할 수 있는 308호 시편을 보면, '창문 너머'를 보고 있지만, '창문 밖으로' 나갈 수는 없는 상황이고, 밖을 바라보다가 누군가에게 강하게 구속당하면서 시가 종결되고 있다. 정리하면 이 모텔에서는 누구도 빠져나갈 수 없다. 이 안에서 떠도는 시선들은 결박되어 있고, 다른 무엇에 의해 관찰당하고 있다. 한마디로 죄수이자 구금된 자들이며 결국 수인(囚人)인 셈이다.

무엇으로부터 갇히게 되었을까. 이 점은 '모텔 첼로'의 장만 보아서는 알 수 없다. 사실 이 시집 전체를 통독해도 그 이유를 알기는 어렵다. 다만 흥미로운 비교가 또 하나 가능하다. 이 시집의 제 3장, 즉 세 번째 구획의 제명이 '환한 마을'이다. 어두운 모텔과는 대조되는 제목인데, 그래서 2장에 들어 있는 심리적 어두움을 비교해볼 수 있을 것이다. 3장 역시 마을 입구부터 마을 안으로 들어가는 여정을 따라, 시의 제목과 내용이 결정되고 있다. 가령 3장의 첫 시는 「동구 밖」이고, 두 번째 시는 「초입」이다. 이 공간을 들어가다 보면, 마을 사람들을 만나게 되고, 언젠가 한 번 왔었던 공간(「데자뷰」)을 다시 보게 되기도 하며, 세입자·복도·옥상 등에 대한 기억을 되살리게 되기도 한다. 이 역시 어떤 공간에 진입하기 시작해서 통과하는 여정을 그리고 있다. 흥미로운 공간 배치다.

그러나 제목 '환한 마을'과는 달리, 이 공간에는 웃는 사람들이 없다. 대화를 나누는 사람, 서로 싸우는 사람, 함께 사는 사람들이 없다. 나무가 있고, 바람이 불고, 햇볕이 눈을 따갑게 찌르지만, 사람들이 생경하고 마을이 생경하고 '나'는 경직되어 있다. 움직일 수 없고, '나'의 주변에는 친숙한 사람들이 없다. 정리하면, 마을은 있지만 사람은 없다(딱 한 번 웃음소리가 들리지만, 그것으로 끝이다).

나는 신해욱 시가 어려운 것이, 이러한 도저한 고독 때문이 아닐까 싶다. 신해욱의 시에는 혼자만의 공간이 승하다. 그 안에서 사람들은, 그녀의 말대로 죽어간다. 열두 번 죽을 수도 있다. 설령 살아 있다고 해도, 빛처럼 환한 공간에 둘러싸였다고 해도, 그들은 혼자이다. 시의 정서가 기쁨보다는 슬픔에 가깝고, 환한 미소보다는 쓸쓸한 웃음에 가까운 것이 사실이지만, 이러한 신해욱의 선택은 읽는 이(특히 나에게)에게 냉혹한 고독을 전하는 것이 또한 사실이다.

다시, 먼저 던졌던 질문을 상기하자. 무엇으로부터, 그녀의 시적 자아들은 갇히게 되었을까. 인적 없는 고독으로부터 갇히게 되었을 것이다. 시적 자아들이 스스로를 가둠으로써, 인기척 없는 적막의 공간이 탄생되었을 수도 있다. 중요한 것은 사람들과의 거리를 갖게 됨으로써, 시적 자아들은 갇히게 된다는 것이다. 다시 묻자. 그러면 왜 사람들을 멀리 하게 되었을까. 그것은 모르겠다. 그 대답은 신해욱이 시를 쓰는 이유가 아닐까 싶다.

신해욱의 시는 그로테스크하다. 섬뜩하고 단호해서 때로는 기피하고 싶어질 때도 있다. 하지만 그 기피나 절망이 도저한 침묵으로부터 나온다는 생각을 하니, 왠지 동변상련의 느낌도 든다. 그녀의 생만큼은 그녀의 시와 달랐으면 한다. 아니, 내가 그녀의 시를 잘못 읽었으면 하는 마음 가득하다.

### 4. '홀로 된 님'의 침묵

만해 한용운은 시집 『님의 침묵』으로 한국 시사의 신기원을 이룩했다. 그의 시집을 통해 한국 시는 분절된 시편 속의 '님'이 아니라, 한 권의 시집으로 통궤되는 '님'을 확보할 수 있었다. 특히 이 시집은 '님'의 중의성, '님'의 고전성 등으로 인해 한국 현대시와 현대 이전의 전통 지향을 접목시키는 쾌거를 이루었다.

하종오의 『님 시집』(애지, 2005)을 읽으면서 이러한 『님의 침묵』과 비교하는 것은 어찌 보면 자연스럽다. 그러다 보니, '님'의 의미를 추상적으로 해석하려 하였다. 시집의 절반 정도까지 읽어나가면서, 님을 '봄' 혹은 '희망' 또는 '자연' 등의 추상적, 개념적 명사로 환치시켰고 이러한 환치가 들어맞지 않는 경우에는 '님'의 외연을 넓혀 보다 확대된 명사 혹은 개념들을 찾아보았다. 그래도 끝까지 '님'의 정체는 묘연하기만 했다. 특히 다음의 시는 참으로 처리하기 곤란한 경우였다.

그이는 상수리나무를 베어 쓰러뜨리고 패었습니다. 님께서 마무리하지 않으신 일에서 그이는 님의 행실을 파악했습니다. 지난해 늦봄, 님께서 밭고랑 타고 앉아 흰콩 심으실 적에 까치들이 몰래 뒤따르며 파먹었더랬습니다. 그걸 모르신 님께서 한 뙈기 다 심고 일어서서 돌아보셨을 때, 밭고랑에는 까치걸음 자국이 님을 뒤따라 걸어오고 있었고 흰콩 심은 데마다 파헤쳐져 있었습니다. 어리둥절해지신 님께서 고개 드시자, 까치들이 허공 빙 돌더니 상수리나무 꼭대기 둥지로 올라갔습니다. 반나절 쳐다보다가 그 둥지 위에 멈춘 뜨거운 해와 마주친 뒤에 님께서 하신 일은 섭리라고 해야 할는지요. 그이가 까치한테 그 꼴을 당하였을 때는 후여후여 소리치거나 돌팔매하기가 고작이었지만, 님께서는 끌과 망치를 들고 상수리나무 아래로 가서 밑동을 뚫으셨습니다. 그 구멍에 제초제를 쏟아 붓고 돌아오신 님께서는 그날부터 상수리나무 꼭대기 둥지를 득의만면 쳐다보셨습니다.

―하종오,「제1부 제 12편」부분

'님'은 밭에 씨를 뿌리다가 까치에게 놀림을 당하고 만다. 까치 입장에서야 먹을 것을 찾기 위한 어쩔 수 없는 선택이었지만, 당하는 '님'에게 까치의 사정이 올곧게 이해되지 않았다. 그는 복수를 계획했고, 상수리나무에 제초제를 쏟아 부어 까치를 괴롭히는 방책을 생각해 냈다.

'그이'는 그 일이 있고 난 이후에, 죽어가는 상수리나무를 보고 '님'이 한 일을 눈치 챈 것 같다. 시인은 만일 까치로부터 일을 당한 사람이 '그이'였다면, 몇 번 '후여후여' 소리치고 쓰린 속을 달랬겠지만, '님'은 '그이'와 달랐다고, 두 사람을 비교하고 있다. 이러한 비교는 명백한 우열을 보여준다. 까치야 잘못이 있었다고 해도 죽은 상수리나무의 억울함을 생각할 때, '님'의 처신과 행동은 정당하다고 할 수 없다.

'님'은 속이 좁고 사물의 질서를 존중할 줄 모르는 사람이다. 그런데 어떻게 해서 '님'과 같은 고급스러운 호칭의 주인이 될 수 있을까. 어떻게 해서 고매한 인격을 가진 대상이 되어야 할 '님'의 시편에 주인공이 될 수 있었을까. '님'에 대해 고전적인 편견을 가진 나에게, 이 시는 무척 당혹스럽지 않을 수 없었다. 더구나 '님'의 이러한 행동에 대해 시인이 슬쩍 '섭리'를 운운하면서 정당화시키려 한다는 의혹마저(?) 일었다.

단번에 해석이 되지 않아 시집 전체를 통독해가던 나에게 또 다른 걸림돌이 제시되었다. 「제 2부 제 14편」이 그것이다. 이 시가 걸림돌이 된 것은, '님(들)'을 대하는 '나'의 태도 때문이다.

다른 님들도 저에게 몰려와서 삿대질하였습니다. 그중에 님께서 아니 계셔서 저도 손가락질하였습니다. 다른 님들은 저의 땅과 연경하고 있는 자신들의 땅을 제가 가져갔다고 소리쳤고, 저는 제 땅인 줄 모르고 다른 님들이 농사지어 먹었으니 이젠 돌려줘야 한다고 맞고 함쳤습니다. 님께서는 땅에 임자로 나선 다른 님들을 무시하십니까? 땅에 경계를 짓는 저를 인정하지 않으십니까? 제가 측량하여 말뚝을 박아 버린 데서 문제가 만들어졌습니다. 밭둑으로 지경 삼던 다른 님들에게 저는 지적도 대로 지경 삼았습니다. 님께서 와서 삿대질하셨더라면 제가 손가락질할 수 있었을까요? 님께서 손가락질하셨더라면 다른 님들이 삿대질할 수 있었을까요? 소유에는 더러운 언행이 뒤따르니, 님께서는 접경에 서지 않고 무변으로 가셨습니까? 사람들은 무변을 감당할 수 없기에 늘 접경을 확인하느라고 싸우고 선언하고 맹세하여 왔습니다. 님께서 그 하나인 저에게도 그 어렷인 다른 님들에게도 상관하지 않으셨으니, 땅 싸움은 끝나지 않았습니다. 다른 님들과 저는 대거리를 하면서 한 발자국도 양보하지 않았습니다. 님께서 아니 계시니 저나 다른 님들이나 서로에게 님이 될 수 없었습니다.

—하종오, 「제 2부 제 14편」

상황은 간단하다. 시인은 측량을 해서, 실제 자기 땅을 공표했다. 하지만 그 측량 결과 이웃 사람들의 땅을 침범하게 되었고(엄격하게 말하면 이웃 사람들이 무단 점유했던 땅을 찾게 되었고), 이로 인해 두 집단 간의 언쟁이 시작되었다. 이웃 사람들은 시인에게 그렇게 보지 않았는데 야박하다고 통박했을 것이고, 시인은 시인대로 이제까지 불법적으로 획득한 이득에 대해 감사해야지 그게 무슨 말이냐고 응대했을 것이다.

싸움은 제법 격렬했던 것으로 보인다. 삿대질, 손가락질, 거기에 막말까지 이어진 것으로 보이는데, 뒤에 시인은 그들과 다투었던 기억을 멀찍이 회고하면서 '소유에는 더러운 언행'이 따름을 확인하게 된다. 일단 상대의 잘못을 일방적으로 나무라기보다는 속세의 생존 원리에 휩싸인 중생의 고통을 이야기하고 있다는 점에서 시인의 성숙한 태도가 보인다.

문제는 시인('나')과 '님(들)'의 관계이다. 시인은 님(들)을 우러러보고 그 행실을 본받아야 할 대상이 아니라, 적대시하고 실제로 싸우는 존재로 비하했다. 그것도 상대의 잘못이 더욱 크다고 할 수 있는 상황을 제시하여, 님(들)에게 동정을 보내기 어렵게 만들었다. 이러한 님(들)의 존재를, 우리는 과연 우리 전통 시가나 한용운의 빛나는 전통과 연결 지을 수 있을까. 이 시집에게 나에게 어려웠던 점은 여기서 출발한다(시집을 통꿰한 후에 시인의 자서를 읽었다. 시인은 '님'이 실제 이웃이었음을 일찌감치 밝혀두고 있었다. 하지만 나에게는 시인의 말보다 시 안의 내용이 우선이었고, 무엇보다 이러한 모순을 쉽게 극복하기 어려웠다).

한 가지 흥미로운 것은, '님'들의 횡포와 분리된 '또 다른 님'의 침묵이다. 시인은 '몰려온 님'들과 싸우면서도, 쫓아오지 않은 '어떤 홀로 된 님'의 존재를 언급하고 있다. 그 '님'이 오지 않았기 때문에 마음껏 싸울 수 있었다고 했다. 싸움이 끝난 이후에도 그 '님'의 반응에 대해 신경 쓰고 있다. 만일 '님들'이 이웃이라면, 홀로 된 '님' 역시 이웃 사람 중 하나일까.

손쉽게 생각하면 마을에서 가장 강력한 힘을 가진 사람 혹은 어쩌면 시인이나 이웃들의 땅과 관련 있는 지주 정도로 생각할 수 있겠다. 하지만 그러한 표면적 정보만으로 '홀로 된 님'의 정체를 파악했다고 할 수는 없다. 나는 '홀로 된 님'이 힘 있는 이웃사람이기보다는, 이러한 싸움에 초연할 수 있는 어떤 존재일 수 있어야 한다고 믿는다. 그 님은 이 싸움에 끼어들지 않음으로써, 이 싸움에 끼어든 사람들에게 부끄러움을 던져주고, 이 싸움이 추악한 것이었음을 증언한다고 하겠다.

한용운은 '기룬' 것은 다 님이라고 했다. 하종오의 시집에서는 마을 사람들에게(설령 까치에게 복수하는 비뚤어진 마음의 소유자라해도) 모두 공평하게 '님'이라고 불렀다. 사람들 개개인에게 불성(佛性) 혹은 인자한 마음이 깃들어 있다고 생각했기 때문이다. 그 마을 사람들이 속세의 이득에 눈이 어두워 싸움을 벌일 때에도, 어딘가에는 그 싸움에서 벗어나 초연할 수 있는 존재가 있을 것이라는 시적 전언이 아닐까. 어쩌면 이러한 싸움에 의연할 수 있는 존재가 됨으로써, 내면에 간직된 불성 혹은 자애를 펼 수 있다고 말하는 것이 아닐까.

나는 '홀로 된 님'의 정체를 추정하면서, 이 시집이 실은, '님'이 되기 위한 시인의 득도의 과정임을 알았다. 시인은 '꼴 같지' 않은 마을 사람들을 모두 '님'이라고 부르면서, 자신 안에 있는 '님'을 불러내려고 하는지도 모른다. 시가 수양이 될 수 있다면, 이것은 큰 수양이다.

이런 생각을 하고 다시 시집을 통독하니, 시인은 어이없는 상황에서도 자신을 다스리기 위해서 애쓰고 있음을 알았다. 마을 사람들 사이의 반목과 갈등 속에서 일방의 입장을 편들지 않기 위해서 수양하고 있음을. 세상에서 편견을 버리기는 무척 어려운 일이다. 특히 자신보다 낮은 자들의 세상에 살고 있다고 믿는다면. 시인은 어쩌면 자신들보다 낮은 자들의 세상을 '굽어보지' 않기 위해서, 그들의 삶과 다툼과 이기심을 '우러러보기' 위해서, 그들을 '님(들)'이라고 부르는 것이 아닐까. 만일 그렇다면 하종오의 '님'은 자신이고, 자기 안의 부처였던 셈이다.

## 5. 별빛 깊숙이 드리워진

오태환의 세 번째 시집 『별빛들을 쓰다』(황금알, 2005)에는 황홀한 시들이 꽤 들어 있다. 꼽아 보면 「토란잎에 빗물 듣다」, 「대련」, 「늪」, 「아프리카, 내 언어들의 희망 또는 그 고통스러운 조건 3」, 「실솔」 등이 그것이다. 이러한 시들은 몇 가지 공통점을 지니고 있다.

우선, 긴 문장의 틈입이다. 언뜻 보면 비문이라는 의심이 들 정도로 긴 문장이 군데군데 포진하고 있어, 읽은 이를 바싹 긴장시키곤 한다.

가령 "햇빛을 이마에 뒤집어쓰고 발굽을 쳐 달리는 노랗고 검은 갈기 털 흙먼지의 바다 흙먼지의, 장엄한 고통을 목격하며 나는 한갓, 비겁한 남루한 음모陰謀에 불과한 나의 시詩들 때문에 참을 수 없이 눈물이 났다"(「아프리카, 내 언어들의 희망 또는 그 고통스러운 조건 3」)의 구절에서, 나는 몇 번이나 앞뒤 구조를 따져 읽어야 했다. 지금도 이 구절이 완전한 문장이라고는 생각되지는 않는다. 그러나 이 문장 안에 들어 있는 호흡을 존중한다. 오태환은 이상한 곳(논리적으로 잘 납득이 되지 않는 곳)에 쉼표를 찍어 시구의 혼란을 가중시켰다.

그렇다면 그 이유는 무엇일까.「아프리카」시편은 일종의 시론에 해당한다. 시인은 마치「동물의 왕국」을 보고 있는 것처럼, 아프리카 초원과 밀림에서 벌어지는 일들을 그려내고 있다. 생존의 고통과 환경의 열악함을 음미하려는 듯. 그리고 그 고통과 열악함을 자신이 쓰고 있는 시적 상황과 병치시킨다. 병치라는 느낌이 들지 않도록 슬그머니 겹쳐놓음으로써, 미묘한 상실감 내지는 아픔을 표현하려 한다. 그런데도 이러한 상실감과 아픔으로 난감해지지 않는 것은, 이리저리 휘돌아 나가는 문장의 흐름 때문이다. 그래서 그의 시는 넋두리나 엄살처럼 받아들여지지 않는다.

예를 하나 더 들어보자. 이 시집에서 가장 인상적인 시「실솔」이다.

백로白露도 한로寒露도 훨씬 지나 부뚜막의 온기가 따사로운 어슬녘 지푸라기로 묶어 지붕기슭 처마밑에 널어둔 무청이 붐비며 서걱이는 그늘을 스친 뒤란 치운 돌길 저녁이슬에 가느다란 더듬이가 찰싹! 젖은 귀뚜라미를 가만히 엄지와 검지 손가락으로 집어들면 까슬한 뒷다리를 접어 앙버티는 그것의, 물처럼 말랑말랑한 살갗에서 만

져지는 냉기 뒷다리의 몹시 까슬한, 힘 틈새의 아흐, 그 투명하고 서늘한 감촉 또는

  지금 내가 사는 금곡역 부근 연립주택에도 또르르르 또르르르 그 귀뚜라미가 엷은 저녁이슬의 물보라를 비비네 불혹不惑을 슬프게 엇비낀 이 가을 귀뚜라미의, 그 투명하고 서늘한 감촉 탓에 내 마음을 십상으로 들키네

— 오태환, 「실솔」

시인은 한 연을 하나의 문장으로 기술하고 있다. 그것도 완전하게 끝맺지 않는 문장으로. 주어와 술어의 호응 관계가 애매하고 헷갈려서 몇 번이나 다시 읽어야 했다. 처음에는 '부뚜막의 온기'와 호응하는 술어도 찾기 힘들었고, '무청'이 만들었다는 그늘과 그 그늘을 스치는 존재가 무엇인지도 몰랐다. 사실 그럴 만도 한 것이, 이 시에는 미처 끝맺지 못한 것으로 보이는 서술어, 호응을 찾기 힘든 주어, 이상하게 수식되는 관련 어구 등이 혼잡하게 엉켜 있다. 엉켜 있는 구조를 분리해내면 시를 읽는 묘미가 되살아나지만, 그렇지 못할 경우 이 시는 복잡한 문장의 다발에 불과하다.

  시인은 백로와 한로가 지난 시점에, 돌길에 서서, 부뚜막의 온기가 따사롭다고 느껴지는 저녁 오후를 감촉하고 있다. 시인의 근처에 무청을 널어두면서 생긴 그늘이 생겨나 있고, 시인은 돌길로 나가기 위해서 그늘을 통과해야 했다. 그곳에서 시인은 귀뚜라미 한 마리를 잡는다. 귀뚜라미를 잡아서 그것의 살갗을 어루만지며, 뒷다리의 까슬한 느낌과 냉기를 감촉한다.

  그러니까 이 시는 시인이 귀뚜라미를 잡아 그 감촉한 느낌을 옮긴

것이다. 귀뚜라미라는 작은 미물의, 그 작고 좁은 틈새의, 투명하고 서늘한 촉감을 옮겨내려 한 것이다. 왜 그럴까. 혹 시인은 이 귀뚜라미의 냉기를 우주의 기운으로 인식한 것은 아닐까. 오태환이 그토록 받아쓰고 싶었던 '별빛들의 휘광'을 귀뚜라미라는 작은 몸체 안에서 확인하고 싶어서가 아닐까. 오태환의 시는 아주 미세한 감각을 찾아가는 통로다. 그는 시를 통해 별빛을 찾고(「바다편지」), 별빛을 닮은 여인의 미세한 감각을 읽고(「별들을 읽다」), 두 은행나무 사이의 살가운 교응을 읽고(「대련」), 토란잎 애순의 작은 솜털을 읽는다. 그에게 시는 삶의 미세한 감각 혹은 우주의 에너지가 발현되는 지점을 찾는 도구이다.

그래서 그의 언어는 좁은 곳, 숨겨진 곳, 미세한 곳, 무심히 지나가는 곳을 파고들려는 속성을 지닌다. 오래된 집, 그늘 뒤로, 드리워진, 작은 길, 옆의, 귀뚜라미의, 틈새를 향한 집착 같은 것이다. 그의 시는 하늘의 별빛들이 지상에서 다시 발현되는 지점을 찾는 탐사장치이기에 집요하고, 끊어지지 않고, 유장하게 이어지기 마련이다.

> 다문다문 움트더니 내가 다니는 휘경여고 내가 점심 먹으로 가는 길섶 한데서 그 가위 같은 애순旬들이 어린 목덜미 드러내더니 붐비며 솜털 송송 드러내더니 해찰이나 하더니 아뿔싸, 어느새 평坪가웃 잎새들을 펼쳐들더니 휘엉청 소란한 녹청綠靑들을 펼쳐들더니
> ─오태환, 「토란잎에 빗물 든다」

「실솔」과 거의 같은 구조다. 문장이 길게 늘어진 것도 비슷하고, 중간에 감탄사가 들어 있는 것도 비슷하고, 한 연을 끝맺으면서도 완전한 서술어를 사용하지 않는 것도 비슷하다. 토란잎 애순을 찾아내는

시인의 감식안을, 시적 과정으로 보여준 점도 비슷하다.

　여기서도 시인은 친절하게 문장을 구획하고 쉼표를 찍고 주어와 술어를 구별하여, 명료한 문장으로 만들려 하지 않았다. 마치 좁은 공간 속에 시어를 몰아넣듯, 첫째 연에 몰아넣고 있다. 그것도 미처 끝맺지 않음으로써 여운을 남겨두고 있다. 그리고 둘째 연에서 시인의 현재 처지를 설명한다. 「실솔」에서는 시인이 현재 살고 있는 상황과 지금 듣고 있는 귀뚜라미 소리를 언급하였다면, 「토란잎에 빗물 듣다」에서는 학교에서 근무하며 점심 먹으러 가는 현재 처지를 기술하고 있다. 비교하면 첫째 연은 미세한 관찰이고, 둘째 연은 시인의 처지에 대한 진술이다. 시인은 언어를 통해 과거로 건너가는 내밀한 통로를 건축하고 싶어 한다. 그 통로는 마치 촉수처럼 시공간의 경계를 지나 황홀한 경험의 어떤 장소로 안내한다.

　오태환의 시는 어렵다. 이유는 세 가지다. 첫째, 문장의 구조다. 그의 시는 긴 문장, 복잡하게 얽힌 사유로 인해 세심하게 끊어 읽어야 한다. 자칫하면 그의 시를 읽다가 길을 잃기 때문에 늘 긴장해야 한다.
　둘째, 보기 드문 단어의 사용이다. 가장 대표적인 것이 의성어와 의태어다. 장석주는 오태환의 의성어와 의태어를 크게 칭찬하며 '한국어의 휘황찬란함'을 선보였다고 극찬했다. 부정하지는 않지만, 이러한 의성·의태어가 반드시 순기능만 하는 것은 아니다. 더 중요한 것은 의성·의태어가 문장의 흐름을 늦추고 문장의 여운을 길게 하여 그가 추구하는 긴 문장에 유효하다는 점이다. 보기 드문 단어의 사용에는 이밖에도 뜻밖의 감탄사, 제법 어려운 한자어, 괄호 안의 부연 설명, 긴 제목 등도 포함된다.

마지막으로, 시인의 시가 지향하는 바이다. 시에서 주제를 따지는 것은 어리석은 일이지만, 오태환이 시를 통해서 이야기하고자 하는 바는 생각보다 쉽지 않다. 그의 시는 마치 미로처럼 어떤 내밀한 생각을 보호하고 있다. 그의 시가 내밀한 감각을 더듬는 것도 그 생각이 응축되어 저장된 지점을 찾기 때문이 아닐까. 그래서 그가 말하려 하는 바는, 언어의 미로를 통과하고 육신의 보호벽을 벗겨내야 얻을 수 있지 않을까 싶다.

그는 시에서 육탈과 염습에 대해 자주 말하고 있다. 먼 아프리카의 생존 조건을 살피면서, 시를 다루는 '언어꾼'으로서의 자괴감에 대해서도 내비치고 있다. 무언가를 벗겨내야 한다는 생각이 충만한 것 같은데, 그것은 생각의 질료인 언어에도 해당되지 않을까. 그의 시어는 어쩌면 무언가를 벗겨냄으로써, 그 안의 것을 얻기 위한 장치가 아닐까 싶다. 이것은 아직 가정이지만, 그의 시는 안의 것을 발굴하기 위해서 그 위에 입히는 하나의 껍질이다. 순은으로 빛나는 별빛―언어의 정수를 캐내기 위한.

## 6. 깨진 비유들과 그 복원에 대한 상념

네 권의 시집은 모두 어렵다는 공통점 이외에도 비유가 적다는 공통점이 있다. 이것은 최근 시인들의 시적 스타일과 관련이 높다. 과거 우리 시의 요체는 비유였다. 일상어를 비틀어 시어를 만드는 능력은 비유의 생산 능력에 달려 있었다. 이러한 능력을 중시한 것은, 세상의 많은 물상들을 시를 통해 축약하는 과정을 중시했기 때문이다. '나'와

'나의 주변'에 널려 있는 물리적·심리적 정황들을 언어를 통해 정리하고 응축하는 작업이 '시'였다.

하지만 요즘 시들은 그러한 작업에 큰 의미를 두지 않는다. 요즘 시들은 세상의 복잡함을 설명하려고 하고, 긴 문장과 장황한 묘사를 두려워하지 않는다. 시는 길어지고, 시는 한층 복잡한 정보들로 가득 차게 된다. 비유를 사용하는 방식도 달라진다. 과거 우리가 배웠던 비유들은 '은유'나 '직유'를 골자로 하였다. 문장의 표현만 보아도, 이것인 은유이고, 저것이 직유임을 알 수 있었다.

하지만 지금은 은유 같지 않은 은유, 직유 같지 않은 직유, 아니, 비유 같지 않은 비유, 수사 없는 시를 사용하는 데에 거리낌이 없다. 그 결과 원관념과 보조관념이라는 이중적 개념이 희미해지면서, 비유 자체의 원상을 찾기 어려운 경우가 많아졌다. 더욱 충격적인 것은 이러한 작업에 대해 의식하지 않는다는 것이다. 어떤 시인들은 이해받지 못하는 시를 쓴다는 것에 필요 이상의 자부심을 지니고 있다.

내가 읽었던 네 권의 시집은, 악전고투하면 그 뜻을 찾을 수 있는 경우였다(적어도 나에게는 그러하다). 그러면서 동시에 기존의 언어 사용과 시적 기교에 대한 문제의식을 지닌 경우였다. 다소 편차는 있지만, 2005년 한국 시단의 소중한 평가로 기록될 만하다.

하지만 모든 문제가 사라진 것은 아니다. 시는 쉽게 이해되지도 않아야 하지만, 아주 어려워서 이해받지 못해도 안 된다. 시는 추상적인 정보의 나열이지만, 그 정보는 구체적인 삶의 정황 안에 있어야 하며, 그 삶의 정황은 개인의 체험과 밀접한 관련이 있지만, 적어도 시로 표현되는 순간에는 그러한 정황이 보편적인 정황으로 신뢰받을 여지가 있어야 한다. 지금의 시는 너무 어렵다. 그것은 비유들에 대한 신뢰가

약하기 때문이다. 정형화된 비유를 거부하는 것은 어쩔 수 없겠지만, 비유들이 가지고 있는 세상 만물의 축약 기능, 즉 외적 질서의 내부적 정련과정까지 외면하면 안 될 것이다. 그런 의미에서 비유가 더 살아나고, 언어가 축약되는 시를 보고 싶다. 너무 어렵지 않은, 그렇다고 너무 단순하지도 않은.

# 현란한 언어들
— 젊은 시의 경향에 대하여 · 2 —

## 1. 시어의 정숙함을 위하여

　2006년 상반기에 발표된 시집들을 읽다가, 시어의 외양이 무척 현란하다는 느낌을 받았다. 다양한 시인들이 등장하고 있기에 그들이 사용하는 시어(언어) 역시 다를 수밖에 없고, 그 다름을 결국 한 자리에 모아놓았을 때 만화경 같은 풍경을 이루는 것은 어쩔 수 없다. 당연히 현란하고 그래서 어지러울 것이다.
　하지만 시어는 기본적으로 침착해야 한다. 현란함을 배격하자는 뜻이 아니라, 시인의 중심 생각에 종속되는 일률적인 질서가 존재해야 한다는 뜻이다. 시어는 화려한 외양을 걸쳤지만, 그 안에 사유의 질서와 미적 체계를 구현할 수 있는 의식 있는 유기체여야 한다. 나는 2006년 시집(2005년 11월에 간행된 장석원의 시집 포함)에서 그 말의 질서를 찾아보고자 한다.

우리에게 다시 시란 무엇인가를 묻는다면, 사유와 명상의 문제를 거론하지 않을 수 없다. 시는 영혼의 울림을 반영하거나 표현할 수 있어야 하고, 그 울림을 인간 세상에 깊숙하게 되울리는 임무를 자각하고 있어야 한다. 그러기 위해서는 말의 현란함뿐만 아니라 말의 침착함에 대해서도 숙고하지 않을 수 없다. 현란한 말이 더욱 필요한 시기가 되었다면, 침착한 사유를 보조하거나 효과적으로 드러낼 수 있는 수단 역시 증폭되어야 할 것이다. 그때에만, 영혼의 깊이와 마음의 맑기를 드러낼 수 있는 시가 허용되지 않을까 싶다. 작금의 젊은 시는 이 간단한 논리를 잊는 경우가 많았다.

## 2. 빙벽의 언어, 불꽃의 언어, 그리고 어둠의 언어

신종호의 시집 『사람의 바다』(천년의 시작, 2006년 3월)와 발문 이경수의 「결빙의 꿈과 가난의 윤리」를 읽으면서, 신종호가 구사하는 세 가지 색깔의 언어에 대해 생각했다. 이경수의 발문이 워낙 아름답고 정확하게 신종호의 시 세계를 보여주고 있기에, 해석적 측면에서 더 이상 할 이야기는 없다. 다만, 신종호의 언어가 드러내는 현란한 색감은 이경수의 논의에서 빠져 있음으로 다루어볼 만하다고 생각한다.

신종호의 시집은 네 개의 절편으로 구획되어 있는데, 그 중에서 3부가 시집의 제명과 같은 '사람의 바다' 이다. 시의 표현과 의미를 차치하고 시인의 의도만 놓고 보았을 때, 이 시집의 중심은 3부가 되어야 하지 않나 싶다. 하지만 어쩐 일인지 나에게 신종호의 시집은 1부, 즉 '수목한계선' 을 중심으로 읽힌다. 그것은 1부가 드러내는 두 가지 색감 때문이다.

1.

그대들이여, 북구의 오로라 속을 성큼성큼 내달려 순록의 무리를 뒤쫓는 설인(雪人)들의 투명한 얼굴을 꿈꾸어 본 적이 있는가. 훅훅 내뿜는 입김만으로도, 안으로 밖으로, 밖에서 안으로, 피가 잘 돌아 온몸이 얼음처럼 빛나는 수목한계선의 사람.

2.

생의 절박한 순간을 빙벽(氷壁) 안에 응결시키며 썰매를 타고, 바람을 타고, 우주를 끌며 온몸으로 설원(雪原)을 밀고 가는 백색 투혼. 심장이 폭발하는 마지막 지점에서 망치처럼, 귓속으로 불어오는 내 영혼의 툰드라, 툰드라.

—신종호,「수목한계선」

이 시를 읽으면서 머릿속이 하얗게 비어 오는 듯한 느낌을 받았다. 마치 돌아가신 아버지의 시체를 발견하는 순간처럼 눈앞에 번쩍하는 하얀 빛이 출렁거렸다. 이러한 느낌은 시인이 사용한 몇 가지 단어와 설정 때문이다. 가령 '북구', '설인(雪人)', '투명한 얼굴', '입김', '얼음처럼 빛나는', '빙벽(氷壁)', '설원(雪原)', '백색 투혼' 등의 단어와 어구는 하얀 눈과 얼음, 그리고 그 위로 쌓여 고인 억겁의 시간과 광활한 백색의 대지를 연상하게 한다.

응당 읽는 이들은 하얀 색깔의 언어에 침윤하게 되고, 한 번도 본 적은 없으나 여러 풍문에 들어 본 적 있는 북쪽 대지의 광활함과 막막함을 떠올리게 된다. 나에게 신종호 시집의 1부는 일단 하얀색이다. 빙벽의 언어. 시인이 말한 대로, 빙벽 안에 얼어붙은 느낌을 시어로 응결시킨 시편들이다.

그러나 몇 번 재독하면, 아니 눈치 빠른 사람들은 이미, 이 시와 1부의 시들 사이에 존재하는 다른 색감을 눈치 챌 수 있다. 사실 위에 인용된 시에도 하얀색 말고 다른 색감이 이미 침투해 있다. 그것은 '피', '심장이 폭발하는' 등의 시어에서 보이는 붉은 색감이다.

겨울 밤. 하늘이 맑게 얼었다. 깨끗한 얼굴로 달이 웃는다. 알몸으로 떨고 있는 나무들, 어깨 위로 떨어지는 시린 바람. 투명한 얼음이 되고 싶다. 내 피를 삼킨 달이 웃는다. 하얗게 걷고 있는 얼음 덩어리.

그림자도 얼어버린 빙벽 속을 걸어가는 등 굽은 낙타. 뙤약볕 어지럽던 날들, 모래에 묻힌 흰 뼈처럼 말라버리고 싶던, 그런 꿈을 꾼 날이면, 달도 모래처럼 부서져, 흰 눈으로 내리는, 여기 하얀 세상. 얼음이 되고 싶다.

―신종호, 「얼음이 되고 싶다」

시인이 꿈꾸는 북방 상상력의 원천이 어디에 있는지를 보여주는 시이다. 위의 시는 겨울밤, 한국의 정취를 담고 있다. 하늘은 하얗게 얼어붙고, 깔끔한 달이 산등성이로 고개를 내밀며, 그 빛에 외롭게 서 있는 나무들이 보이는 밤. 이를 지켜보는 이의 어깨 위로 시린 바람이 불면, 시인은 투명한 얼음처럼 살고 싶다는 생각을 한다. 아니 시인의 표현대로, 그 순간 하얀 얼음처럼 투명해지고 싶다는 생각을 한다.

이 시의 1연은 겨울밤의 정취와, 얼음이 되고 싶은 욕망을 그리고 있다. 이러한 밤의 정취가 확대되고, 얼음이 되고 싶은 욕망이 심화되면, 우리는 북방을 헤매고 있을 시인의 상상력을 뒤쫓을 수 있다. 주목되는 것은 2연이다. 왜냐하면 아직 북방의 수목한계선에 도달하기 이전에, 시인의 내면에 춤추고 있었을 불꽃의 그림자가 너울대기 때문이다.

시인은 '그림자도 얼어붙은 빙벽'이라고 표현했다. 차가움과 단호함이 엿보이는 시구인데, 그 안에 등 굽은 낙타도 표구되어 있다. 낙타는 언제 빙벽 안으로 들어갔을까. 낙타는 시인과 무슨 관계가 있을까. 시인은 대답하지 않는다. 다만 '뙤약볕 어지럽던 날'에 대해서만 이야기한다. 모래가 얼음을 대신하던 시간과 공간에 대해 이야기한다. 옛날에는 사막이었다가 지금 빙벽 속에 갇힌 신비한 땅에 대해 이야기하는 것일까.

시인이 주는 단서는 그리 많지 않지만, '꿈'과 같은 단어를 확대 해석하면, 다음과 같은 결론에 도달할 수도 있다. 빙벽 속에는 많은 것들이 박제되어 있는데, 그 중에서 가장 이질적인 것은 불꽃이다. 뙤약볕 아래 그 어질거리던 열기를 딛으며 사막을 횡단했을 낙타의 심장. 낙타처럼 어쩌면 생의 불꽃같던 시기를 걸어 넘어야 했던 시인의 열망과 불꽃의 언어. 모래처럼 부서지는 세상에서 더 불꽃같기를 원했던 삶의 흔적.

시인은 그 흔적을 빙벽이라는 백색의 언어에 감추고 싶어 한다. 다시 말해서 빙벽에 대한 상상력은 시에 대한 믿음이다. 시인은 시가, 시의 언어가, 순백의 차가움이, 내면의 강렬한 열망을 손상시키지 않은 채로 보존시킬 수 있을 것이라고 믿는 듯하다. 불꽃과 열기는 열정의 언어이다. 시는 차가운 이성으로 생의 고난과 역경 그리고 욕망을 잠재우고 싶어 하지만, 내면의 강렬함마저 잠재울 수는 없다. 그의 시에서 살아나는 불꽃(의 언어)이 그 증거이다. 신종호의 두 가지 색감은, 빙벽 속에 갇혀 타오르는 불꽃의 심장일 것이다.

    마사이족 청년의 늘씬한 다리 사이로 흐르는 노을 강. 태양을 삼킨 바오밥나무 아래, 코끼리 울음 껍질. 불타는 음악의 땅 세렝게티, 웅고, 웅고롱고르…

    야생의 혀들이 찢어버린 벌거벗은 대낮의 살〔肉〕. 시간의 붉은 목에서 떨어지는 날 비린내. 몸서리치며, 밤의 자궁이 서서히 열린다.

    보라. 아직 떠나지 않은 지상의 마지막 신들이 이제 막 잠들려 한다. 가릉거리는 대지의 목울대에서 명멸(明滅)하는 세렝게티, 웅고롱고르.

    선악의 경계를 넘어버린 그대 이마의 차가운 별빛 한 줌…….
―신종호,「아프리카」

시의 위치로 보았을 때「아프리카」는 1부에 적합하지 않을 수도 있다. 백색과 북방과 얼음의 상상력이 극대화되기 위해서는,「아프리카」처럼 붉음과 열기와 적도의 상상력이 침투한 시가 상극처럼 느껴질 수 있기 때문이다. 그러나 신종호 시의 '차가운 얼어붙은 불꽃'의 내밀한 심정을 감지한다면, 위의 시는 1부의 시들을 중화시키기 위해 그 안에 지펴진 열기로 이해될 수 있다.

 붉은 색과 흰 색의 감촉, 그리고 그 안에 감추어진 열정과 이성의 언어. 신종호 시의 현란함은 일단 두 가지 색감과 대비 그리고 상호 침투와 길항 작용에서 발생한다. 위의 시의 마지막 구절처럼 '선악의 경계'를 넘는 듯한 강력한 경계선이 보이는 듯하다.

 신종호 시의 색감은 이 두 가지 이외에도 더 있다. 그 중에서 가장 주목되는 것은 암흑의 색이다. 어둠의 색. 그것은 자전적, 성장기적 체험과 관련이 있으며, 시인의 고백 투로 연결되어 있다. 그러한 시들이 몰려 있는 곳이 3부이고, 대표적인 시가 「사티로스의 가족사」다. 이 시는 어릴 적 가난했던 화자가 '주인집' 자식들의 눈치를 보며 텔레비전을 훔쳐보는 과정이 그려져 있다. 화자는 비굴한 태도로 그들의 동정을 유발했고, 그러한 자신의 태도는 어머니의 눈을 거쳐 자신에게 전달되었다. 자괴감에 시달리며 발작적으로 주인집의 연못을 파괴하는 심정은 비슷한 경험을 지닌 이들에게 깊은 공감과 함께 아픔을 전해준다.

 하지만 이 시는 분명 누적된 삶의 경험을 보여주기는 하지만 지나치게 감정적이다. 자괴감의 정조가 짙지만, 그것은 제어되지 않은 감정의 질주를 연상하게 한다. 과거의 일을 회상하는 화자의 태도도 그렇게 안정적이지 못하다. 광포한 질주가 있는 대신, 차가운 거리감은 없다고 해야 할까.

 나에게 신종호의 시 중에서 가난과 성장 그리고 삶의 구질구질한 세목을 가장 잘 보여준 시는 「버려진 구두」이다.

버려진 아버지의 구두는 쓸쓸하다.
길 위에서 살을 허물다가
길이 끝나는 곳에서 허당을 밟고
후미진 골목에서 하늘을 향해
몸을 뒤집고 모로 누워 가슴에
쓸쓸히 눈을 담는 한 짝의 낡은 구두
삶이란 뒤축의 힘으로 일어서서
뒤축의 힘으로 무너진다.
뒤뚱거리는 어수룩한 나의 뒷모습에서
또 하나의 슬픈 아버지를 본다.
거친 돌부리에 체이면서
쉬지 않고 걸어가야 하는 방랑의 길
상처투성이의 검정 구두 한 켤레에
담긴 굳은살의 추억과 아픔들
뒤축의 힘으로 일어섰다 쓰러지는
아름다운 삶의 유전(遺傳)
나는 버려진 구두처럼 울고 있다.

―신종호, 「버려진 구두」

　위의 시에는 '쓸쓸하다', '쓸쓸히 눈을 담는', '슬픈 아버지', '울고 있다' 등의 감상적인 시어가 적지 않다. 그럼에도 이 시는 감상적이 되지 않는데, 그 이유는 아버지, 구두, 화자를 잇는 유연한 상징 때문이다. 구두는 그 옛날 아버지의 전유물이었다. 아버지는 구두를 신고 아이들과 차별되는 세상을 살았을 것이다. 아버지의 세계는 돈을 벌고 세상을 만나고 아이들을 보호하고 가정을 이끄는 것이었다.

그런데 그 아버지의 세상에 아들이 뛰어들었다. 아버지가 겪었을 좌절과 절망 그리고 힘겨운 삶에 대한 회의도 겪었을 것이다. 아버지의 구두가 왜 쓸쓸한지를 어렴풋하게 알게 되었을 것이다. 세상을 걸어 다니던 구두, 그 구두는 세상의 중심에 서지 못하고, 그 뒤축의 힘으로 굳건히 일어서지 못하고, 그만 모로 넘어지고 말았다. 마찬가지로 화자 자신의 구두도 넘어질 것이다.

세상을 힘겹게 살았던 보상이 고작 넘어진 구두에 불과하단 말인가. 시인은 '거친 돌부리에 체이면서 쉬지 않고 걸어가야 하는 방랑의 길'에 자신도 들어섰다고 말한다. 검정 구두 한 켤레에 "굳은살의 추억과 아픔들 / 뒤축의 힘으로 일어섰다 쓰러지는" 경험이 담겨 있다고 말한다. 구두 틈에 고인 어둠. 그 어둠은 신종호가 그려낸 세 번째 색감이다.

하지만 신종호는 구두에서 구두로 넘어오는, 아버지에서 아들로 이어지는 유산을, '아름다운 삶의 유전(遺傳)'이라고 애써 말하고 있다. 실망스럽고 무엇 하나 자랑할 것 없는 인생이지만 뒤축의 힘으로 섰다가, 아니 서려고 했다가 무너지는 것이 인생 아니냐고, 애써 자위한다고 할까. 그 태도가 마음에 든다. 그래서 그가 울고 있다고 말해도, 하나도 과장되거나 억지라는 생각이 안 든다. 흰색과 붉은 색 사이에 검은 색이 있기 때문에 그의 현란한 색감도 조악하다는 생각이 안 든다.

## 3. '구멍'에 대한 놀라운 집착

　최서림의 시집 『구멍』(세계사, 2006년 4월)에서 '구멍'이라는 시어는 상당히 인상적이다. 『구멍』을 펴니, 첫 번째 시가 「구멍」이었다. 시인들은 이른바 자신의 표제시를 시집에서 가장 눈에 잘 띄는 곳에, 그리고 시집의 제명으로 택하는 경우가 많으니 통념적으로 이상할 것이 없는 배치였다. 그 다음 시는 「까시래기」였는데, 이 시에서도 특별히 이상한 징조를 찾을 수 없었다. 다시 말해서 '구멍'이라는 단어를 찾을 수 없었다. 그때까지만 해도, 이 시집에서 '구멍'이라는 단어가 등장하지 않는 시가 그렇게 특별할 것이라고는 생각하지 못했다.

　그 다음 다음 시는 「대나무」. 이 시에는 '구멍'이라는 단어가 줄기차게 쓰였다. 가령 "겨울날 삭풍에 대나무가 더욱 크게 휠 수 있는 것은 / 속에다 잔뜩 감추고 있는 구멍 때문"이라든지, "구멍은 사물이 놀 수 있는 자리이다 / 구멍이 없는 사물은 자유가 없다"든지 하는 구절이 그러하다. 그 다음 시도 마찬가지였다. 점입가경이라고, 그 이후에 이어지는 시들은 어떠한 방식으로든 '구멍'과 관련이 있거나, '구멍'이라는 단어를 언급하고 있거나, '구멍'을 연상하게 하는 표현들로 가득했다. 심지어는 '구멍'이라는 단어를 찾아야만 안심하고 시를 읽을 정도였다. 시인이 왜 이 시집의 제명을 '구멍'이라고 지었는지 알 수 있을 것 같았다.

　한국 시사(詩史)에서 이토록 일관된 시집이 몇 권이나 될까. 만해의 『님의 침묵』은 초지일관 '님'을 부르며 시를 이어갔다. 비슷한 형식의 하종오 시집도 '님'에 대한 일관성을 견지하고 있다. 찾아보면 더 있을 것이다. 하지만 더 있다고 해도 이러한 일관성은 쉬운 일이 아니며 함부로 넘기기도 어려운 일이다. 다시, 시인이 말하는 '구멍'을 보자. 아무래도 표제시가 그가 말하고 있는 '구멍'의 실체를 가장 종합적으로 보여줄 것이다.

나는 원래 구멍 안에서 만들어졌다.
껌껌하고 긴 구멍 안에서 처음으로
아버지의 불씨를 이어받았다.
聖火 봉송하는 릴레이 선수처럼.
아늑하게 조여주는 긴 터널을 뚫고 나와 드디어
거친 빛의 세계로 나왔다. 태초의 명령에 따라.
빛을 받아먹고 내 안의 불씨는
바람 센 땅의 삼나무모냥 자라 올랐다. 이글이글.
언젠가 나는 또 하나의 구멍으로 돌아가리라.
나의 불은 그 안에서 소멸되리라. 충직하게.
신화와 소문의 산실, 비밀스런 구멍은
내 몸이 드나드는 집이고
불이 제 길을 들어가는 통로이다.
나는 구멍으로 너를 사랑해 왔다. 정직하게.
사랑은 불이다. 참말로
나의 불은 눈구멍, 귓구멍, 콧구멍, 입 구멍, 땀구멍
그리고 처음으로 내가 빚어진 구멍을 통해
네 안의 핵발전소로 흘러들어간다. 법칙보다 더 고집스럽게.
불과 불이 얽혀서 핵처럼 터지는 사랑.

구멍 안에서 탄생하는 또 하나의 불씨 알.
또 하나의 눈물 방울.

—최서림, 「구멍」

　속화된 상상력에서, '구멍'은 성적인 것과 관련이 깊다. 시인도 이러한 관련성을 의식하고 있다. 묘사된 여자의 자궁이 그러하고, '아늑하게 조여준'다는 표현이 그러하다. 그만큼 구멍의 어감은 성기의 그것과 비슷하다. 시인은 과감하게 주장한다. 그 안에서 자신이 태어났고, 긴 터널을 돌파하는 정자의 흐름 속에서 잉태되었고, 구멍을 통해 세상의 빛을 보게 되었다고. 그의 말을 그대로 믿는다면, 그의 시작은 구멍을 통해서였다.

　구멍은 자라난 시인에게 세상과 소통하는 통로였다. 사람은 내 안의 것을 밖으로, 바깥의 것을 내 안으로 주고받으며 살아간다. 정보를 주고받고 지식을 주고받고 감정을 주고받고 육체를 주고받고 어떤 경우에는 영혼이나 사랑과 같은 정신적인 것을 주고받는다. 시인의 말을 다시 믿는다면, 세상과 무언가를 주고받는 과정이자 절차이자 통로가 구멍이다. 그렇다면 인간은 구멍에 감사해야 한다.

　시인은 아마도 세상과 자신, 혹은 자아와 타자의 관계에 대해 깊이 천착하려 했던 것 같다. 그러다 보니 그 원천과 통로를 생각하게 되었고, 당연히 구멍에 집착하지 않을 수 없었을 것이다. 그것은 이후의 시에서 줄기차게 확인된다. 시인은 그가 읽는 세상, 그가 읽은 작품, 그가 생각하는 문학가, 그가 주고받는 타인과의 사랑에서 구멍이라는 존재를 항상 의식하고 감지한다. 그의 시는 그러니까 그가 무엇인가를 '나' 바깥의 누군가와 주고받는다는 의식의 산물인 셈이다.

이러한 시인의 인식은 장자가 말한 '비어 있음의 미학'에 근거한다. 다음과 같은 시는 최서림이 왜 구멍, 즉 빈 공간에 집착하는지를 철학적으로 알려준다.

예로부터 저쪽 한량들이
기타나 만돌린을 가지고 놀았듯이
이쪽에서도 생활에 구멍 뻥뻥 뚫려 있는 축들이
거문고나 피리를 만지며 흥성거려 놀 줄 안다
피리나 대금은 속을 통과해 나오는 바람으로 소리가 나는데
그 속이란 게 그저 뻥 뚫려 있는 듯해도
천태만상의 마음으로 가득 차 있다
허(虛)란 실(實)의 다른 이름인 법,
거문고 마디마디 울혈 진 가락이 하늘과 땅 사이를 진동시킬 수 있는 이치도 알고 보면
뜯는 이의 마음이 텅 비어서 가득 차 있기 때문인 것.
텅텅 비어 있는 마음에서 저며 나와 푸르게 여울져 흘러가는 소리가 바로
뜯는 이의 혼이자 거문고의 정신인 것,
잘 익은 가을날 오동나무를 베어 보라
긴 줄기를 따라 虛의 정신으로 꽉 매어진
텅 빈 구멍이 나 있을 것이다
잔뜩 움켜쥠보다 손을 탁 놓아 비워버림이
자유롭다는 것을 진즉 알았는지
오동은 씨앗 시절부터 그 안에 구멍을 키워왔을 게다

> 마음에 구멍이 뻥뻥 뚫려 있어 놀 줄 아는 축들만이
> 속이 텅 비어버려 쓸모없는 오동의 마음을 알아차린 법,
> 구멍 없는 것들은
> 놀 줄도 놀 자유도 모른다
> 요새 사람들 노는 게 어디 노는 것인가
>
> ―최서림, 「오동나무」

시인은 오동나무를 예찬한다. 그 비어 있음으로 그 쓸모 있음이 결정된다는 논리다. 그러면서 허와 실의 이치를 설파한다. '허'란 비어 있음이다. 오동나무의 속이 비어 있기 때문에, 그것이 소리를 만들 수 있고, 그 소리는 놀이의 풍취를 만들 수 있다. 시인은 거문고나 피리 소리가 속을 통과해 온 바람에 의해 일어나듯, 비어 있음의 이치가 삶과 정신을 윤택하게 하는 놀이를 가져올 수 있다고 비유한다.

시인이 말하는 놀이는 단순한 유희가 아니다. 시인은 고급스러운 놀이, 즉 문화와 예술을 말하고 있으며, 시를 쓰는 행위 자체도 포함시키고 있다. 시인은 시처럼 말의 비어 있음을 통해 우리 삶을 윤택하게 만들고 우리의 정신을 고양시키는 어떤 이치에 대해 말할 수 있게 된다. 그가 말하는 대로 하면 '허의 정신'이고 말의 '텅 빈 구멍'인 셈이다.

비어 있음의 논리가 그다지 낯선 것은 아니다. 동양의 현자들은 일찍부터 비어 있다는 것이 곧 유용하다는 역설의 논리를 펴왔다. 많이 가진 자보다 적게 가진 자가 더 행복할 수 있고, 많이 배운 자보다 적게 배운 자가 더 자유로울 수 있음을 설파해왔다. 그리고 그러한 가르침은 그 속뜻까지는 어떨지 몰라도, 우리 주변에서 어렵지 않게 받아들여지고 있다.

문제는 실천이다. 최서림의 시에서도 실천이 관건이다. 최서림은 '비어 있음(구멍)'의 원리와 가치 그리고 철학적 기반과 지혜로서의 위상을 보여주었지만, 과연 최서림의 시가 그러한 가르침을 실천적으로 보여주고 있는가는 별개의 문제이다. 옛날 현자들의 가르침은 가르침 그 자체보다는, 그 가르침을 펴는 현자의 태도와 입장에 따라 존경받기도 하고 무시당하기도 했다. 적게 가지고 적게 배울 것을 주장하면서, 스스로가 많이 가지려고 하고 가진 것을 자랑하려 한다면, 그 어떤 놀라운 가르침이라 해도 수긍하기 힘들 것이다. 최서림의 경우도 마찬가지이다. 그러한 측면에서 「오래된 항아리」는 각별히 주목된다.

플라스틱 통에서 시들시들 다 죽어가던 감들을 장독 안으로 옮겨 놓으니 그놈들, 금세 생글생글 되살아난다 배가 둥근 장독을 가만히 들여다보면 꼭 임신한 내 아내 같다 된장이나 감은 장독 안에서 새근새근 자고 있다 그놈들, 자면서 익는다 이따금 벌어진 아가리로부터만 공기를 마시는 게 아니다 된장이나 감은 항아리 피부를 통해서도 숨을 쉰다 여름날 된장이 천둥 번개에도 까무러치지 않고 마음 푹 놓고 익을 수 있는 것은 순전히 엄마 뱃속 같은 항아리 때문이다 오래된 항아리 까칠까칠한 뱃가죽으로 새벽 안개가 여인의 엷은 한숨모냥 스며들고 가을 햇살이 그의 맑은 기름을 풍성히 짜 넣어준다 명태 말라가는 냄새가 뒷간 냄새랑 어깨동무하고 항아리 안으로 숨어 들어와 낄낄 돌아다닌다 자궁 속에서 먹을 것 다 먹고 마실 것 다 마시고 나면, 그야말로 三冬 내내 웅크리고 자고 나면, 된장은 이른 봄날에 말캉말캉한 갓난아기처럼 노오랗게 태어난다

―최서림, 「오래된 항아리」

솔직하게 말하면, 이 시를 읽고 나서야 항아리의 신묘한 힘을 구체적으로 알 수 있었다. 시들시들하던 감이 둥근 장독에서 살아나다니, 지금도 반신반의하는 면도 없지 않다. 그러나 시인은 확고하게 그렇게 믿고 있고, 그 저력을 텅 빈 공간에서 찾고 있다. 시인의 말로 하면 항아리의 '구멍'에서 찾고 있는 셈이다.

그런데 이 시에는 '구멍'이라는 단어가 나오지 않는다. 텅 빈 공간이라는 다소 관념적인 어사도 쓰이지 않았다. 왜 그럴까. 오래된 항아리의 진짜 힘은 그 안의 텅 빈 공간에서 나오기도 하지만, 그 공간을 둘러싼 어떤 보호막 덕분이기도 하기 때문이다.

항아리의 빈 공간은 스스로 존재할 수 없다. 항아리의 신묘한 공간은 그 공간을 지탱하는 사물, 즉 항아리 벽에 의해서 만들어진다. 아무리 빈 공간이 중요하다고 해도, 그 공간을 외계와 구획지어 주는 물체가 없다면 무용지물일 것이다.

구멍도 마찬가지다. 구멍은 시인의 말대로 '나'와 '세계'를 묶는 힘이고, 엮는 통로다. 자아와 타자가 만나고, 내면과 외계가 만나고, 표현과 이해가 결합하는 지점이다. 구멍이 없다면 공간도 없고, 공간이 없다면 구별이 없으며, 구별이 없다면 소통도 없을 것이다. 그런 측면에서 구멍은 소중하다.

그러나 구멍은 홀로 존재하는 것이 아니다. 구멍은 구멍이라는 공간을 다른 공간과 구획 짓는 어떤 경계에 의해 존립 가능해진다. 시인의 「오래된 항아리」가 주목되는 것은 구멍이 아니라, 구멍에 대한 예찬 일변도가 아니라, 그 구멍을 만드는 관계에 대해 다른 각도로 접근하고 있기 때문이다.

오래된 항아리는 홀로 영묘하지 않다. 그 밖에는 새벽안개가 적당히 스며들 수 있도록 안을 보호하는 벽이 있고, 가을햇살이 기미를 드리울 수 있도록 슬그머니 막아서는 뚜껑이 있다. 명태 말리는 냄새 옆에 뒷간 냄새가 섞일 수 있도록 조절하는 막이 있고, 그 안에서 웅크리고 잘 수 있는 온기의 집이 있다. 그 모든 것이 공간을 나누면서도 소통시키고, 두 세계를 소통시키면서도 별도로 분리하는 적절한 역할 덕분이다.

「오래된 항아리」는 그 조절과 조화의 힘을 통찰한 시이다. 구멍이 구멍일 수 있기 위해서는, 구멍의 존재와 필요, 그리고 가치와 의미에 대한 넉넉한 여유가 필요하다. 다시 말해서 비움과 채움, 유입과 차단의 미학이 공존해야 하는데, 이 시가 그러한 중용의 미를 구현한 셈이다. 그런 측면에서 구멍은 세상의 중심, 생각의 중도가 될 수 있다. 이 상징이 유효한 것도, 어떤 것에도 치우치지 않는 마음 때문인 것이다.

## 4. 현란함의 극치, 이해 불가능의 언어

장석원의 시는 난해하다. 어떤 경우에는 해석 불가능하다. 하여, 그의 시를 읽으려 할 때마다 항상 난감해지지 않을 수 없다. 어떻게 해석해야 하는가? 아니 해석 자체를 과연 시도해야 하는가? 그의 시집 『아나키스트』(문학과지성사, 2005년 11월)를 보았을 때 이런 질문과 난감함은 더욱 커지지 않을 수 없었다.

결론부터 말하자면, 장석원의 시에 대한 도전은 현실의 문학관을 넘어서려는 일종의 노력이다. 그의 시는 난해함과 개성과 해석 불능을 시의 첨단 기법으로 이해하는 문단 일각에 대한 탐구에 다름 아니다.

그의 시는 그런 의미에서 1930년대 문단이 난감해 했던 이상의 시를 연상시킨다.

먼저, 그 중 평이한 편에 속하는 시 한 편에서 출발해보자.

경동시장 네거리 '속 편한 내과'의 간판을 보며
죽어 그릇에 담긴 선연한 것들을 떠먹는다
내장 도가니 선지, 피 냄새 밴 명사들
숟가락에 담긴 국물이 죽은 자의 눈망울 같다
국밥을 먹다가 창밖 철제 계단을 본다
검은 나비 왼쪽에서 오른쪽으로
날아간다 구름에 묻어 있던 햇빛처럼

석양이 뺨을 물들이고 있다
어둠의 숨소리가 들린다
눈썹을 스치는 바람처럼
검은 나비 날아오른다
물마루 스쳐 튀어 오르는 햇살처럼 깊고 부드럽게
밀고 들어와 서걱이는 검은 나비 아래
나의 흔들림이 있고 오랜 벗 같은
출렁임이 있고 병통(病通)으로 우는 침묵이 있다

좋은 친구처럼 편안한 이웃처럼
속 편한 내과 옆에 이가 편한 치과
동일성의 현재진행형이 거기에 있다

나의 그림자 같은 검은 나비

과거가 날려보낸 검은 나비 나를 데리고

지워진 나를 향해 날아간다

—장석원, 「나는 과거에서 현재로 귀양 왔다」

이 시를 이해하기 위해서, 개봉되어 공전의 인기를 모았던 영화 작품 하나를 예로 들어 보겠다. 헐리우드 블록버스터 대작 「미션 임파서블 3」. 이 작품은 손에 땀을 쥐게 하는 액션과 반전으로 이미 많은 영화 매니아들을 사로잡았다. 헐리우드 영화를 얕보는 이들도 이 영화를 보면서 긴장감을 늦추기 어려운데, 이 작품의 재미를 더 가속시키는 것이 있다. 그것은 '토끼발'이다.

주인공 역을 맡은 톰 크루즈를 비롯해서 많은 등장인물들이 시종 일관 토끼발을 찾아다닌다. 실제로 토끼발은 톰 크루즈에 의해 탈취되어 악당에게 인계되고, 그 과정에서 그 물건의 모양이 카메라에 포착되기도 한다. 하지만 그 토끼발이 무엇에 쓰는 물건인지는 알려지지 않는다. 플롯을 인도하고 굴절시키는 중요한 물건인데도, 막상 그 물건의 쓰임새는 밝혀지지 않는 셈이다.

「미션 임파서블 3」에 열광하는 사람들일수록, 특히 네티즌을 중심으로 하는 많은 마니아들이 그 비밀에 관심을 피력했다. 거북이를 분발시키기 위한 촉진제라는 우스운 주장부터, 핵무기를 능가하는 파괴력을 갖춘 신무기라는 주장, 영화 속 인물의 이야기를 빌어 새로운 화합물이라는 주장까지 각종 의견이 난무하고 있다. 어떤 기자는 「미션 임파서블 4」를 끌고 가기 위한 사전 포석이라는 주장도 제기했다.

이러한 다양한 반응은 그 자체로 중요한 함의를 지닌다. 누구도 '토끼발'의 정체를 정의할 수 없다는 것이다. 정작 이 영화를 만든 사람들도 모를 가능성이 높다. 왜냐하면 그 의미가 텅 빈 상징일수록 더 많은 관심과 이해와 도전적 해석과 해석적 참여를 유발하기 때문이다(영화에서는 이러한 수법을 맥거핀(macguffin)이라고 하는데, 히치콕이 「나는 비밀을 안다」에서 처음 사용한 이래 역동적인 줄거리 구성을 원하는 사람들 사이에서 즐겨 써왔다).

인용된 시를 보자. '검은 나비'는 일종의 맥거핀이다. 1연에서 시인은 경동시장 네거리가 바라보이는 어딘가에서 국을 먹고 있다. 시인이 먹는 것은 내장탕 혹은 도가니탕이거나 어쩌면 선지국일 수도 있다. 이것들은 동물들의 사체의 일부다. 따라서 검은 나비는 자신이 먹고 있는 국의 원재료, 그러니까 죽은 고기를 가리킬 수 있다.

다음, 2연을 보자. 석양이 지고 있다. 어스름이 내리고 있고, 어디선가 바람이 불어온다. 어둑어둑해지는 도시의 풍경이다. 이 시점이 되면 마음이 쓸쓸해지는 것을 느낄 수 있는데, 그 쓸쓸함과 땅거미를 묶어 혹은 별개로 해서 검은 나비라고 칭할 수도 있다. 더구나 2연에서 시인은 검은 나비가 날아오른다고 말했다.

3연에서도 근거를 찾을 수 있다. 시인은 '나의 그림자 같은 검은 나비'라고 하면서, 검은 나비를 수식(직유)하고 있다. 그림자는 빛이 물체에 가려진 공간일 수도 있지만, 의식의 저 밑부분 혹은 시간의 지워진 저편을 뜻할 수도 있다. 그렇다면 기억의 어떤 공간이 검은 나비가 될 수 있다. 정신분석학에서 검은 색은 무의식 혹은 과거와 연관되는 색이다.

아니면, 그냥 검은 나비일 수도 있다. 국을 먹고 있었고 어둠이 지고 있었고 과거와 내면에 대한 생각에 침잠하고 있을 때, 정말, 검은 나비한 마리가 날아갈 수도 있었다. 시인의 눈에 포착된 검은 나비는 곧 시의 글감이 될 수 있었다.

다른 시와 연계하여 살펴볼 수도 있다. 시인은 이 시 다음에 「나는 현재에서 과거로 귀환했다」, 「나의 전부는 거짓이었다」, 「과거에 시작된 광포한 빗줄기」를 연달아 배치하고 있는데, 이 시들은 비슷한 공간을 배경으로 하고 있고, 무엇보다 '검은 나비'를 언급하고 있다. 그 부분만 찾아 인용해보겠다.

    그의 외침을 들이마신다
    나는 늑대 혹은 개, 나는 늑대 혹은 거세된 아버지 혹은
    과거의 아들, 과거의 나에게 고용된 기계, 녹스는 기계

    파국(破局)이 지난 후에도 생활은 계속될 것이고 태양은 찬란할 테지만
    나의 전부가 재건되는, 죽은 자가 다시 죽는
    경동시장 네거리 옛날의 골편(骨片) 같은 기둥에 기대 서서
    거리를 횡단하는 검은 나비를 본다
    모든 것이 명료해지는 하지(夏至)의 햇빛
                ─장석원, 「나는 현재에서 과거로 귀환했다」 부분


    원숭이가 앞구르기를 한다
    틀어쥔 목의 사슬을 놓아주는 주인
    꺾인 꽃처럼 나를 놓아주던

검은 눈동자에 어리는 아버지

내가 지니고 있던 무덤 밖으로
검은 나비 날아간다
짐승이 바라보는 별처럼
검은 나비 쳐다본다
　　　　　　　—장석원, 「나의 전부는 거짓이었다」 부분


빗줄기가 문신을 새길 듯이 박힌다

돌아설 수 없기에 강자(强者)가 아닌
나의 출발은 미미하나 파국은 황홀하다
뒤돌아보는 순간 기억에 갇혀 있던 천 겹의 나뭇잎 불타오른다

한 시절의 침묵처럼
가슴쇠에 내려앉는 검은 나비
불꽃에 찢어지는 검은 나비
상처 속에 산 채로 묻혀 있던
검은 나비
　　　　　　　—장석원, 「과거에 시작된 광포한 빗줄기」 부분


「나는 과거에서 현재로 귀양 왔다」의 후속편이 「나는 현재에서 과거로 귀환했다」이다. 두 시는 과거와 현재라는 두 시간대를 중심으로

귀양 가고 돌아오는 일정한 연관성을 보인다. 그러므로 검은 나비의 상징은 더욱 관련성을 맺을 것 같다. 시인은 여전히 경동시장에 있다. 시인은 자신이 매장되었다고 암시하는데, 그런 측면에서 보면 검은 나비는 과거에 매장된 시인의 현재적 영혼일 수도 있다.

인용된 부분을 보면 시인은 파국을 이야기한다. 현재의 '나'는 과거의 산물일 수 있고, 녹슬어가는 폐기물일 수 있다는 자조(自嘲)가 지난 다음, 재건과 죽음 그리고 재죽음과 같은 알쏭달쏭한 말을 전한다. 그리고 검은 나비들을 본다. 거리를 횡단한다는 수식어가 붙었으므로 사람일 것이라는 추측도 가능하다. 시인의 눈에는 경동시장 네거리가 죽은 자들의 집합 장소로 보이는 것일까. 자신을 포함해서.

정리해보자. 「나는 현재에서 과거로 귀환했다」에서 시인은 연속적으로 검은 나비를 언급한다. 그 언급은 과거의 시체, 현재의 회생과 같은 다소 비약적인 논리로 연결되어 있지만, 검은 나비가 죽음의 이미지를 강하게 풍기는 것은 사실이다. 더구나 사람일 수 있음을 암시하는 시구가 내장되어 있다.

그 다음, 「나의 전부는 거짓이었다」를 보자. 여전히 시인은 경동시장 네거리에 있고, 사슬에 묶인 원숭이를 구경하고 있다. 아마도 약장수가 데리고 쇼를 펼치는 원숭이인 것 같다. 원숭이가 앞구르기를 하자 주인이 목의 사슬을 풀어주고, 그 광경은 시인에게 자신을 놓아주던 아버지를 연상시킨다. 시인은 자신의 눈동자를 검은 눈동자로 지칭한다.

그리고 자신이 지니고 있었던 무덤 밖으로 검은 나비가 날아간다고 말했다. 자신이 지녔다는 무덤은 아버지의 무덤을 가리키는 것 같다. 시인의 아버지가 일찍 돌아가셨다면 그 무덤에서 나간 것은 아버지의 영혼 내지는 아버지에 대한 기억(추억)일 수 있다. 「나의 전부는 거짓이었다」에서 검은 나비는 아버지와 관련된 어떤 것으로 추정된다.

마지막으로, 「과거에 시작된 광포한 빗줄기」를 보자. 시인은 과거를 되돌아보는 순간 기억의 저편에서 떠오르는 영상을 본다. 분명하지는 않지만 '가늠쇠'라는 용어는 군대 시절을 상기시킨다. 시인은 군대와는 특별한 연관을 지닌 것으로 알고 있다. 가늠쇠에 내려앉은 검은 나비. 그것은 특정한 어떤 시절의 기억일 수도 있다. 불꽃에 찢어진다고 했는데, 그 불꽃은 총구에 뿜어 나오는 화염을 의미할 수도 있다. 그렇다면 상처란? 더 이상은 모르겠다. 하지만 군대 시절의 어떤 기억과 검은 나비가 상관될 가능성도 배제할 수 없다.

이제는 정리가 불가능할 정도로, 검은 나비의 종류와 가능성이 다양해졌다. 결국 모든 것이기도 하고, 아무것도 아닌 것이기도 하다. 검은 나비는 화자의 태도와 입장에 따라 달라지는 것이기도 하고, 처음부터 풀 수 없는 추상적인 관념일 수도 있다.

이제 가능성과 추정으로 시작된 해석의 유희를 그만두어야겠다. 검은 나비는 맥거핀이다. 추적하면 할수록 많은 단서들로 인해 그 실체를 더욱 감지할 수 없게 되는 어떤 것이다. 장석원의 시는 결국 맥거핀의 활용장이다. 어떤 시는 맥거핀이 여러 개로 등장하고 있으며, 비교적 쉬운 시들도 맥거핀을 제한적으로 활용하고 있다.

하지만 따지고 보면 어떤 시인들 맥거핀이 없을 수 있겠는가. 시란 결국 수수께끼이거나 미스터리이다. 그러나 다른 시들이 그 의미와 상징을 풀 수 있도록 단서를 남기는 것에 반해, 장석원의 시는 그 의미와 상징을 풀기 어렵도록 방해하는 힘이 강할 따름이다. 아니, 어떤 시들은 처음부터 의미와 상징의 자리를 비운다. 그러니 그의 시가 해석 불가능이라는 것도 무리가 아니다.

　이제 이러한 시에 대한 평가다. 과연 옳은 것인가? 나도 그 평가의 중심을 비우려 한다. 결과만 놓고 보면 장석원 시는 바람직하지 않은 것으로 생각된다. 하지만 그 과정을 추적하는 과정은 의외로 재미있다. 시가 결국 말의 장난이자 놀이라고 할 때, 장석원의 시는 그 재미를 극대화한 사례에 해당한다. 특히 지식인이라고 자처하는 이들에게 그의 시는 흥미로운 도전이 될 수 있을 듯하다. 하지만 이제 그 단서도 조금은 넓게 펼쳐놓는 것이 어떨까 한다. 현란함이 지나치면 아무도 거들떠보지 않을 수도 있지 않은가.


## 5. 색정(色情)어린 호소 혹은 그 흐느낌

　박이화의 시집 『그리운 연어』(애지, 2006년 4월)를 앉은 자리에서 다 읽었다. 어떤 부분은 다시 읽고 싶을 정도로 큰 애착이 갔는데, 그 이유는 현란한 말솜씨 때문이었다. 그녀의 시는 감칠맛 나는 언어로 되어 있고, 들큰한 냄새를 풍기는 에로티즘으로 터질 듯했으며, 고전과 시쳇말과 야한 농담을 마구 넘나드는 자유분방함으로 무장하고 있었다. 무엇보다 솔직했고 대담했다. 특히 성애에 대한 묘사, 몸에 대한 묘사, 사랑에 대한 묘사에서 그 솔직함과 대담함이 유별났다.

　분명 박이화의 시는 시대의 문제나 고민 혹은 인간의 본원적 속성이나 문명에 대한 통찰을 담은 시는 아니다. 그녀의 시는 다분히 개인적이고, 감각적이고, 또 유희적이다. 그러나 그녀의 시는 지금의 시가 잊고 있는 하나의 미덕을 일깨운다. 그것은 즐거움이고, 가슴 떨림이고,

감각적인 쾌락이다. 그녀의 시를 읽으면 생각하기보다 감촉하게 되고, 깊은 비유나 상징에 골몰하기보다 재치나 말장난에 따라 웃게 된다. 거침없는 말솜씨는 비록 제한적이지만 분명, 까닭 있는 시의 존재 근거일 것이다.

그녀의 시집 1부를 보면, 꽃에 대한 상상력이 돋보인다. 시인은 즐겨 시 속의 화자를 꽃에 비유하거나 꽃과 동일시하고 있다. 이것이 비단 1부만의 특징은 아니지만, 마치 시집의 초입에서 꽃(식물)의 상상력을 연습이라도 시키듯 1부에서 반복하고 있다. 이것은 꽃과 자궁의 동일성을 주지시키는 연습이기도 하다.

예를 들어, 시인은 "내 입술과 유두, / 저 연분홍 꽃잎이었던 적이 있었는지 / 거뭇한 북쪽 가지 끝의 저 은밀한 홑꽃 / 백만 생 전쯤 한 잎 음순이었던 적 있었는지"(「도개리 복사꽃」)라고 말하기도 하고, "벗을수록 아름다운 나무가 있네 / 검은 스타킹에 / 풍만한 상체 다 드러낸 / 누드의 나무"(「정오의 벚꽃」)를 바라보기도 하고, "아무래도 저 검은 그림자 속엔 / 몸통 작은 여우 한 마리 살지 싶어 / 바람난 여자의 음부처럼 팽팽한 암여우 한 마리 (중략) 누구라도 단박에 홀려버리는 향기, / 그 화사한 염문 / 천지간 / 난분분 난분분 꼬리 무는 이 봄날"(「내 안의 꽃」)을 찬미하면서 자신 안에 있다는 '복사꽃 한 그루'를 상기하기도 한다.

꽃의 비유와 꽃에 대한 관찰은 여성의 몸과 성기를 연상시키는 구절을 잉태한다. 그녀는 꽃처럼 찾아올 누군가를 기다린다. 그것은 봄이기도 하고, 비이기도 하고, 꽃과 여성이 꿈꾸는 수컷이기도 하다. 즉, 그녀에게 자신의 몸은 세상의 모든 꽃과 마찬가지로 봄과 수컷을 기다리는 존재이다.

호박잎처럼 크고 넓은 기다림 위로 투다다닥 빗방을 건너 뛰어 오
듯 아, 그에게서 전화가 왔다 불볕 아래 시든 잎처럼 그 아래 지친 그
늘처럼 맥없이 손목 떨구고 늘어졌던 내 그리움의 촉수들이 마침내
하나 둘 앞 다투어 눈떠 사방 꽃무늬 벽지처럼 내 마음 안팎을 온통
분간 없이 휘감아 뻗고 예고 없이 들이친 소낙비의 행렬에 또 한바탕
젖는 잎, 잎들 전선이 젖고 그 선을 타고 오는 그의 목소리 열대어처
럼 미끌한 물비늘로 젖어와 어느새 내 몸은 출렁출렁 심해로 열리고
　　　　　　　　　　　　　　　　　　　　　　　—박이화, 「여름비」

　　위의 시는 대단히 에로틱하다. 땡볕 아래 지친 호박꽃, 그리고 그 호
박잎을 보며 누군가를 생각했을지 모르는 여자. 늘어진 호박꽃은 비를
기다리고, 그 여자는 누군가의 손길을 기다렸을지 모른다. 그때 비가
내린다. 투다다닥. 그녀는 누군가의 전화를 받은 것처럼 전율한다. 호
박꽃은 떨구었던 잎을 들어 비를 받아들이고, 그 광경을 바라보던 여
자는 마치 자신의 손목이 들리는 듯한 느낌을 받는다. 점점 강렬해지
는 비의 느낌. 여자는 누군가의 몸이 자신의 몸을 감싸고, 누군가의 몸
에서 자신의 몸으로 물이 흘러드는 느낌을 받는다.
　　위의 시는 호박잎과 비의 관계를 통해, 기다리는 여성과 그 여성에
게 다가올지도 모르는 남성(상상)의 관계를 표현했다. 비록 소품이지
만, 대단히 역동적이고 감각적인 시이다. 시어를 다루는 솜씨가 놀라
울 정도로 예민하고, 당황스러울 정도로 솔직하다. 시인은 호박잎에
젖어가는 비를 보면서, 자신의 몸에 감겨오는 물의 촉감을 그려내는
데, 스스로를 꽃이라고, 식물이라고, 비와 봄과 소식을 기다리는 존재

라고 믿지 않고는 포착하기 어려운 광경이었을 것이다.

1부의 시가 꽃의 상상력을 빌어 몸의 감촉을 노래했다면, 2부의 시는 고전과 시의 정전들을 빌어 여자의 마음을 호소했다. 그런데 그 호소력이 일품이다. 왜냐하면 촌철살인하는 웃음도 있고, 담대한 야유도 있고, 비음 섞인 아양도 있고, 심지어는 노골적인 유혹도 있기 때문이다.

녀자도 그렇지만 꽃도 너무 기상이 높고 절개가 서슬 푸르면 선뜻, 꺾을 수 없는 게라 그래선지 매화주나 국화주는 그 만고의 정절 때문인지 암만 마셔도 취하지 않는 것이 당체 여흥이 무르익지 않는 게라 대저, 역사란 밤에 이루어진다 했으니 그런 맹송맹송한 남녀유별 하는 밤이라면 천하절색 양귀빈들 뭘 이루고 말고겠어? 하지만 말이지 심산유곡 인적 없는 골짝에서 소쩍새 걸쭉한 육두가락으로 산딸기 온몸으로 익었다면?

아호
그 복분자술 한 잔에
포산 곽씨 열녀가문
종갓집 맏며느리가 이 도도한 취흥을
봄밤,
네까짓 게 감히 알기는 알겠니뇨?
　　　　　　　　　—박이화, 「이화에 월백하고」

이 시는 이조년의 시조 「이화에 월백하고」를 패러디한 시이다. "이화(梨花)에 월백(月白)하고 은한(銀漢)이 삼경(三更)인제 일지춘심(一枝春心)을 자규(子規)야 알랴마는 다정(多情)도 병(病)인양 하여 잠 못 들어 하노라". 박이화는 원래 시조의 고아한 품격을 비틀고, 한밤에 몸이 달아 잠들지 못하는 여자의 심정을 이입했다. 여성은 배꽃이 피고 달이 밝은 밤에, 춘흥을 이기지 못하고 그만 속마음을 털어놓는다. 너무 높은 지조는 육체의 즐거움을 빼앗는다고.

시인은 재미있는 장난도 쳤다. 애로영화의 제목과 내용을 가져와, 불타는 여체의 괴로움과 농염한 에로티즘을 드러내기도 했고, 이유 없이 위세를 부리는 '포산 곽씨 열녀가문 종갓집 맏며느리' 행세를 하며 도도한 자존심을 표출하기도 했다. 무엇보다 '아흐' 같은 일상적일 수 없는 감탄사를 통해 색정어린 호소를 첨부하기도 했다. 이러한 시인의 자태는 다음 시에서도 거침없이 이어진다.

나무 중엔 품계 높은 자작나무도 있고 법도 높은 동백나무도 있지 반면 어디서나 지분 냄새 풍기는 화류의 나무도 있지 그 나무, 맨날 음풍농월하는 됴화나무라고 말 못하지 봄바람에 유독 춘색 밝히는 복숭아나무라고 더디욱 말 못하지 더욱이 서풍이건 남풍이건 바람이란 바람은 죄의 정부라고 내 차마 내 입으론 말 못하지 나 오상고절의 사군자도 싫고 봉래산 제일봉의 낙락장송도 싫타! 싫어! 차라리 봄밤의 춘정에 천 번 만 번 실절하는 저 황홀한 낙화가 만고의 내 뜻이니 부디, 나 죽거든 저 속살 훤한 연분홍 꽃나무 한 그루 내 무덤가에 심어다고 그러나 알고 보면 천만근 그리움에 치여 꽃잎마다 피고를 흐르는 저 나무, 저 지독한 화농의 복사꽃나무를

—박이화, 「나의 홍살문」

「나의 홍살문」은 해석이 특별히 필요 없는 시이다. 시인은 요설에 가까운 말솜씨로 속마음을 드러내고 있다. 나무를 보면서 색정에 대해 생각하고, 그 색정을 가르쳐줄 듯 말 듯 지분거리는 태도로 들려준다. 고전에 대한 재치 있는 비유나 야유도 읽는 감칠맛을 돋운다. 성과 육체에 대한, 솔직하다 못해 대담무쌍한 여유도 그대로이다.

그런데 이 시에는 지금까지 박이화의 시를 지탱하던 에로티즘의 축 말고도, 다른 축이 숨어 있음을 공고히 한다. 그것은 육체에 대한 참을성이다. 시인은 "나 죽거든 저 속살 흰한 연분홍 꽃나무 한 그루 내 무덤가에 심어" 달라고 했다. 그리고 알고 보면 그 나무가 "천만근 그리움에 치여 꽃잎마다 피고름"을 흘린다고 말했다.

시인은 시적 화자를 나무나 꽃에 비유하거나 동일시해 왔다. 그렇다면 화려하고 에로틱한 나무의 성정에 인내하고 기다리는 참을성이 존재한다는 말이다. 따지고 보면 「여름비」의 호박꽃도, 「이화에 월백하고」의 대갓집 맏며느리도, 말로만 색정을 호소했지, 실제로는 일편단심 누군가를 기다리고 있었다. "화농의 복사꽃나무"도 마찬가지이고, 그 나무의 분신인 화자도 마찬가지다. 그녀들은 기다린다. 자신의 몸을 열어주고, 자신을 꽃으로 개화시킬 누군가를.

그래서 박이화의 시는 포르노그라피가 되지 않고, 이유 있는 성적 담론이 될 수 있다. 박이화의 시가 거침없는 성에 대한 묘사에도 불구하고 품격을 유지할 수 있는 것도, 그 안에 내장된, 겉으로 드러나지 않는 정숙함 때문이다. 그녀의 시는 의외로, 그리고 철저하게 정숙한 시어들의 나열이다. 그녀의 시가 표방하는 성적 담론은 역으로, 그냥 담론에 불과하다. 불면의 밤을 바늘로 견뎠던 수절과부의 괴로움을 연상시킬 정도로, 박이화의 시적 화자들은 '마흔'의 육체를 인내하도록 종용한다. 어쩌면 박이화의 시는 그녀들의 거친 속박을 말로라도 위로하기 위한 일종의 탈출구였는지도 모른다. 박이화의 시는 육체의 향연을 경계하는 말의 홍살문(신성한 건물이나 성지를 공시하는 경계 표시)이었다. 마치 여기까지가 말의 영역이고, 여기부터는 인내의 영역이라는 경계를 확실히 하고자 하는 의지처럼.

박이화의 시집을 들추면, 위에서 인용된 것보다 재치 있고 재미있고 야한 시들이 많다. 그것들을 일일이 읽는 것은 어쩌면 번거로운 일일 것이다. 그 중에서 다소 이질적인, 그러나 야한 포르노를 닮은 시처럼 보이지만, 그 기저에서 도도히 흐르는 정숙미가 박이화의 시 세계를 지탱하는 원류이다. 아래에 인용된 시는 그 원류를 보여준다. 이 시는 너무 아름답다. 그녀의 인내가 아름답고, 그녀의 인연이 아름답다.

이른 봄날도 늦은 봄날도 아닌 계절에
늙지도 젊지도 않은 여자
이미 반백의 사내와 봄 산에 듭니다.
그 사내 홍안의 복사꽃도 잠시 말로만 탐할 뿐
하 많은 봄꽃 다 제쳐두고
백발보다 더 부시게 하얀 산벚 아래
술잔을 기울입니다.
어쩌면 전생의 어느 한 때
그의 본처였기라도 한 듯
그 사내, 늙고 병들어 돌아온 남자처럼
갈수록 할 말을 잃고
그럴수록 철없는 그 여자

새보다 더 소리 높여 지저귑니다.
바람 한 점 없는 적막한 산중,
드문드문 천천히 백발의 꽃잎 푸스스 빠져
그 사내 머리 위로 쌓이고
이윽고 그 여자 빈 술병처럼 심심히 잠든 동안
사내만 홀로 하얗게 늙어 갑니다.
비로소 저 산벚
참 고요히 아름답습니다.

—박이화, 「오래전 산벚나무」

  꽃을 닮았던 그녀들이 그토록 바라던 봄이 왔건만, 막상 그녀들은 봄이 오자 한 남자의 아내가 되어 피크닉을 떠날 뿐이다. 현란할 거라 예상했던 육체의 향연과도 너무나도 거리가 먼 산행. 남자는 반백의 사내로, 인생을 관조하는 태도로 술잔만 기울이고, 불타는 육체로 괴로워하던 여자는 그만 그 옆에서 잠이 든다. 어쩌면 남자는 여자를 만족시킬 수 없는 사람인지도 모른다. 늙고 병들어 더 이상 기력이 없는지도 모른다. 그러나 여자는 그가 돌아왔다는 그 기쁨에, 마냥 잠이 든다.

  이 시를 읽으면서 박이화의 시가 지닌 두 가지 아름다움에 대해 생각한다. 아니 두 가지 아름다움은 기실, 그것이 서로 맞서고 있기 때문에 탄생 가능했을지 모른다. 농염한 성의 언어와 정숙한 기다림의 마음. 어느 한 쪽만으로는 충분히 아름답지 못했을지 모른다. 농염한 성의 언어만으로는 우리는 현란한 말의 잔치에 현혹당했을지 모른다. 처음에는 신기해 하다가 차츰 지겨워지고 결국에는 질리게 되었을지 모른다. 정숙한 인내의 태도만으로는 시대를 버리고 관념을 추수하는 낡은 사고로 치부되었을지 모른다. 그것이 왜 아름다운지 생각하기 이전에 무시되었을지 모른다.

  그러나 두 가지가 양립하고 길항하고 그 저층에서 교류하는 순간, 박이화의 시는 단아하면서도 화려하고, 농염하면서도 정숙한 언어를 얻게 된다. 이 두 가지가 버무려지지 않았다면, 그녀의 시는 시가 될 수는 있을지언정, 좋은 시는 될 수 없었을 것이다.

## 6.

  기실, 말의 양면적 속성은 박이화에게만, 혹은 이러한 종류의 시를 쓰는 시인에게만 있는 것도, 또 있어야 하는 것도 아니다. 시어는 기본적으로 화려하고 활달하고 감각적이어야 한다. 한마디로 얼마든지 화려해도 무방하다. 최서림의 경우처럼 '구멍' 하나에 집착하면서 세상의 온갖 상황을 구멍에 맞출 수도 있다. 신종호처럼 순백의 언어를 구사하고 그 옆에 불꽃의 언어를 구사해서 화려한 색감을 추구할 수도 있다. 장석원의 시처럼 이해할 수 없는 언어를, 전략으로, 시도로, 도전으로, 실험으로 구사할 수 있다. 그 어떤 노력도 가능하다. 자신의 시를 개성적으로 만들고, 다른 시들과 차별화하고, 세상을 보는 각자의 눈을 더욱 올곧게 대변하기 위해서는, 어떤 전략도, 어떤 화려한 수사도 용인될 수 있다.

  문제는 그러한 전략의 한 지점에, 아니 그 기초에, 침착하고 부동하며 일률적으로 작용하는 언어 역시 존재해야 한다는 점이다. 그 언어의 묶음 속에 시인의 사유가 자리 잡아야 한다는 점이다. 신종호의 암흑빛 색감이 그러한 역할을 한다고 할 수 있다. 박이화의 시에서 시적 화자들이 견지하는 인내와 정숙과 기다림과 다소곳함 또한 그러한 역할을 한다.

그런 측면에서 화려한 시어의 이면에는 정숙한 말의 핵심이 포진되어야 한다. 그것 없이는 좋은 시가 될 수 없을 것이다. 시는 읽고 쓰고 버리는 일회용품이 될 수 없다. 그렇다면 우리는 그렇게 공들여 말을 다듬고 생각을 압축할 필요가 없을 것이다. 시는 생각을 저장하고 명상을 유도하고 상상력을 촉발하고 삶의 지혜와 경험을 축적하며 인간의 인간다움을 지키는 정신의 보고여야 한다. 그 안에 빛나는 언어들을 끌어 모으기 위해서는 '현란함' 못지않게 '단정함'도 필요하다는 사실을 기억할 필요가 있다. 요즘처럼 세상과 사람과 문화와 삶이 현란하게 흐르는 시간 속에서는 더더욱.

# 젊은 시인들의 의식세계
―넓이에의 강요 · 1―

## 1. 달라진 시인들

최근 시인들의 행보를 보면, 이전 세대와 크게 달랐다는 90년대 시인들과도 현격한 격차를 보이고 있다. 90년대 시인들은 소위 말하는 '신세대 작가' 유형에 속했다. 신세대 작가에 대한 정의는 너무 다양해서 일률적으로 말하기 힘들지만, 대체로 다음과 같은 사항이 합의되었다고 볼 수 있다.

이성 중심 / 감성 중심,
옳고 그름으로 판단 / 좋고 싫음으로 판단,
논리적 심사숙고 / 감각적 판단에 따른 행동,
미래의 득실이 기준 / 당장의 호오(好惡)가 기준,
동질 지향 가치관 / 이질 지향 가치관,
'나도 남들처럼 살고 싶다' / '남과 다르게 살고 싶다',

자기 절제 / 자기표현,

남이 창조한 가치에 동의 / 스스로 가치 창조,

남에 대해 의식함 / 자기 자신에게 충실하려는 자기 지향성,

억제된 감성 / 해방된 감성,

보고 듣고 구경하던 정적 문화 / 직접 참여의 즐거움을 추구하는 동적 문화,

소유에 대한 욕구 / 사용가치의 중시

위의 분류는 이전 세대/신세대(90년대)의 특징을 다소 도식적으로 가름한 것이다. 이 분류표를 제시한 사람은 정근원인데, 그는 90년대의 신세대를 영상 문화 세대로 지칭하며, 신세대의 특징에 대해 논의된 사항들을 보기 좋게 정리했다. 이러한 분류와 정리가 다소 도식적인 것은 사실이라고는 하나, 이러한 비교를 통해 그 이전 세대와 확연히 구분되는 90년대 신세대의 특징을 한눈에 찾을 수 있다.

그러나 이러한 분류는 문학적 신세대인 90년대 작가군에 대입할 경우, 상당한 가감을 요한다. 또한 작가군 중에서도 비교적 소설가군에 잘 들어맞고, 시인들에게는 덜 들어맞는 단점도 있다. 아울러 문학적 세대는 일반적 세대와는 달리, 기본적으로 신세대의 경향에 가까운 경우이다. 그럼에도 이 도식은 2000년대 이후 세대의 특징을 들여다보는 유효한 잣대가 될 수 있다. 왜냐하면 2000년대 시인들에게 다소 늦게 그리고 다소 엉뚱하게 90년대 신세대 작가군이 구가했던 위의 특징들('/'의 오른쪽 특징)이 뚜렷하게 감지되기 때문이다.

한 가지 참고삼아 말한다면, 문학은 언제나 '감성 중심'적인 특징이 있었고, '미래'를 기준으로 하기보다는 '현재'를 중심으로 했으며,

'타자'의 논리보다는 '자아'의 개성을 중시해왔다. 문학은 어떠한 논리보다도 비논리적인 감성에 의존했고, 문학을 한다는 것은 그 자체로 현실의 가난과 소외를 감수하는 선택이었으며, 고유한 문학작품과 작가는 모두 자아가 강하고 특이한 경우였다. 그러니 90년대 신세대의 특징은 대체적으로 '일반 사람/문학하는 사람'에게도 적용될 수 있다.

다시, 그럼에도 불구하고 문학하는 사람들에게 위의 도표가 2000년대 이후 시인들에 대한 유효한 관찰근거가 된다는 사실은 변함없다. 그것은 본론을 통해 검증해 나가겠지만, 서론에서 대체적인 윤곽만 제시한다면, '전통 지향', '관습 지향', '타자 지향'에서 멀어지려는 욕구가 강해지기 때문이다. 기존의 시 문법을 파괴해서라도 새로운 형식을 얻는 것이 중요하다는 생각이 광범위해지고 있다. 기존의 시가 의미와 형식의 조화를 이루어야 한다는 합의된 생각 위에 있었다면, 요즘 시 중에는 의미와는 별도로 형식이 존재할 수 있다는 개성적인 생각에 무게를 두는 경우가 증가하고 있다. 남들이 읽고 이해하는 것에 시의 최소 임무가 있다는 식의 생각도 줄어들고 있다. 이제는 남들이 읽지 않아도 '내'가 쓰고 발표하면 가치 있다는 생각이 늘어가고 있다.

이러한 변화가 2000년대 시단 전부에 해당하는 것은 아니며, 2000년대 시인군이라고 할 수 있는 젊은 세대만의 특징도 아니다. 가령 문태준, 박성우, 손택수와 같은 젊은 시인들은 이러한 경향에서 비켜서 있으며, 이상과 같은 30년대의 시인은 오히려 2000년대 일군의 시인군과 더 유사성을 맺고 있다. 한 시인의 시와 시집에도 '이해하기 어려운 시'와 '이해될 수 있는 시'가 뒤섞여 있다. 나는 이러한 시들에 대해 나름대로 검증을 해 온 적도 있다.

따라서 이 글은 이 시대의 어떤 특정 시인들에 대한 글이 되지는 않을 것이다. 대신 우리 시단에서 그 자리를 넓혀가는 어떤 경향과 사조에 대한 개괄적인 탐색이 되었으면 한다. 편의상 '젊은 시들'이라고 묶은 2000년대 전반기의 시들 속에서 새로운 징후와 그 징후의 밑자리를 훑어보고자 한다. 나아가서는 어려운 시와 현란한 언어들을 구사하는 젊은 시인들의 의식 세계를 구경하려는 목적도 함께 담고 있다.

## 2. 집약 구조 / **확산 구조**

아리스토텔레스 이후, 드라마(희곡)의 구조는 세 부분의 결합으로 이해되었다. 처음, 중간, 끝. 처음은 그 앞에는 아무 것도 오지 않는 상태에서 그 다음에 필연적으로 무엇인가가 와야 하는 요소다. '처음' 다음에 필연적으로 와야 하는 그 무엇이 중간이므로, '중간'은 그 앞과 그 뒤에 무엇인가를 필연적으로 동반해야 한다. 마찬가지로 '끝'은 그 앞에는 무엇인가 와야 하지만, 그 다음에는 아무 것도 올 수 없는 요소여야 한다.

이 평범한 이야기는 결국 '부분'이 '전체'를 위해 희생, 봉사해야 함을 의미한다. 부분이 자립적으로 기능하기보다는 전체적인 구조를 통해 가감되고 절제되고 변형되어야 함을 뜻한다. '부분의 자립성'이, '전체의 유기성(통일성)'보다 덜 중요하다고 할까.

하지만 2500년 드라마 역사에서 이러한 법칙은 절대적으로 통용되지는 못한다. 많은 작가, 연출가, 그리고 관객과 평론가들이 이러한 규칙에서 탈피한 작품들을 선호하기 시작한다. 사실 셰익스피어의 연극도 어떤 의미에서는 아리스토텔레스의 연극 법칙을 어긴 대표적인 사례이다. 전체의 통일성도 중요하지만 부분의 자립성도 그에 못지않게 중요하며, 어떤 경우에는 전체의 구조와 의미망이 망실되는 한이 있더라도 부분의 개성과 독자성을 살려야 한다는 표현 의식이 그것이다.

그래서 부분적으로 흥미롭고, 각 장별로 완성되어 있지만, 전체의 틀에서는 그 구조와 미학과 정서와 의미가 통일되지 않고 아예 상충되는 결과를 가져오는 드라마도 적지 않게 탄생했다. 그 중에는 지금까지 걸작이라고 말하는 작품들도 적지 않다. 그리고 이러한 대립적 성향을 지칭하기 위해서 집약적 구조(전체의 통일성)/확산적 구조(부분의 자립성)라는 용어를 사용하고 그 개념을 정립한 바 있다.

2000년대 이후의 우리 시를 보면 이러한 이분구조가 혼합되어 전개되는 인상이다. 2000년대 이전의 시가 대체적으로 부분이 전체를 위해 희생되어야 하며 본질적으로 중요한 것은 전체라는 생각이 우세했다면, 2000년대를 통과하면서 이러한 생각에 반하는 생각들이 출현하기 시작했다. 부분이 자립적으로 존재할 수 있으며, 설령 그 결과 전체와 부분이 조화를 이루지 못한다 해도, 특정 부분이 지나치게 확대된다고 해도, 앞의 것과 뒤의 것이 관련 없다 해도, 부분의 자립성으로 그 미학이 성립될 수 있으며, 이러한 미학을 구사하는 것은 이 시대 젊은 시인들의 보편적인 정서라고 주장하는 이들의 발언이 제법 우세해졌다. 그리고 주제나 의미는 이러한 방식 속에서 찾아지면 그만이고, 설령 찾아지지 않더라도 할 수 없다는 생각이 점차 팽배해지고 있다. 이것은 비단 특정 영역을 중심으로 뭉치고 있는 시인들 일단의 생각만을 가리키지는 않는다.

젊은 시인들일수록 시어를 다듬고 문장을 깎고 문단을 덜어내고 구조를 맞추는 일련의 과정에 대해 회의적이며, 설령 이러한 작업을 중시하는 이들일지라도 그 방식이 예전과는 크게 다르며, 전체 작업에서 차지하는 비중이 격감했다고 할 수 있다. 이러한 성향은 시간이 지날수록 더욱 일반적으로 확산될 것으로 여겨진다. 연극적인 관점에서 보면, 집약적 구조가 아닌 확산적 구조에 대한 관심과 주장이 팽배해지고 있다고 할 수 있다.

1) 거북이가 사라졌어 거북이가 사라져서 나는 내 거북이를 찾아 나섰지 거북아 내 거북아 그러니까 구지가도 안 불렀는데 거북이들이 졸라 빠르게 기어오고 있어 졸라 빠르게 기는 건 내 거북이 아냐 필시 저것들은 거북 껍질을 뒤집어쓴 토기 일당일걸? 에고, 거북아 내 거북아 그러니까 내가 거북곱창 테이블에 앉아 질겅질겅 소창자를 씹고 있어 씹거나 뱉거나 말거나 토끼들아, 너희들 내 거북이 본 적 있니? 거북이는 바다 속에 거북이는 어항 속에 아이 참, 창자 뱃속에 든 것처럼 빤한 얘기라면 토끼들아, 차라리 하품이나 씹지 그러니 거북아 내 거북아 그러니까 거북하니? 속도 모르고 토끼들은 활명수를 내미는데 내 거북은 정화조 속 비벼진 날개의 구더기요정 날마다 여치를 뜯어 먹고 입술이 푸릇푸릇한 내 거북은 전적으로 앵무새만의 킬러 내 거북은 바지를 먹어버린 엉덩이의 말랑말랑한 괄약근 내 거북은 질주! 질주밖에 모르는 저 미친 마알…… 오오, 예수의 잠자리에 사지가 찢긴 채 매달린 저 미친 말을 내 거북은 미친 듯이 사랑했다지 난생 처음 사 랑 이라고 발음하면서 내 거북은 얼마나 울었을까 그러니 이제 그만 뚝! 하고 머리를 내밀어라 거북아 내 거북아 그러니

까 왜 이래 왜 이래 하면서 텔레비전에서 거북이 세 마리가 노래하고 있어 저렇게 노래 잘 하는 건 내 거북이 아냐 내 거북은 염산을 타 마시고 목구멍이 타버려서 점자처럼 안 들리는 노래를 부르지 내가 너를 네가 나를 껴안고 뒹굴어야 온몸에 새겨지는 바로 그 쓰라린 노래 자자, 이래도 안 나오면 네 머리를 구워먹을 테야 거북아 내 거북아 그러니까 삐친 자지처럼 내 거북이 머리를 쭉 내밀고 있어 선인장을 껴안고 선인장 가시에 눈 찔린 채 너 지금 뭐하고 있니 언제나 선인장이 있어 선인장에게 죄를 묻고 마는 내 거북이, 불가사리처럼 내 안에 포복해 있는 붉은 네 그림자

― 김민정, 「거북 속의 내 거북이」

무척 긴 시이다. 그러나 처음과 중간과 끝을 구별하기란 그렇게 쉽지 않다. 일단 화제별로 이야기를 분해해보자. 거북이가 사라졌다 → 「구지가」를 불렀다 → 거북이가 오지 않고 토끼들이 왔다(고전설화 「토끼와 거북이」) → 거북곱창에 있다 → 토끼들에게 거북이의 거처를 묻는다(고전설화 「토끼와 거북이」에서는 거북이가 토끼의 거처를 묻는다) → '거북하냐' 고 묻는다 → 거북이를 성적인 것과 연결시킨다 → 거북이를 예수의 어떤 부분과 연관시킨다(의미 파악 안 됨) → 다시 「구지가」를 부른다 → 텔레비전에서 노래하는 거북이 이야기를 한다 (텔레비전 프로그램인가 싶다) → 잠자리에서의 행위가 거북의 머리를 상징적으로 연결시키고 있다(섹스 중일 수 있다) → 거북이가 자신(화자) 안에 있다고 말한다.

이러한 이야기의 토막 속에서 거북이는 많은 연상 작용들과 교류한다. 이것은 일종의 환유다. 여기서의 문제는 이것이 환유냐 연상 작용

이냐 혹은 에피소드의 취합이냐가 아니라, 이러한 구조가 과연 전통적인 구조의 대체물이 될 수 있는가이다. 이것은 비단 이 시만의 문제가 아니고, 김민정만의 문제가 아니며, 젊은 시인들만의 문제가 아니다.

과연 위의 시(구조)가 구조적으로 처음/중간/끝을 맞물리게 하고 그 사이의 요소들의 연결성을 강조하는 기존의 문학 문법(시 문법 포함)에 대항할 논리를 갖추고 있는가? 거북에 관련된 기억과 정보와 연상들을 무작위로 끌어 모은 구조로는, 진정한 확산구조라고도 할 수 없다. 확산구조는 부분의 자립성이 보장되어야 한다. 화자가 거북이를 토끼라고 부르는 이유가 납득이 되는가? 예수의 어떤 부분과 거북의 특성이 연결되어 하나의 부분을 이룰 수 있다는 말인가?

보다 정치하고 완성도 높은 시를 통해 다시 한 번 점검되어야 할 사항이겠지만, 김민정의 경우를 통해 본 젊은 시인들이 사용하는 시 어법 체계는 2000년대 젊은 시인들이 안일하게 내세운, 그리고 확대시켜 온 확산구조의 폐해를 단적으로 보여주고 있다. 어느 것 하나도 완전한 자립성을 갖추지 못하고 부분이라는 명의로 전체의 틈새에 마구 둥지를 튼 모습이 그러하다. 이것은 처음/중간/끝의 유기성을 강조하고, 절제와 수련을 중시하며, 간결미와 체계성을 미덕으로 여겨온 전통적 미학에 대한 반기 혹은 대항 의식일 수는 있지만, 그것이 가져온 결과는 생각보다 참혹하다고 하지 않을 수 없다.

더욱 중요하게 다루어야 할 문제는 이러한 확산구조의 본질적인 의도가 무엇인가이다. 젊은 시인들일수록 시의 메시지, 전언, 주제, 의도, 의미, 세계관, 작가의식에 대해 '중요하지 않다', '그것이 본질일 수 없다' 는 식의 태도를 취하기 때문에 본질적인 의도를 묻는 것은 그 자체로 자체 모순일 수 있겠지만, 그럼에도 우리가 양보할 수 없는 사항은 확산구조의 시를 건축하면서 부분을 구획하거나 전체를 설계변경하거나 특정 현상을 강조하는 이유 정도는 찾을 수 있어야 한다는 점이다. 이 점은 그 이름을 무엇이라고 하던 간에, 확산적 구조의 작품(시)을 쓰려는 이들이 견지해야 할 최소한의 의무이자 작가의식일 것이다.

위의 시를 환유의 관점에서 살펴보자. 「구지가」, 토끼(「토끼와 거북이」), 거북곱창, 속이 '거북하다' 는 물음, 섹스 그리고 그 외의 자질구레한 부분들을 묶는 것은 '거북' 이다. 그런데 이 거북은 의미상의 기호로서의 거북이 아니다. 예를 들어 '거북하다' 의 서술어와 동물 '거북' 은 그야말로 어떠한 의미상의 동질성도 없다. '거북곱창' 의 상호 역시 '거북' 이라는 이름이 들어가지만, 동물 거북과는 관련이 없다. 그럼에도 시인은 아무렇지도 않게 거북과 관련된 소재(삽화)로 취합한다.

이러한 연결 방식은 의미의 유사성과 통일성에 기초하는 은유가 아니라, 의미의 연접성 내지는 인접성에 근거하는 환유의 방식을 도용했기 때문이다. "바나나는 길어 기차는 빨라 빠르면 비행기~" 식으로 나가는 어법이자 의식인 셈이다. 역시 문제는 이러한 어법과 의식이 과연 시로서의 효과를 가져 올 수 있는가이다. 가장 큰 장점은 기발함일 것이다. 화자가 거북곱창에서 텔레비전을 보고 있는데 거북이가 나와서 노래를 하고 있고 그 거북이 노래를 들으니 토끼 생각이 나고 토끼 생각은 곧 섹스를 연상시킨다는 이상한 논리는 기발한 논리일 수 있다. 하지만 의미는? 그 시를 읽고 우리가 찾아야 할 마음의 깊이는?

실제 문단에서 김민정과 같이 극단적인 경우는 쉽게 찾기 어렵지만, 젊은 시가 환유적 기교를 활용하여 시상을 전개하는 것을 목격하는 것은 그다지 어렵지 않다. 이러한 환유는 시어와 시어, 문장과 문장, 연과 연, 그리고 의미 단락과 의미 단락을 연결하는 간편한 방식이 될 수도 있다. 부분과 부분을 연결하는 것에 고심하고, 전체를 이루는 부분의 역할을 숙고하는 측면에서 보면, 환유에 의한 간편한 시상 전개 방식은 시의 책무를 상당 부분 망각한 소치가 아닐 수 없다.

또한 그 긍정적인 기능을 염두에 둔다고 해도, 이러한 문제가 긴요하지 않은 부분을 비약시킨다거나 장광설을 늘어놓아 주제 의식을 흐리는 부차적인 폐해를 가져올 수 있음을 기억할 필요가 있겠다. 환유에 의한 시상의 전개가 재기 넘치는 발랄함을 선보이는 것이 사실이라 할지라도, 그러한 재기의 밑바닥에 시를 쓰는 진정성 역시 잠재되어야 함은 굳이 말하지 않아도 자명하다 할 것이다.

### 3. 조각의 시어 / **소조의 문장**

이민하의 시는 젊은 시인들이 선호하는 시어 조직 양상의 한 단면을 명료하게 확인시켜 준다.

그는 나를 애인이라 불러요 거미줄 쳐진 내 몸에 집을 짓고 살아요 나는 그를 거미라 불러요 아흔 개의 다리로 옭아매는 그를 무심하게 키워요 그는 나를 불구라 불러요 팔레트에 물감만 뒤섞는 손을 망치로 탁 탁 두들겨 화병 속에 꽂아 두어요 나는 그를 마부馬夫라 불러요 그의 허리를 감고 창가로 달리면 그는 시커먼 망토로 창문을 불 질러 버려요 그는 나를 피아노라 불러요 그의 손가락이 닿을 때 이어지고 끊어지는 나의 숨결을 아주 좋아해요 새파랗게 비가 오는 날엔 그와 나의 몸에서 우수수 피아노 건반들이 떨어져 내려요

 그는 나를 ■라 불러요 나는 그를 □라 불러요 내 몸에서 반음들을 빼먹으며 그는 나를 사랑해라고 불러요 나는 그를 몰라라 불러요 그는 나를 영원히라 불러요 나는 그를 못살아라 불러요 그는 나를 Ø라 불러요 나는 그를 ∞라 불러요 그는 나를 영안실의 국화라 불러요 나는 그를 그래라 불러요 그는 나를 ⇐라 불러요 나는 그를 ←라 불러요 그는 나를 부르기 위해 종일 좇아다녀요 나는 그를 버리기 위해 종일 좇아다녀요 서로의 모습은 볼 수 없어요
         —이민하, 「哀人—관계에 대한 고집」

 이 시는 기본적으로 반복과 대칭을 사용하여 조직되었다. "그는 나를 **라 불러요"와 "나는 그를 **라 불러요"를 교대로, 반복적으로 사용했다. 그리고 '**'에 들어가는 시어가 바뀌고, '**'라고 부르는 이유 혹은 정황을 설명하는 시구(문장)가 들어가고 있다. 다소 변화가 있지만, 이러한 시어와 시구와 문장의 패턴은 시 전체에서 활용된다.
 과거의 시는 시(어)의 절제(節制)를 높이 여겼다. 시는 단어와 문장의 경제적인 활용을 중시하는 장르였다. 불필요한 것을 줄이고 반복되는 것을 최소한으로 유지하면서 가장 작은 그리고 가장 적은 시어로 가장 큰 효과를 유도하는 장르였다. 그래서 시어를 조탁하고 시구를 압축하고 문장을 간결하게 하는 시 창작 방법이 대세였다. 전통적인 시들은 이러한 미덕을 염두에 두고 지어졌으며, 실제로 이러한 창작법은 감상하는 이들을 감탄시키는 놀라운 정서적 환기를 불러왔다.
 그런데 위의 시는, 아니 2000년대의 많은 젊은 시인들은 시어를 늘

리고, 상황을 길게 기술하고, 어찌 보면 비슷한 시어를 확대재생산하여 시의 품과 길이와 정보를 확대 팽창시키고 있다. 여기서 오해하지 말아야 할 것은, 과거에 그러한 시가 전혀 없었다거나, 현재에는 짧은 시를 무조건 도외시한다거나, 좋은 시가 되려면 반드시 반복, 대칭, 확대재생산의 방법을 쓰지 말아야 한다고 주장하는 것이 아니라는 점이다.

기형도나 이성복도 시어의 운율을 맞추고 전체 구조를 조율하기 위해서 반복과 변주를 사용했다. 그 이전의 백석이나 소월도 마찬가지였다. 그럼에도 불구하고 2000년대 젊은 시인들이 유별나게 느껴지는 것은 문장을 붙여나가면서 시를 짓는 방식에 자의식이나 자기 검열이 지나치게 결여되었기 때문이다. 과거의 시인들은 문장을 깎아나가면서 마치 조각을 하듯 시를 만들어냈다. 수많은 시어의 바다에서 정수가 되는 시어를 찾기 위해서 시어를 배제해 나갔다면, 많은 젊은 시인들은 간략한 상황일 수도 있는 어떤 정황을 일부로 길게 그리고 시어들을 마구 붙여서 서술한다는 점이다.

위의 시에서도 그러한 혐의가 발견된다. 화자는 영안실에 있는 것 같고, 화자가 그라고 부르는 사람은 어쩌면 이 세상 사람이 아닐 수도 있다. 정황 자체가 모호해서 무엇이라고 단정할 수는 없지만, 화자는 지금 자신과 멀리 떨어진 그에 대해 생각하고 있다. 화자와 그는 거미와 거미집처럼 살았고, 비오는 날의 피아노 치는 추억을 공유하고 있었을지도 모른다.

그러나 화자는 과거의 추억 혹은 사랑에 대한 어떤 연상을 서술하기보다는 단편적으로 끊어내어, 위에서 말한 대칭과 반복의 구조 속에 삽입시켰다. 또한 시의 후반부에는 그들이 서로 나누었던 혹은 나누고 있는 대화들을 분절시켜 역시 대칭과 반복의 구조 속에 흐트러뜨려 놓았다. 그 중에는 해석 불가능인 기호와 상징도 있다. 피아노 건반이나 화살표와 같은 것들은 파악하거나 규정하기 어려운 시어들이다.

결국 화자는 그와의 추억 혹은 사랑(부제목을 참조하면 '관계')을 다양한 추억과 단어와 기호와 문자로 반복 변주하며 표현하고 있는 셈이다. 궁극적으로는 그리움과 원망, 그러면서도 일정한 거리를 갖게 되는 관계를 그리게 되는데, 일부러 늘리고 일부러 시어들을 확대재생하고 있는 셈이다. 기존의 시였다면 하나의 소재를 중심으로 간략하게 이 상황을 기술하는 편에 훨씬 큰 역할을 두었겠지만, 젊은 시인들은 시어의 뜯어 붙이기 즉, 진흙을 붙여 그릇을 만들 듯, 시어를 뜯어 붙여 하나의 소조 작품을 만드는 방식을 즐겨 택한다.

### 4. 구심적 구성 / **원심적 구성**

소조의 문장을 사용하여 시를 만들게 되면, 필연적으로 소재가 방사형으로 뻗어나가는 원심적 특성을 지니게 된다. 이것은 시어들이 의미의 중심을 향해 일관되게 정렬되는 구심적 구조와는 차이를 견지하게 된다.

**나는 X이다**
탄생 격파 유사 인접 와류 파동 사랑 조정 이해 단절 횡단 분류 변증법 잡종 증상 현상 사물 통증 여백 분단 기원 기계 파열 순환 불멸

텍스트

**환유 : 한 번의 생략을 위하여**

탄생―인계철선에 발이 걸려 먼지처럼 흩어진 남자의 흩어진 나날들 누혜는 눈이 없어요 155마일을 걸었을 뿐이에요

격파―사인은 알 수 없어요 파열음에 불과한 물리 현상이 있었다는 보고는 사실인가요 얼굴에서 땀이 흘러요 복더위에요

유사―흘러내리는 그대의 얼굴 상처는 왜 자꾸 덧나는가 염증은 왜 지독한 슬픔으로 바뀌는가 화농은 왜 차가워지는가

인접―나는 쌍칼이다 한 팔이 잘라도 다른 팔로 칼을 휘두를 수 있다 한 손의 여백을 다른 손이 침범한다 완벽에 가까운 투명으로 나부끼는

(중략)

파열―찢어지는 아픔을 아시나요 이산가족들이 흔히 겪지요 엄마의 고통이지요 아들의 아픔이기도 하구요 우리 엄마는 마조히스트예요

순환―미스터 X가 걸어와요 프로페서 X가 걸어와요 XX가 걸어와요 내 어깨에 손을 얹고 오 나의 사랑스런 피조물이라고 경탄해요

불멸―이승을 휘덮은 그물의 매듭마다 그대의 눈 삼라만상 속의 그대 나의 이미지는 그대의 몸 어디에 남아 있나 어떤 눈이 날 쳐다보나

텍스트―말을 타고 광야를 달리는 돈키호테 이 도시의 모든 술집 앞에서 걸음을 멈추는 한 밤의 보헤미안의 모든 잡종의 계보가 여기 있다

―장석원, 「끈―이론게임」 부분

이 시의 제목은 '끈―이론 게임' 이다. 부제가 재미있는데, '26차원

우주에서 미지수 X에 어울리는 명사는' 이 그것이다. 초끈이론은 과거 아인슈타인이 만들다가 완성하지 못한 이론이다. 우주를 하나의 이론으로 통일할 수 있다는 것이 요점인데, 이 이론에서 우주는 입자가 아닌 매우 작은 진동하는 끈으로 이루어졌다고 간주된다. 이 끈이론이 옳다면 우주는 10~11차원으로 계산되어야 하고, 어떤 경우에는 26차원이라는 견해도 성립될 수 있다.

이 이론은 매우 어렵고 가정이 심하기 때문에, 그 과정과 결론을 명확하게 납득하기는 힘들다. 적어도 나는 그러하다. 다만 끈이론으로 정의되는 차원은 서로 꼬여 있고, 원자보다도 작은 상태로 우리 주변에 존재하고 있다는 정도만 확인할 따름이다. 이 정도 지식으로 위의 시를 풀어보자. 어차피 위의 부제가 이 시 전체를 해석하는 길잡이가 될 수는 없지 않은가.

시인은 머리말 격으로 "나는 X이다"는 전제를 달고, 단어(명사)들을 나열했다. 탄생부터 텍스트에 이르는 26개의 단어는 본문에 해당하는 '환유 : 한 번의 생략을 위하여'에서 차례로 설명된다. 그런데 위에서 예로 든 8가지 명사를 볼 때, 시인의 설명을 우리는 설명으로 보기 힘들다. 왜냐하면 '탄생'과 그 설명("인계철선에 발이 걸려 먼지처럼 흩어진 남자의~") 사이에는 자의적인 관계만 성립되고 있고, 다음 설명 대상인 '격파'와 그 다음 설명 대상인 '유사'가 어떠한 관계를 맺는지도 알 수가 없기 때문이다. 처음부터 따지면 왜 26개의 단어인지, 그것이 과연 미지수에 해당하는 것인지, 이러한 단어의 설명들을 다 읽고 무엇을 찾아야 하는지 전혀 알 수 없다. 아니, 전혀 알 수 없도록 처음부터 조직된 시이다. 우리가 이러한 시를 읽으면서, 이러한 단어와 설명과 조직과 제목을 읽으면서 해독을 해낸다는 것은 불가능하다.

적어도 나에게는 그러하다.

　우리 주변에 존재하지만 우리 삶에 영향을 미칠 수 없다는 끈이론 속의 세계를 뜻한다고만 대략 짐작해볼 수 있다. 문제는 이러한 경향이 젊은 시인들의 시 속에서 드물지 않게 나타나며, 점차 증가일로에 있다는 점이다. 시인들은 제시된 단어의 의미를 탐색하고 그 정서를 풀어내는 것이 아니라, 단어를 나열하고 단어의 외피를 풍성하게 하는 작업에 익숙하다. 아니 거부감 없이, 시어가 문장이 되고 문장이 거대한 조직이 되고 그래서 그 안에서 시어의 감각이 사라지는 것도 개의치 않는다.

　시의 외형이 늘어나면서 중심이 비는 현상이 가속화되는 것에 대한 두려움이 없다고 할까. 이러한 현상은 포스트모더니즘 시의 중요한 속성인 의미 부재 혹은 텅 빈 중심을 상기시킨다. 젊은 시가 포스트모더니즘의 영향을 받았는가 받지 않았는가는 중요한 일이 아니며, 이 글의 논점도 아니다. 하지만 포스트모더니즘의 경우처럼 의미의 산포와 그 중심 부재를 주장하고 싶다면, 그 이전에 자신의 시가 지향하고 있는 바를 점검할 필요가 있다. 일군의 시인에서 시작한 움직임이 더욱 거세게 시단을 몰아치고 있다는 점을 상기한다면, 이러한 움직임 자체에 대한 반성과 토론이 곁들어져야 할 것으로 판단되기 때문이다.

　늘어난 외형은 의미의 중심을 지운다는 점에서 소조형 글쓰기에 해당하며, 결과적으로는 시의 원심적 성향을 강화한다. 시는 바깥으로, 부피상의 확대를 두려워하지 않게 된다. 요즘 시들이 과거의 시보다 '줄글'이 많아지고, 이야기를 길게 함축하게 되며, 어떤 의미에서는 병렬적인 나열이 강해지는 것도 결국은 시의 구조 자체가 구심적이 아니라 원심적이고자 하기 때문이다.

## 5. 선조성 / **다성성**

　시는 대개 선조적인 문자의 흐름을 타고 시상을 전개하기 마련이었다. 앞과 뒤가 연결되고, 부분과 부분이 긴밀한 연관성에 의해 묶여졌는데, 요즘 시는 이러한 시의 일반적 관례를 어기는 경우가 많아졌다. 특히 글자와 의미의 선조적인 진행을 방해하는 장치를 일부러 매설하는 경우도 적지 않다.

　　하늘의 뜨거운 꼭지점이 불을 뿜는 정오

　　도마뱀은 쓴다
　　찢고 또 쓴다

　　(악수하고 싶은데 그댈 만지고 싶은데 내 손은 숲 속에 있어)

　　쓴다 꼬리 잘린 도마뱀은
　　찢고 또 쓴다

　　그대가 욕조에 누워 있다면 그 욕조는 분명 눈부시다
　　그대가 사과를 먹고 있다면 나는 사과를 질투할 것이며
　　나는 그대의 찬 손에 쥐어진 칼을 기꺼이 그대의 심장을 맞힐 것이다

열두 살, 그때 이미 나는 남성을 찢고 나온 위대한 여성
미래를 점치기 위해 쥐의 습성을 지닌 또래의 사내아이들에게
날마다 보내던 연애편지들

(다시 꼬리가 자라고 그대의 머리칼을 만질 수 있을 때까지 나는 약속하지 않으련다 진실을 말하려고 할수록 나의 거짓은 점점 더 강렬해지고)

어느 날 누군가 내 필통에 빨간 글씨로 똥이라고 썼던 적이 있다

(쥐들은 왜 가만히 달빛을 거닐지 못하는 걸까)

미래를 잊지 않기 위해 나는 골방의 악취를 견딘다
화장을 하고 지우고 치마를 입고 브래지어를 푸는 사이
조금씩 헛배가 부르고 입덧을 하며
　　　　　　　　　　　　　─황병승, 「여장남자 시코쿠」

　2005년 시단에서 큰 주목을 받았던 「여장남자 시코쿠」의 일부이다. 솔직히, 나는 이 시의 문맥과 의미를 제대로 파악하지 못하겠다. 많은 그럴듯한 해석이 있는 줄로 알지만, 그것이 이 시에 대한 정확한 이해가 될 수 없다는 것이 또한 나의 생각이다. 다만 이 시는 나에게 재미있는 관찰을 가능하게 한다. 그것은 시 읽기의 선조성(線條性)을 방해하는 어떤 장치나 형식적 규제이다.
　인용된 대목에서 말하는 이의 목소리는 최대한 세 개이다. 도마뱀을

관찰하는 시선이 하나이고, 괄호 안의 지문으로 생각을 전달하는 음성이 다른 하나이고, 도마뱀의 것으로 보이는 울림이 마지막 하나이다.

이 시에서 '나'라고 지칭되는 인물은 여장남자인 것 같다. 이 '나'가 도마뱀을 관찰하고 있으며, 늙은 여인과 개에 대해 묘사하고 있으며, 그대에 대한 찬사나 질투를 늘어놓고 있다.

반면 괄호 안의 지문은 도마뱀의 음성으로 여겨진다. 3연의 괄호는 어떨지 모르겠으나, 8연의 괄호는 시적 화자가 도마뱀이라는 인상을 준다. 다시 '꼬리가 자라고'라는 구절은 꼬리를 잘 분리시키는 도마뱀의 속성을 연상시키기 때문이다. 2연, 8연, 10연의 괄호 안의 목소리가 같은 인물인지는 확신하지 못하겠지만 그럴 가능성이 어느 정도 있으며, 만일 그렇다면 3연은 '내 손'은 잘린 꼬리를 말하는지도 모른다.

정리하면 시적 화자는 여장남자로 보이는데, 그 여장남자의 목소리에 괄호가 생겨나면서(괄호는 시에서 보편적으로 쓰이는 부호가 아니다), 공식적으로 다른 목소리가 틈입한다. 그 목소리는 도마뱀의 것으로 보이며, 어쩌면 3연의 목소리와 8연의 목소리는 다른 사람의 것일 수 있다(그렇다면 3개의 목소리가 된다).

황병승은 자신의 시에 괄호를 설치하면서까지 타자의 목소리를 섞으려 했다. 단일한 정서와 감각을 지닌 서정적 자아가, 마음의 흥취와 시정을 선조적인 형태로 집약시키려는 기존의 시와 고의적으로 변별하려 한 셈이다. 도마뱀의 목소리를 넣는 것은, 도마뱀을 보고 있었던 자의 입장에서 보면 '역지사지'의 시점이 도입되는 효과를 낳는다.

이 시의 의미는 제대로 파악되지 않지만, 시인은 단일한 서정적 화자가 아닌 다성성의 화자를 등장시키고자 했으며 이를 위해 시상이 흩어지고 선조적인 흐름이 파괴되는 것도 마다하지 않았다. 아니 오히려 괄호의 병기와 시점 혼란을 통해, 시상의 혼종적 양상을 유도했다.

과거의 시가 도도한 내적 정서의 흐름을 으뜸으로 쳤다면, 지금의 젊은 시는 분열과 병치의 양상을 내심 중요한 미덕으로 삼고 있는 셈이다. 이러한 변화는 시 안에 마치 여러 개의 시점과 목소리가 존재하는 듯한 인상을 주고, 단일한 주제나 소재로 묶이는 것을 거부하는 듯한 인상을 준다.

### 6. 통합적 욕망 / **분열적 사유**

근대까지 시는 인성 도야의 기틀이었고, 가치를 가늠하는 기준이었으며, 세상과 타인에 대해 가지고 있던 식견의 총화였다. 그러다 보니 시인이 된다는 것은 완성된 인격체에 가까워지는 것이었고, 세상을 걱정하는 지사의 풍모를 따르는 것이었으며, 흥취와 미학을 통합한 예술인의 자세를 갖추어가는 것이었다. 이러한 문학관은 근대 이전으로 가면 더욱 철저했으며, 근대 이후에도 오랫동안 시인의 길은 지사와 예술가와 성숙한 철인을 아우르는 통합적 욕망의 길로 간주되었다.

이러한 시관에서 탄생한 시 역시 통합적 사유가 강했다. 사물을 생각하는 힘, 주변을 돌아보는 힘, 세상을 보고 질서를 바로잡고 미래와 마음의 안식을 이끄는 힘이 시 안에 있기를 바랐으며, 그러한 힘들로 인해 시는 자기 통합의 의지가 강한 장르가 되고자 했다. 시를 쓴다는 것은 흩어진 생각의 중심을 건설하고 여러 개로 나뉜 자아의 페르소나를 모으며 자아의 안정된 원형을 찾아가는 작업이었다. 다시 말해서 시를 쓴다는 것은, '내' 안의 '나'를 찾아 그것을 '나'로 통합하는 작업이었다. 시는 흩어진 그리고 닳아빠진 나 안에서 진정한 나를 찾은 여행이었다고나 할까. 하지만 최근 시를 보면, 이러한 생각에 많은 변화가 생긴 것 같다.

 1973년의 나가 슬몃 2000년의 내 귓불을 어루만진다 미처 펴지지 않은 손가락에 흠칫 놀란 2000년의 나는 1995년의 나한테로 도망온다 1995년의 나는 거리에서 추위에 떨고 있는 중이다 도시의 모든 공중전화부스 안에서 눈보라가 몰아쳐나온다 1980년의 나는 1995년의 나를 다독거리지 않는다 1995년의 나가 1980년의 나를 쏘아본다 눈빛이 쨍그랑 깨진다
 1980년의 내 구멍 난 양말 틈으로 자라 목처럼 삐져나온 엄지발가락 1998년의 나가 1980년의 나의 조금만 발가락을 핥는다 꺄르르 햇빛처럼 1980년의 나가 부서진다 2001년의 나가 자취방으로 기어들어 온다 술에 취해 1988년의 나가 슬몃 다가간다 2001년의 나와 살을 섞는다 저항 없이 꽃잎들이 들이친다 살얼음을 깨 쌀 씻는 소리 들린다 싸르락싸르락싸르락
 2005년의 내 손등이 얼어 터진다 영문도 모른 채 배가 불러온 2005년의 나는 2000년 전 나의 알을 조산(早産)한다 알껍질을 깨자 생기다 만 나들의 팔다리가 흩어진다 2005년의 나는 팔다리를 수습해 제 몸에 묻는다 2040년의 나가 얼굴의 모든 주름으로 2005년의 나를 비웃는다 2005년의 나의 얼굴에 검버섯이 피어난다 몸에선 조금씩 무덤들이 자라기 시작한다
             ―김근,「그림자 밟기」

이 시에는 시적 자아의 여러 분신이 등장한다. 가령 1973년의 나, 1995년의 나, 2001년과 2005년의 나, 그리고 2040년의 나 등이 그것이다. 시인의 나이를 생각했을 때, '1973년의 나' 는 태어난 시점의 자신을 가리키는 것 같고, '2005년의 나' 는 시가 집필되던 시점을 가리키는 것 같으며, '1995년의 나' 는 멀지 않은 과거의 어느 시점으로 이 시에서 추억되는 공간 중 하나를 가리키는 것 같다. 같은 이유로 보면 '2040의 나' 는 황혼 무렵에 도달했을 미래의 자신을 미리 상정한 것 같다. 그러니까 이 시는 태어난 해, 활동하는 해 사이의 괴리감을, 몇 년 전에 대한 회상과 미래에 대한 상상을 가미해서, 한 시점 한 지면 한 자아에 몰아넣은 경우이다.

그러다 보니 이 시는 자아 분열 증세를 노출할 수밖에 없다. 시적 화자는 과거를 생각하다가 슬쩍 놀라고, 기억에서 도망치고 싶어 하고, 그런 자신의 한 부분을 냉정하게 대하며, 때로는 서로 위안삼아 장난치기도 한다. 이러한 현상은 시를 통해 자아를 성숙시키거나, 성숙되지 못한 자아에 대해 반성하던 기존의 시와는 현격한 차이를 보인다.

젊은 시들은 자아의 분산 상태를 굳이 통합해야 할 당위성을 피력하지 않는다. 어떤 면에서는 인간의 내적 분열 상태를 인정하고 그러한 문제를 자연스럽게 시로 정당화시킨다. 총체적 사유나 자기 통합적 욕망 대신에, 주체 분열의 문제를 심상하게 여긴다고 할까.

이것은 어떤 측면에서는 진솔한 시 정신의 발로로도 볼 수 있다. 시가 전인적 교양과 생각의 도구라고 할 때, 시는 내가 아닌 나의 바깥 세상에 작용하는 어떤 것이어야 한다. 시를 통해 나는 스스로 완성되고, 완성된 나는 다시 세상의 질서를 바로잡고 지식으로 교화하는 존재가 되어야 하기 때문이다. 또 그 시를 읽는 이들이 사유와 감각의 중심을 확인하고, 시의 질서와 힘으로 복귀하려는 욕망을 품도록 종용해야 하기 때문이다.

그러나 최근의 젊은 시들은 분열을 통합하려는 욕망을 애초에 포기하고 있다. 그들에게 자아 분열은 당연한 현상이며, 이러한 분열 상태를 노래하는 것이 시의 임무라고 생각하는 듯하다. 그러다 보니 시가 '자아'라는 출구를 벗어나지 못하고 자아의 경계 안에서 맴도는 부작용도 낳게 된다. 그러한 시를 읽는 사람들도 내면의 혼란을 일단 확인하는 것에 위안을 찾아야 한다. 시가 꿈꾸던 정화와 교화의 힘은 사라지고 대신 자신을 투시하는 솔직한 시선만 남게 되는 셈이다.

분열의 양상을 보인 시가 비단 2000년대에만 있었던 것은 아니다. 다시 한 번 예를 들지만 이상의 경우에 우리는 주체의 분열 양상을 명확하게 확인할 수 있다. 외면적인 자유를 획득한 90년대 이후의 시에서도 이러한 분열 양상은 심심치 않게 확인된다.

그럼에도 이 시를 비롯한 많은 젊은 시에서 분열 양상이 주목되는 것은, 냉정한 시선으로 자신의 분열상을 들여다보기 때문이다. 이상은 거울 속의 자신이 참 딱하다고 말한 바 있다. 그러나 김경주는 '슬몃' 다가갈 뿐이다. 감정 역시 '슬몃' 품어본다고 할까. 2000년대의 젊은 시인들에게 내 안의 또 다른 자기, 알 수 없고 혼란스러운 자신의 분신은 연민 혹은 매혹의 대상이 아니라, 일상과 삶의 자연스러운 일부가 되었다. 이것이 가장 큰 변별점이다. 또한 자아 분열의 징후가 빈번하게 그리고 두루 나타나고 있다는 점 역시 젊은 시의 변별점 가운데 하나다.

## 7. 노래하기 / **보여주기**

　시는 시인의 발언이자 신념 체계이다. 시의 내용이 사실 그대로는 아니지만, 시어를 구사하고 시의 체제를 따른다는 것은 시인의 생각을 정립하여 세상을 향해 발언하는 행위임을 인정하는 것이다. 소설도 그런 측면에서는 유사하지만, 허구라는 꾸며진 이야기 위에서 소설가가 발언한다는 점에서 시와 다르다. 비교해서 말하면, 시는 시인의 신념과 진심이 담겨 있는 언어와 정서와 미학을 중심으로 구성된다면, 소설은 시인이 꾸며낸 이야기의 흐름 속에서 소설가의 관점이 갈무리된다고 할 수 있다. 시는 시인의 발언을 드러내는 장치라면, 소설은 소설가의 발언을 숨기는 장치다.

　네온램프로 장식된 'club Rainbow' 앞에서 토토가 도로시의 구두에 흰 거품을 토하며 쓰러진다 도로시는 아픈 토토를 안고 따뜻할 것 같은 네온램프의 ' R '을 만진다. 손끝에 전해오는 드라이아이스 같은 차가움 때문에 도로시는 소스라친다. 음악에 맞추어 헤드뱅잉을 하는 소년들, 긴 의자에 앉아 맥주를 마시는 소녀들, 아무도 나에게 말 붙이지 마! 라는 표정들이다. 공연을 마친 'club Rainbow'의 전속 밴드 베이스 연주자가 무대에서 내려온다. 기타의 코드를 뽑고 있는 그에게 도로시가 다가간다. 이곳에서 나가는 문은 어디 있나요? 토토는 도로시 품에서 헥헥거리고 있다. 문이라고? 이곳엔 문이 없어. 지금, 여기를 즐기는 것뿐. 나의 토토는 죽어가고 있는데 지금, 여기를 즐기라니. 도로시의 눈물방울이 베이스 기타에 씌어진

'club Rainbow'의 'c'에 떨어진다. 'c'가 도로시의 눈물방울로 볼록해져 'ć'로 변하자 주위는 꽁꽁 언 겨울의 오피스타운이다. 목도리를 한껏 추켜올리고 퇴근하는 사람들, 적당한 피곤으로 절이고 알맞은 고통으로 간을 한 참치캔 같은 얼굴들을 달고 총총히 사라진다. 그들의 등 뒤로 'club Rainbow'의 공연 안내장이 바람에 나부끼고 있다.

―유형진, 「Somewhere Over The Rainbow!―출가(出家)」

이 시에는 '시적 화자'라는 용어보다 '주인공'이라는 용어가 더욱 어울린다. 주인공은 도로시인데, 시인은 도로시의 모습을 통해, 혹은 도로시의 말을 통해, 시적 화자가 전달해야 할 정서의 어떤 측면을 대신 전달하도록 만든다. 마치 소설 작품의 한 부분을 보는 듯, 이 시의 구성과 기술은 허구적이고 작위적이다.

과거에도 이야기 위주의 시가 없었던 것은 아니다. 가령 서정주의 『질마재 신화』를 보면 기막힌 애화들이 시 속에 엄연히 비집고 들어가 있다. 그러나 그 이야기들은 시의 어떤 구성 요소로 활용되고 있지, 시적 화자의 기능을 전적으로 양도받은 상태라고는 할 수 없었다. 시인은 시적 화자의 목소리로 틈입해서 신비한 마을의 전설과 실화를 옮겨주고 있다. 이 시가 아름다운 것은 그 이야기를 옮겨주는 음성(전달자)의 신비한 감촉 때문이다.

하지만 최근 젊은 시인들의 시에서 조성되는 허구적 상황은, 전달하려는 시적 화자의 목소리를 무화시키고 있다. 이야기 자체의 매력을 시의 장점으로 만드는데, 만일 그렇다면 3인칭 전지적 작가 시점의 소설과 다를 바가 없다. 이 시도 그러하다. 시적 화자는 집으로 가야 하는 도로시의 운명을 낯선 곳(club Rainbow)으로 이주시킨 다음, 그녀의 행적을 관찰하고 있다. 도로시로 하여금 시(詩)의 주인공이 되어 마음껏 이야기를 끌고 가도록 허락한 셈이다.

도로시는 토토가 아픈 것을 보고 집으로 가야겠다는 생각을 굳힌다. 문제는 방법이다. 공연을 마친 연주자에게 물으니, 이곳에는 문이 없다고 한다. 문이 없다는 표현은 젊은 시인들이 흔히 쓰는 표현으로 자신이 놓인 곳을 탈출하고 싶지만, 그 방법이 막연하다는 뜻이리라. 시적 화자는 도로시의 당혹스러운 상황을 묘사한 이후에, 곧 어딘지 알 수 없는 도시의 한 풍경을 묘사한다. 도로시가 있는 곳이겠지만, 생각하기에 따라서는 이 시를 읽는 이가 살아가고 있고 살아가야 할 도시의 일각일 수 있다.

유형진의 이 시가 한국 시사에 드물지 않게 등장했던 이야기 시와 다른 점은 두 가지이다. 하나는 시인의 입장에서 노래하기보다는 서술자의 입장에서 상황을 묘사하고 서술했다는 점이다. 다른 하나는 전자에 의한 필연적인 결말이지만, 시적 화자의 자취를 가급적 없앴다는 점이다. 젊은 시에서 이렇게 건조한 방식으로 이야기 시를 구축하는 것은 하나의 유행에 가깝다.

독자의 입장에서 보면, 시적 화자의 입장이나 자취를 찾기 힘들기 때문에 시어가 제공하는 정보를 조합하여 하나의 플롯을 만들 수밖에 없다. 그 플롯을 해석하는 문제는 다시 시를 읽은 독자의 몫으로 남겨지는데, 그때 독자에게 아쉬운 것이 시적 자아의 입김이다.

위의 시를 보면, 시인은 덧붙여 설명할 필요가 없는(누구나 알 수 있는) 도로시를 주인공을 삼았다. 시인의 처지가 도로시와 같다는 뜻일 게다. 도로시는 폭풍에 날려간 집을 타고 다른 차원의 세계로 떨어진 이방인이다. 도로시가 당도한 곳은 도로시에게 낯선 곳이기에, 도로시는 응당 집으로의 귀환을 꿈꾸게 된다. 시인은 귀환을 열망하는 자신의 심정을 노래하지 않고 도로시를 등장시켰다.

지금의 도로시가 된 시인은 이상한 나라에서도 갈 곳이 없다. 도로시는 토토를 따라 이상한 나라를 여행하게 되어 있는데, 토토는 병들었고 죽어가고 있다. 그녀가 소원하는 것은 집으로 가는 길을 아는 것인데, 돌아오는 대답은 '이곳을 즐기'라는 구호뿐이다.

시인은 시적 화자로 시의 문면에 나타나 자신은 지금 낯선 곳에 있으며 집으로 돌아가는 방법을 모르고 이곳에 있어야 할 당위성을 찾지 못한다고 말하지 않았다. 도로시를 등장시키고 죽어가는 토토와 문 없는 방과 차가운 도시 풍경을 전달할 뿐이다. 독자가 시적 화자의 목소리를 통해 시인의 전언을 짐작하는 것이 아니라, 정보로 제공된 문자를 해독하여 그 의미를 유추하는 셈이다.

젊은 시인들의 시에서 간접 제시 방식이 쓰이는 것은 그 자체만으로 바람직하다고도, 또 우려스럽다고도 할 수 없다. 그것은 문학의 창작 방법 중에서 말하기가 아닌 보여주기에 충실한 시작법이며, 기존의 방식에 변화를 가하기 위해 도입된 새로운 유행으로 간주할 수 있기 때문이다. 문제는 이러한 객관적·간접적 시작법이 언어에 대한 감각과 운율에 대한 존중을 앗아갔다는 점이다. 시를 읽는 이유가 문자 정보를 해독하여 하나의 상황을 이해하는 것이라면, 이것은 소설과 다를 바가 없다.

시를 읽는 이유는 문자의 질서와 압축 상황 그리고 소리의 질서를 구경하는 행위다. 음성적으로 볼 때 글자들은 말과 호흡의 아름다움을 구현할 수 있도록 정돈되어야 한다. 이러한 고려가 함께 이루어지지 않는다면 아무리 객관적으로 묘사된 시어의 나열이라고 할지라도, 좋은 시가 된다고 장담하기는 힘들 것이다.

## 8. 비극적 / **희극적**

2000년대 시인들의 중요한 특질 가운데 하나가 위트, 재치, 기지, 그리고 웃음이다. 어느 시대에나 정조가 비극적인 것과 희극적인 것은 맞서기 마련이었다. 그리고 희극적인 것이 문학에서 비교적 열등하고 소수이며 가벼운 것으로 취급되었던 것도 엄연한 사실이다. 하지만 2000년대의 젊은 시인들은 시의 정조를 불필요할 정도로 어둡게, 그리고 무겁고, 우울하게, 그래서 슬프게, 가져가지 않으려 한다.

0. 기지(기지(基地))
정복이네는 우리 집보다 해발 30미터가 더 높은 곳에 살았다 조그만 둥지에서 4남 1녀가 엄마와 눈 없는 곰들과 살았다 곰들에게 눈알을 붙여주면서 바글바글 살았다 가끔 수금하러 아버지가 다녀갔다

1. 독수리
큰 형이 눈뜬 곰을 다 잡아먹었다 혼자 대학을 나온 형은 졸업하자마자 둥지를 떠나 고시원에 들어갔다 형은 잡은 집을 나와서 더 작은 집에 들어갔다 그렇게 십년을 보냈다 새끼 곰들이 다 클 만한 세월이었다

2. 콘돌

둘째 형은 이름난 싸움꾼이었다 십대 일로 싸워 이겼다는 무용담이 어깨 위에서 별처럼 반짝이곤 했다 형은 곰들이 눈을 뜨건 말건 상관하지 않았다 둘째 형 큰집에 살러 가느라 집을 비우면 작은집에서 살던 아버지가 찾아왔다

3. 백조

누나는 자주 엄마에게 대들었다 엄마는 왜 그렇게 곰같이 살아! 나는 그렇게 안 살아! 눈알을 박아넣는 엄마 손이 가늘게 떨렸다 누나 손은 미싱을 돌리기에는 너무 우아했다 누나는 술잔을 집었다

4. 제비

정복이는 꼬마 웨이터였다 누나와 이름 모르는 아저씨들 사이를 부지런히 오가며 소식을 주워 날랐다 봄날은 오지 않고 박꽃도 피지 않았으며 곰들도 겨울잠에서 깨어날 줄 몰랐다. 그냥, 정복이만 바빴다

5. 올빼미

하루는 아버지가 작은집에서 뚱뚱한 아이를 데려왔다 인사해라, 네 셋째 형이다 새로 생긴 형은 말도 하지 않았고 학교에 가지도 않았다 그저 밤중에 앉아서 눈뜬 곰들과 노는 게 전부였다 연탄가스를 마셨다고 했다

6. 불새

우리는 정복이네보다 해발 30미터가 낮은 곳에 살았다 길이 점점

좁아졌으므로 그 집에 불이 났을 때 소방차는 우리 집 앞에서 멈추었
다 그들은 불타는 곰발바닥들을 버려두고, 그렇게, 하늘로 날아올랐다
—권혁웅, 「독수리 오형제」

위의 시의 제목은 「독수리 오형제」이다. 시인은 제목에 대한 설명으로 "사실 독수리 오형제는 독수리들도 아니고, 오형제도 아니다. 다섯 조류가 모인 의남매다. 다섯이 모이면 불새로 변해서 싸운다"는 문구를 추가하고 있다. 이 시의 제명이나 추가 문구는 재미있다. 그 의미를 따지기 이전에, 흥미로운 작명법이고 관찰이며 또한 용기 있는 도전이라고 생각한다. 왜냐하면 다른 장르도 아닌 시에서 위와 같은 장난은 경박한 짓으로 인식될 수도 있기 때문이다.

그러나 2000년대의 젊은 시인들은 이러한 장난에 대해서 그다지 신경 쓰지 않는 눈치이다. 많은 젊은 시인들이 그들이 어릴 때 보았던 텔레비전 드라마, 만화 영화, 대중문화, 소문, 가십, 음담패설, 공식화하기 어려운 농담들을 거리낌 없이 시 안에, 발언 안에, 그들이 생각하는 세계관 안에 녹여내고 있다. 오히려 그러한 지적을 하는 것 자체가 약간 시대에 뒤떨어지고, 센스가 없으며, 세상을 불필요하게 무겁게 만드는 처사라고 생각하는 듯하다.

이것은 그 이전의 시가 보여주었던 상황과 비교하면 더욱 일목요연해진다. 기형도는 "그해 늦봄 아버지는 유리병 속에서 알약이 쏟아지듯 힘없이 쓰러지셨다. 여름 내내 그는 죽만 먹었다. 올해엔 김장을 조금 덜 해도 되겠구나. 어머니는 남폿불 아래에서 수건을 쓰시면서 말했다. 이젠 그 얘긴 그만하세요 어머니. 쌓아둔 이불에 등을 기댄 채 큰누이가 소리질렀다"(기형도, 「위험한 가계·1969」)고 노래했다. 병약

한 아버지, 그 아버지로 인해 가중되는 불안, 그리고 누이의 신경질. 이 위험한 가계는 우울과 어두움으로 물들어 있었다.

그런데 2000년대 젊은 시인에게 위험한 가계는 "술에 취한 아버지는 박철순보다 멋진 커브를 구사했다 상 위의 김치와 시금치가 접시에 실린 채 머리 위에서 휙휙 날았다 (중략) 후일담을 덧붙여야겠다 80년대는 박철순과 아버지의 전성기였다 90년대가 시작된 지 얼마 안 되어 선데이 서울이 폐간되었고(1991) 아버지가 외계로 날아가셨다(1993) 같은 해에 비행접시가 사라졌고 좀더 있다가 박철순이 은퇴했다(1996) 모두가 전성기는 한참 지났을 때다"(권혁웅, 「선데이 서울, 비행접시, 80년대 약전」)로 처리된다.

아버지의 쓰러짐을 우울하게 보는 시선과 아버지의 쓰러짐을 우스꽝스러운 은퇴로 여기는 시선은 15년 정도의 격차를 지닌다. 거듭 말하지만 15년이 절대적 지표가 될 수 없으며, 웃음은 권혁웅 혹은 2000년대 젊은 시인만의 전매특허는 아니다. 장정일과 같은 시인들은 15년 이전에도 상당한 유머를 구사할 줄 알았다. 문제는 2000년대의 젊은 시인들이 견지하는 의식적 전환이다. 젊은 시인들은 시를 우습게, 즐겁게, 유쾌하게, 그리고 가볍고 대중적으로 쓰는 일에 능숙하고 또 관대하다. 그들은 이전의 시와는 달리 시의 정조가 우울할 필요가 없다고 생각한다. 이러한 생각은 젊은 시들에 탄력을 주고, 새로운 시적 풍조를 열어준다.

그럼에도 역기능을 무시할 수는 없다. 인용된 시는 웃음과 유쾌함을 통해 가난과 유년 시절의 참담함을 잃지 않으면서, 시가 지향할 수 있는 새로운 공간을 보여주고 있다. 하지만 많은 젊은 시들이 과연 그러한 의도를 지닌 채 창작되고, 소기의 성과를 달성한 채 발표되는지는 의문이 아닐 수 없다. 아픔을 극복하기 위한 재치가 아니고, 오의(奧義)를 내재한 유머가 아니라면, 이러한 작업은 다시 점검되어야 한다. 기지와 웃음이 중요한 시대가 되었지만, 기지와 웃음을 얻는 대가로 시적 명상과 인생에 대한 성찰을 잃는다면 이것 역시 곤혹스러운 일이 아닐 수 없다. 지금의 젊은 시들이 한껏 맞서야 할 장벽이 아닐 수 없다.

## 9. 넓이에의 강요 혹은 욕망

시 문학은 대대로 자기 응시의 문학이었다. 시인은 예민한 감수성으로 세상을 보고, 집단을 보고, 타자를 보고, 결국에는 자신을 보았다. 우주의 질서를 찾는 경우에도, 해와 달과 천체의 움직임 속에서 인간사를 돌보고, 변하지 않는 자연의 고고함과 섭리를 살피고 인간세의 욕망을 돌보았다. 북적거리면서 사는 세상을 보면서도 결국 시인이라는 존재들은, 내면이라는 자신만의 정서와 욕망과 감각 그리고 명상과 깨달음이 모인 곳으로 발길을 돌리는 자들일 수밖에 없었다.

이러한 시관은 다소 고리타분할 수 있다. 현대로 오면서 시는 정형화된 틀을 벗어나면서, 과거의 시가 가지고 있는 형식적 양식적 그리고 관습적 의식 세계마저 벗어버리고자 했다. 그 추세는 근래로 오면 올수록 더욱 가속화되고 있다는 것이 나의 판단이다. 아니 많은 이들의 판단일 것이다.

그러나 달라진 시인들의 위상을 보면서 한 가지 꼭 기억해야 할 것이 있다. 그것은 시 속에 담겨 있어야 할 내면이다. 시인은 겸손해야 하는 존재이다. 자신의 눈으로 세상을 보고, 자신의 발로 자연을 걸어, 숨겨진 진리를 찾는 자들이지만, 그 진리를 말할 때는 자신의 언어와 감성으로 풀어놓아야 한다. 그래서 결국 시는 내면으로의 회귀 그리고 감성으로의 자발적인 망명을 포기할 수 없는 장르이다.

　2000년대 시인들의 의식 세계를 들여다보기 위해서 최근 주목받는 시인들의 작품을 일부러 문면으로 끌어들였다. 2000년대라고 했지만, 실제로는 2005년 언저리가 대부분이고, 젊은 시인들이라고 했지만, 그 대부분은 새로운 경향의 시를 앞세운 현재 시단의 아방가르드 시인들이 주축이었다. 이러한 한계를 인정하면서, 그들의 시를 통해 확인되는 몇 가지 사항을 먼저 정리하겠다.
　그들의 시는 대부분 구조적이기보다는 반구조적이다. 그들은 부분이 전체를 위해 봉사하고 부분과 부분의 관계가 유기적으로 관계 맺는 시를 거부하는 성향이 강하다. 그들의 시는 응축적이기보다는 환유적이다. 세상과 자연과 인간의 원형을 시의 구조로 본받으려고 하지 않고, 자신의 주변과 물상을 이어 붙이듯 시 안으로 끌어들인다. 전체적인 구조를 생각하고 그 안에서 언어와 이미지와 감각을 덜어내고 다듬어서 초점화된 하나의 정서와 의미로 귀결시키기보다는, 다성적인 목소리와 유사한 소재 혹은 삽화들의 묶음으로 시의 얼굴을 다양하게 만드는 데에 특색을 드러낸다.
　자신의 내면을 들여다볼 때도 과거의 시와는 많이 다르다. 과거의 시들은 내면의 자아를 찾기 위해서 노력하거나, 분열되고 천변만화하는 여러 개의 자아들을 하나의 자아로 통합시키려는 노력의 소산이었다. 그런데 최근의 시로 올수록 자아의 분열상을 있는 그대로 드러내는 것에 대한 거리낌이 줄어들고 있다. 앞에서도 언급했지만, 과거에 이러한 시가 없었다는 것은 아니다. 다만 최근 들어오면서 이러한 시적 경향이 일반화되었고, 하나의 유행처럼 그 가치를 분별하지 않은 상태에서 번져나간다는 점이 다르다.

최근 젊은 시인들의 시는 점점 길고, 점점 복잡해지고 있다. 깎고 다듬어서 시의 질량을 줄이고, 줄어든 질량만큼 큰 압축을 꾀하는 과거의 시 작법과 궤도를 달리한다고나 할까. 시어는 경제적이기보다는 호화로워야 한다고 믿는 것 같다. 최소한의 언어로 최대한의 세상을 담는 양식이기보다는, 최대한 많은 언어로 복잡한 이야기의 갈래와 의미의 층위를 두루 담는 양식이기를 꿈꾼다. 그러다 보니 시는 자기응시의 길을 잃어버리고 만다.

이제 하고 싶은 이야기를 해야겠다. 요즘 젊은 시는 확산적이고, 자기 증식적이고, 연속적이고, 혼종적이다. 그래서 몹시 혼란하다. 시가 결국 돌아가야 하는 내면으로의 길을 잃어버리기 일쑤이다. 내면으로 들어가 세상에 임하는 시인 자신의 입장과 태도를 돌아보고 반추하기보다, 세상 바깥의 물상들을 언어로 포착하는 것에 더욱 큰 역점을 둔다. 세상은 넓고 화려하다. 많은 이야기들이 있고, 많은 신기한 것들이 있고, 시인의 의식 세계를 침범하는 많은 문화적 현상이 있다. 문제는 그러한 외부적 요인들을 일일이 시가 받아들여야 하느냐는 것이다. 시는 그러한 외부적 현상과 물상들을 수집하는 도구이기보다, 그러한 혼란을 내면에서 걸러내고 정리한 결과여야 하지 않을까.

시인이라는 의식의 거름장치 없이 시가 창작된다면, 시집 몇 권으로도 하고 싶은 이야기를 다 할 수 없을 것이다. 요즘의 시가 동어 반복적이고, 자기 증식적이며, 한 편의 시로 말해져야 할 것이 한 권 분량의 시집으로 말해지는 것도 동일한 이유라고 본다. 젊은 시가 우려스러운 것은 시인들이 '세상의 넓이'를 '시의 넓이'로 환원하여 받아들이려고 하고, 이러한 욕망을 거꾸로 적용하여 '시의 넓이'가 곧 '세상의 넓이'라고 맹신하며, 그 넓이만으로 시 의식을 측정하려는 전도된 인식이 확산되기 때문이다. 이러한 '넓이에의 (자발적인) 강요'는 한편으로는 미덕이지만, '깊이에의 천착'을 가로막는다는 점에서 대단한 실책이 아닐 수 없다.

시를 사랑하는 이가 어떤 시집을 열었을 때 복잡한 현실의 문제를 더욱 복잡한 언어로 늘어놓고, 이미 알고 있는 사물의 질서를 깨달음 없는 범안(凡眼)으로 재반복하고 있으며, 읽고 나서 읽는 감촉을 음미하거나 시간의 우물 속에서 저장될 그 무엇을 발견할 수 없다면, 우리는 그 시를 잘 썼다고, 그러한 시를 계속 써야 한다고 말하기 힘들 것이다.

나의 시관이 보수적이어서 그런지 모르겠지만, 요즘 젊은 시는 넓이에의 강요를 못 이기는 순간 소모품이 되고 만다. 그때그때 우리가 알고 있는 사실들과 단편적인 정보들을, 때로는 웃음이나 금기시되는 생각들을, 기발한 착상이나 재기발랄한 감각들을, 시를 통해 확인하고 넘어갈 뿐, 세상과 사물과 자연과 인간에 대해 기억할 만한 깨달음이나 명상의 화두 혹은 언어의 미감 등을 느낄 수 없다. 재치는 시가 아니며, 놀이도 시가 아니며, 현학이나 발견 혹은 혼자만의 독백도 시가 아니다. 그것만으로는 시가 될 수 없다. 시는 자신을 통해 자신 바깥을 보고, 자신의 바깥을 돌아 내면으로 돌아가는 통로를 열 때만, 그 통로를 열 정도로 깊이 있는 숙고를 내놓을 수 있을 때에만 시가 된다. 아니 좋은 시가 된다.

제2부

# 우리 시의 다른 미래들

# 우리 시의 다른 미래들

## 1. 우리 시의 다른 미래를 위하여

　시의 미래는 과연 어떤 모습일까. 나는 명상의 재료가 되거나 유행가 가사가 될 것이라고 믿는다. 이 말이 곧 시가 언어 예술로서의 삶을 마감한다는 뜻은 아니니, 오해하지 말기를 바란다. 시는 누천년의 역사처럼 언어 예술로서 우리 곁에 머물 것이다. 문제는 그러한 고급 예술로서의 시만 존속할 수 없다는 점이다. 시는 예술이지만 동시에 생활의 도구가 되어야 한다. 지금처럼 함부로 접근하기 어려운 장르가 되거나, 특수한 계층이나 분야의 인물들만 논의하는 지적 결집체가 되어서는 곤란하다. 우리는 이러한 한계를 뛰어넘을 수 있는 대안을 조속히 찾아야 한다.
　시의 미래는 우리 삶에 깊은 통찰을 주는 것이거나, 우리 생활의 일부로 자연스럽게 놀이가 될 수 있는 것이어야 할 것이다. 그러기 위해서는 우수한 시들을 선별할 수 있는 안목도 필요하고, 그러한 시들을 확산시킬 수 있는 장치도 필요하다. 그런데 우리 시단을 보면 시가 범람하고 있음에도 요긴한 대처 방안을 마련하지 못하고 있다. 반면 범람하는 시들은 너도 나도 자신들이 대안이라고 소리 높여 외치고 있는 실정이다. 그런 면에서 우리 시의 위기는 결국, 너무 높은 엘리트 의식과, 너무 많은 생산량에서 발생하고 있는 셈이다. 우리 시의 미래와 연관 지을 때, 지금은 이 문제를 현명하게 해결할 수 있는 지혜가 필요한 시점이라고 할 수 있다.

여기에서 다룰 시들은 '우리 시의 미래가 되어도 좋을 것들이다' 라고 내가 판단한 경우이다. 최근 시 중에서 새롭게 제기되는 문제의식을 함축하고 있거나, 비록 논의가 이루어졌지만 그 정도가 미흡한 시들을 택했다. 이 시들이 지금 당장, 명상록이 되거나 유행가가 될 수 있다고 단정하는 것은 아니다. 다만 이렇게 좋은 시들이 늘어나고, 꼭 기억해야 할 장점이 살아난다면, 우리 시는 지식인 계층뿐만 아니라 대중에게도 호소하는 바가 클 것이라는 막연한 기대를 품어보고자 했다. 이 글은 그러한 미래를 위한 시론에 불과하다.


## 2. 잘 썩은 언어와 구수한 입담

정낙추는 문단에 잘 알려진 시인은 아니다. 화려한 이력을 자랑하는 시인도 아니고 젊고 재기를 드날린 시인도 아니다. 1950년 충남 태안에서 태어났고, 1989년부터 지방문학 동인지 『흙빛문학』에서 활동하고 있으며, 2002년 모 잡지를 통해 등단했다. 내가 기억하는 한도 내에서 나는 그의 시를 본 적이 없다. 어쩌면 무심히 넘겼을지도 모르지만, 그만큼 덜 각광받는 시인이라는 뜻도 될 것이다.

그러나 정낙추의 첫 시집 『그 남자의 손』(애지, 2006년 11월)을 보는 순간, 나는 그에 대해 궁금해 하지 않을 수 없었다. 그리고 그가 시를 써야 했던 '손의 사연'을 듣고 싶어졌다. 그의 시를 보면, 그는 농사를 짓는 사람이다. 그가 1989년부터 관여했다는 동인지 제명도 그런 측면에서 이해가 된다. 그러나 잡지보다 더 중요한 것은 그가 시인이라는 점과, 그의 삶과 그의 시가 맺는 상관성이다.

> 그 남자의 손에서는
> 잘 썩은 두엄 냄새와 구수한 곡식 냄새가 납니다.
> 비누로 아무리 닦아도 지워지지 않는
> 그 냄새는 그 남자가 지쳐 쓰러질 때마다
> 일으켜 세우는 신비한 힘입니다. (중략)
>
> 그 손이 요즘 들어
> 희고 부드러운 손 앞에서 주눅 들어
> 자꾸 주머니 속으로 숨습니다
> 아내의 가슴을 보듬기조차
> 민망할 정도로 거친
> 그 남자의 손이 가엾어 죽겠습니다.
>
> ─정낙추, 「그 남자의 손」 부분

시인은 농사일에 거칠어진 자신의 손을 내려다보고 있다. 잘 썩은 두엄 냄새와 구수한 곡식 냄새라고 했지만, 투박하고 거친 느낌마저 감출 수는 없다. 문제는 시인이 자신과 함께 평생 고생해 온 이 손에 대해 자신감을 잃어버리고 있다는 점이다. '희고 부드러운 손'. 평생 고생이라고는 해본 적이 없는 곱상한 손 앞에서 부끄러움을 느끼고, 그만 자신의 손을 원망하기 시작한 것이다. 겉으로는 민망하다고 했지만, 아마 속내는 그렇게 거친 손을 만들 수밖에 없었던 지나온 길에 대해 회한을 품기 시작한 것으로 보인다.

시인이 지녔을 것으로 보이는 회한은 시집 곳곳에 나타나고 있다. 가령 「그 겨울의 우울한 삽화」를 보면 그는 어릴 적 가난 때문에, 혹은 아버지의 무관심 때문에, 하고 싶었던 공부를 더 할 수 없었던 것 같다. 어떤 즐거운 놀이도, 상급학교에 진학하는 아이들의 교복과 가방에 비할 수 없었다. 아버지는 아들을 대신 서당에 다니게 했고, 농사일을 거들게 했다. 어린 시인은 아버지에게 감히 반항할 수도 없었지만, 그렇게 무참하게 자신의 꿈을 접을 수도 없었다.

시인이 50이 훌쩍 넘은 나이에 등단하고 농사일로 바쁜 와중에서도 시를 쓸 수 있었던 것은, 어릴 적 꿈 때문이 아닐까 싶다. 삶의 정상적인 궤도로부터, 자신의 내면적 바람으로부터 너무나 쉽게 소외되었다는 아픔이, 스스로에게 시인의 숙명을 부여하고 문학의 가치를 일깨운 것이 아닌가 한다. 내가 이렇게 길게 정낙추의 주변적 이야기를 하고 있는 이유도, 결국은 그의 시가 드러내고 있는 시인으로서의 숙명과 문학인의 사명감을 설명하기 위해서이다. 정낙추는 그의 첫 시집에서 시인으로 살아야 하는 당위성을 전달하고 있다. 이 점이 그를 시인으로 만드는 가장 중요한 요인이다.

세상천지 만물들이 생겨날 때에 허투로 생긴 것이 하나 없듯이 쌀도 마찬가지여, 금방 방아를 찐 쌀 알갱이를 자세히 들여다 봐, 뽀얗고 둥그스름한 것이 꼭 어린 놈들 고추 끄트머리 닮았지, 옛날에 쌀 한 톨을 만들려면 따뜻한 봄날 모를 심어 뙤약볕 자글자글 끓는 여름 한 철 동안 애벌레 두 벌 세 벌 논을 맨 까닭은 벼 뿌리를 자꾸 긁어주고 건드려야 벼 포기가 단단해져 가을에 개꼬리같이 치렁치렁 벼이삭이 매달리기 때문이여, 그래서 쌀은 양陽이고 男子여, 아닌 말로 사내 꼭지들 뿌리도 자꾸 만지작거려야 무슨 노릇을 해도 하지 그냥 놔둬 봐, 동네 장정들 다 불러 역사役事 한다고 그 물건 일으켜 세울 수 있나,

가운데 금이 그어진 보리쌀 좀 보게나, 꼭 女子들 귀한데 닮았지, 해 짧은 가을에 심어 겨울을 넘기자면 자꾸 복을 주고 다독여 줘야 하는 보리 싹처럼 여자도 그저 아껴주고 살펴줘야 되는 거, 툭하면 여자를 보리 찬밥 취급들 하는데 그러면 못 써! 옛날에 흉년 구제는 보리가 하고 보릿고개 넘긴 놈이 쌀밥 구경한 것처럼 엄동설한에도 죽지 않고 새끼 쳐 한여름에 익어서 사람뿐 아니라 날짐승 들짐승 먹여 살린 보리는 자식을 키우는 어미를 닮았단 말이지. 그래서 보리는 음陰이고 女子여, 보리꺼럭이 왜 붙었는지 알아? 여자를 얕보지 말라는 뜻이여,

—정낙추, 「밥 한 사발」 부분,

정낙추의 시는 삶의 체험과 깊숙이 맞닿아 있다. 위의 시를 범박하게 말하면 일종의 음담패설인데, 이 음담패설은 시어의 선택과 문장의 구성에 의해 시정(市井)의 천박한 입담이 아니라 시의 영역으로 올라

서 하나의 작품이 된다. 오히려 시어의 구사에서 현재의 우리 시들에게 많은 생각할 여지를 준다.

　이러한 비판이 가능할지 모르겠지만, 최근의 시는 도시시의 확대재생산에 그치는 경우가 많다. 새로운 시의 세계나 독자적인 시어의 가능성을 보여주는 경우가 드물었다. 또한 시인들의 학력이 올라가면서 시는 체험의 현장에 근거하기보다는 관념의 어사에서 잉태되는 경우가 빈번했다. 도시에서의 삶이 보편화되고, 그러한 보편적 삶이 시의 주요한 근간이 된 것은 어쩔 수 없는 일이었다고 해도, 그러한 도시적 삶과 언어를 차별화되지 않은 시어로 배출하는 작업은 무의미하다고 하지 않을 수 있으며, 결과적으로는 우리 시의 가능성을 축소시키는 결과를 가져왔다고 하지 않을 수 없다.

　2006년 한국 시단의 뜨거운 이슈가 되었던 '미래파'의 문제도 이러한 관점에서 접근 가능하다. 미래파로 분류된 시인들의 언어는 극단적인 도시의 언어이다. 그들의 언어는 일상의 언어라기보다는, 문어와 관념에서 비롯된 언어이다. 도시적 규칙과 외관을 닮거나 혹은 그러한 풍조에 억지로 저항하려는 의도를 짙게 드리운 언어이다. 그래서 어렵고, 경직되어 있고, 추상적이어도 정작 당사들에게는 별로 상관이 없었다고 할 것이다.

　그러한 시적 성향과 정낙추의 성향은 상당한 차이가 있다. 더 구체적으로 지적하면 정낙추의 시적 언어는 경직된 도시의 언어와는 그 궤도가 다르다. 그의 시구처럼 그의 시는 "잘 썩은 삶의 냄새"가 배어 있고, 그가 고르고 배열한 시어는 "구수한 냄새"를 풍기고 있다.

　위의 시를 보자. 위의 시는 쌀과 남자, 보리쌀과 여자를 연관 지어 한 편의 재담을 엮어낸 경우이다. 이 시에서 세상에 대한 정확하고 깊이 있는 생각을 찾을 수 있다거나 그래야 한다는 것은 아니다. 이 시는 읽는 감촉에 우선 만족해야 하는 시이다. 쌀에 대한 재미있는 명상이라고 할까. 그런데 그러한 명상을 통해 드러나는 시인의 삶은 그리 간단한 것은 아니다. 바꾸어 말해서 시인은 삶의 체험으로부터 시어들을 길어 올려 그가 겪어온 현장의 시간 위에 버무려 시를 만들었다. 관념적이고 추상적인 언어가 아니라, 농익어 썩기 직전의 언어들로 발효된 언어들인 셈이다.

  이것은 정낙추 시의 중요한 미덕이다. 정낙추의 시는 깊이와 무게를 자신의 삶에서 자양분으로 끌어올렸으되, 그러한 자양분을 여유 있게 운영할 수 있는 관록을 지니고 있다. 구수한 음담패설은 그 여유와 관록을 느끼게 한다. 더욱 진한 음담패설임에도 2연이 천박해 보이기보다는 정겨워 보이는 까닭도 여기에 있다.

  정낙추의 시는 완성된 시라고 보기 힘들다. 그의 시는 개성적이지만 아직도 압축의 여지가 많고, 그의 시는 특이하지만 생각과 체험을 갈무리하는 데에 힘을 비축해야 할 필요도 있다. 그럼에도 정낙추의 시는 체험의 밑바닥을 보여주고, 그러한 체험을 자산으로 탄생할 수 있는 시의 모습을 제시했다. 정낙추보다 더 완성된 시인들과 시들이 있음에도, 그의 중요성은 덜하지 않는다. 왜냐하면 이 시대의 풍조 속에서 보기 드물게 자신의 색깔을 지키고 있기 때문이다. 그 변별력으로 인해, 어려운 시들을 우상으로 여기는 사람들 속에서 그는 더욱 뚜렷한 존재감을 남길 수 있을 것이다.

## 3. 벽 속의 세상

이병률의 최근 시집 『바람의 사생활』(창비, 2006년 11월)을 읽으면서, 한국시의 또 다른 미래를 구상할 수 있었다면 다소 지나친 과장일까. 2006년 한국 시단은 '미래파' 논쟁에 휩싸였다. 그러나 생산적인 결과를 얻었다고는 할 수 없다. 다소 추상적인 논의에 그치고 있고, 어떤 의미에서는 논쟁의 기초 단계에 머물고 말았기 때문이다. 이병률의 시집은 '미래파'의 논쟁과 관련하여 우리에게 적지 않은 가능성을 던져준다. 이 시집에는 음미하기 좋은 시가 상당히 많이 들어 있다. 대표적인 시 몇 편만 살펴보도록 하자.

애초 내가 맡은 일은 벽에 그려진 그림의 원본을 추적하여 도화지에 옮겨 그리는 일이었다 부러진 이 가지 끝에 잎이 달렸을까 이 기와 끝에 매달린 것이 하늘이었을까 하루 이틀 상상하는 일을 마치고 처음 한 일은 붓으로 벽을 터는 일이었다 벽에다 말을 걸듯 천천히

도저히 겹쳐지지 않는 다른 그림이 나왔다 누군가 흰 칠을 해 그림을 지우고 다시 그린 것이 아닌가 하여 벽 한 귀퉁이를 분할한 다음 붓으로 다시 열흘을 털었다

연못이 그려져 있었다 다시 다른 구석을 닷새를 터니 악기를 든 사람들이 소리를 지르고 있었다 성문을 지키는 성지기가, 죽은 물고기가 그려진 천칭의 한쪽 모습도 보였다

흰 칠을 하고 바람이 지나면 그림을 그리고 지워지면 다시 흰 칠을 하여 그림을 그리고

다시 흰 칠을 하고 그림을 그려 흰 칠과 그림이 누대를 교차하는 동안 강이 불어나고 피가 튀고 폭설이 내려 수천의 별들이 번지고 내밀한 것처럼 밀리고 씻기고 쓸려 말라갔던 벽

벽을 찔러 조심스레 들어내어 박물관으로 옮기면서 육백여 년 동안 그려진 그림이 수십 겹이라는 사실에 미어지는 걸 받치느라 나는 가매지고 무거워진다 책 냄새를 맡는다 살 냄새였던가
— 이병률, 「별의 각질」

서구의 어느 감옥 발굴 사연이다. 감방 벽에는 지저분한 낙서가 가득했다고 한다. 하얀 칠을 벗겨내자 그 아래에도 낙서가 가득했다. 하얀 칠은 겹겹이 칠해져 있었고, 하얀 칠 아래의 세상은 그 위의 세상과 시간의 격차를 달리하고 있었다. 고고학자들과 사회학자들은 열광하지 않을 수 없었다. 감옥 벽에 칠해진 하얀 칠 밑에는 시간의 터널을 지나, 같은 공간을 사용해야 했던, 그리고 사회와 문화에 대해 절망하고 아파했던 사람들의 외침으로 가득했기 때문이다.

이병률의 시를 읽으면서 그 감옥 벽을 생각했다. 비록 이 시는 서구의 오래된 감옥 벽을 묘사한 것 같지는 않지만, 근본적인 교의는 같아 보인다. 이병률은 하얀 칠 아래 숨어 있는 세월의 더께, 같은 공간이되 달랐을 어떤 공간을 상상하고 있었다. 그러면서도 그림 속에 숨어 있

는 비의를 놓치지 않는 것이 상당히 인상적이었다. 그 비의란 이러한 묘사를 통해 궁극적으로 도달해야 할 지점으로, 4연과 5연에 노출되어 있다.

   4연에는 그림 속의 세상을 넘어, 그 그림을 그려야 했을 시대의 아픔과 상황을 그려내고 있다. 강이 붉고 피가 튀고(전쟁이 있었을지도 모른다) 폭설이 내려(자연 재해) 수많은 사람들이 죽거나 고통을 당했을 것이다. 하얀 칠 속의 아름다운 그림은 아름다울 수 없었던 시대의 산물이다. 이것을 시인은 별들의 번짐이라고 했다. 세상이 어지러워진 상황을 제시하고 느닷없이 하늘의 별을 끌어들인 셈인데, 나에게 이러한 별은 인간 개개인을 소중히 여기는 마음으로 여겨진다. 그들의 바람과 아픔이 눈물이 되어 반짝이고 그러한 눈물이 벽 위 하얀 칠 아래로 번져갔다는 표현은 상당히 인상적이다.

   실제로 시인은 「외면」 같은 시에서 복잡한 인간세상과 그 인간세상 밑바닥을 흐르는 인정과 염치와 동정에 대해서 이야기한 바 있다. 친구와 함께 간 길에서 그는 친구가 몸이 불편한 부부에게 박정하게 받을 돈을 요구하는 광경을 보고 눈을 돌리고 싶어 하지만, 시인 역시 친구의 절박한 처지를 알기에 그냥 지켜볼 수밖에 없었다. 행복하기 위해서 인간이 악착같아 지는 것에 대해 누가 함부로 비난을 할 수 있겠는가.

   하지만 「외면」은 여기서 끝나지 않는다. 친구는 몸이 불편한 부부에게 최소한의 예의를 지키고 그들을 위해 할 수 있는 일을 하고자 한다. 소주를 한 잔 마시고 돈을 내고 나오는 일과, 돈 받기가 글렀다고 느끼는 순간 그들의 처지를 이해하고자 노력했던 일이 그것이다. 친구 역시 세상에 대해 연민을 품은 존재였고 시인 역시 그러했지만, '외면'

해야 할 일들이 가득한 이 세상을 끝내 외면하지 못했다.

다시 「별의 각질」로 돌아오자. 6연에서 시인은 한스러운 인생을 살다간 사람들의 기록이 '수십 겹'이라는 사실에 가슴이 '미어지는' 고통을 느낀다. 인간이 걸어온 길에 대한 감내라고 할까, 아니면 시대에 대한 명상이라고 할까. 시인은 자신의 감내와 감정을 책에 비유하고 있다. 벽 속의 세상은 시인에게 지난 세상을 알려주고 상기하게 하는 가르침이기 때문이다. 그러나 시인의 상상력은 책으로 끝나지 않는다. 시인은 그 책에서 살 냄새를 맡는다. 그 책이 죽어 있는 지식의 딱딱한 진열장이기보다는, 살아 있는 인간적 감정의 밀도 있는 축적이어야 함을 말하는 듯하다.

'겹'이라는 시어가 나왔으니, 그의 시 중에서 「겹」을 읽어보자.

나에겐 쉰이 넘은 형이 하나 있다
그가 사촌인지 육촌인지 혹은 그 이상인지 모른다

태백 어디쯤에서, 봉화 어디쯤에서 돌아갈 차비가 없다며
돈을 부치라고 하면 나에게 돌아오지도 않을 형에게
삼만원도 부치고 오만원도 부친다

돌아와서도 나에게 전화 한 통 하지 않는 형에게
또 아주 먼 곳에서 돈이 떨어졌다며
자신을 데리러 와 달라는 말을 듣고 싶은 것이다, 나는
(중략)
그가 어느 먼 바닷가에서 행려병자가 되어 있다고

누군가 연락해왔을 땐 그의 낡은 지갑 속에
내 전화번호 적힌 오래된 종이가 있더라는 것
종이 뒤에는 내게서 받은 돈과 날짜들이
깨알같이 적혀 있더라는 것

어수룩하게 그를 데리러 가는 나는 도착하지도 않아
그에게 종아리이거나 두툼한 옷이거나
그도 아니면 겹이라도 됐으면 하는 바람이 간절할 뿐
어디 더 더 먼 곳에서 자신을 데리러 와달라고 했으면 하고
자꾸 바라고 또 바랄 뿐

―이병률,「겹」부분

  이 시는 시인의 형에 관한 사연을 담고 있어, 대단히 이해하기 쉽다. '형'이라고 했지만, 친형이라고 보기는 힘들다. 사촌인지 육촌인지 촌수로 치면 꽤 되는 형이고, 실제로 같은 집에서는 사는 것도 아니다. 그 형은 아마 시인에게 상당한 도움을 청한 것 같다. 필요할 때마다 큰돈은 아니지만, 적지 않은 돈을 요구해온 것으로 보인다.
  이 시에서 주목되는 것은 시인의 태도이다. 시인은 형의 요구를 거절하지 않는다. 웬만하면 귀찮다거나 돈이 아까워서 싫은 소리라도 할 법한데, 그렇지 않았다. 여기까지는 마음씨 착한 동생의 이야기로 심상하게 넘길 수 있다. 이 시가 음미할 만한 시가 되는 것은 그런 형의 속마음과 시인의 속마음이다. 형의 수첩에서 발견된 동생에 대한 기록은, 뻔뻔하고 얄미워 보였던 형의 마음속을 넌지시 들여다보게 만든다.

동생의 마음 역시 의미 있는 울림을 생성한다. 동생인 시인은 형이 돌아오기를 기다린다. 형의 입으로 데리러 와달라는 말을, 응급구조를, 절실한 도움 요청을 듣고 싶었던 것이다. 형을 데리러 가면서도(형의 구조요청이 아니라 아마도 관공서의 부탁이었겠지만) 형에게 필요한 존재가 되기를 바라는 마음으로 가득하다. 결국 그의 시는 타인에 대한 연민과 이해를 갖추는 자세와 분리되지 않았다.

내가 이병률 시인의 시를 읽으면서 한국 시단의 또 다른 미래를 떠올리게 된 것도 이 연민 때문이다. 시가 자연발생적인 것이라면, 연민 또한 자연발생적인 것이다. 맹자가 인(仁)을 설명하면서 우물가로 기어가는 아이의 위태로움을 예로 든 것은 더 이상 보충 설명이 필요 없는 경우이다. 우리는 어떤 이성적 잣대보다도 우선 그 아이를 구해야 한다는 감정적 당위를 느낀다. 그때 필요한 것은 마음에서 우러나오는 연민이다.

최근 시를 보면 이성의 효용을 지나치게 강조한 탓인지 타인과 세상에 대한 연민의 정서가 부족하다. 이것은 어쩌면 시는 연민과 감정의 동요를 드러내어서는 안 된다는 철저한 시교육의 산물일지도 모른다. 그럼에도 재고해야 할 것은 그러한 미덕이 결코 자기중심적인 세계를 의미하지는 않는다는 점이다. 감정을 드러내지 않기 위해서 자신의 관점만을 철저하게 반영하는 시를 쓴다면 우리는 그 시를 넋두리 이상으로 읽어낼 수 없을 것이다.

실제로 최근 시작 태도나 시적 선택이나 시어 구사에서 타인보다는 자신을 우선시하는 풍조가 젊은 시인들을 중심으로 만연해가고 있다. 전문가들조차 읽기 어려운 이러한 시에 대한 비판이 당연함에도, 그 비판 앞에서 자신들만의 개성을 방패로 문을 닫아버리는 풍조는 더 이상 용인될 수 없다. 이병률이 젊은 시인이기 때문에, 연민을 드러내는 그의 시 세계는 더욱 주목되지 않을 수 없다.

> 누군가 내 집에 다녀갔다
> 화초에 물이 흥건하고 밥 지은 냄새 생생하다
> 사흘 동안 동해 태백 갔다가
> 제천 들러 이틀 더 있다 왔는데
> 누군가 내 집에 다녀갔다
>
> 누군가 내 집에 있다 갔다
> 나는 허락한 적 없는데 누군가는 내 집에 들어와
> 허기를 채우고 화초를 안쓰러워하다 갔다
>
> 누군가는 내 집에 살다 갔는데
> 나는 집이 싫어 오래 한 데로 떠돌았다
> 여기서 죽을까 살을까 여러 번 기웃거렸다
>
> 누군가 다녀간 온기로 보아
> 어쩌면 둘이거나 셋이었을지도 모를 정거운 흔적 역력하고
> 문이 그대로 잠긴 걸 보면
> 한 번 왔다가 한 번 갈 줄도 아는 이 분명하다
>
> 누군가 내 집에 불을 놓았다
> 누군가 내 집에서 불을 끄고 아닌 척 그 자리에 다시 얼음을 놓았다

> 누군가 빈집에서 머리를 풀고 초를 켜고 문고리에 얼굴을 기댔다
> ―이병률, 「나비의 겨울」

시인의 말을 액면 그대로 믿어야 할까. 나는 믿지 않기로 한다. 세상에는 남의 집을 몰래 다녀가는 방문자도 물론 있겠지만, 그러한 방문자를 가정하면 이 시는 풍요한 해석 가능성을 잃어버릴 것이다. 시인은 먼 여행을 다녀왔다. 동해, 태백, 제천을 거치는 5일 동안의 여행이었다. 긴 여행을 떠나는 이들이 사전에 꼭 해야 할 일이 있다. 화초에 물을 충분히 주어야 하고 문단속을 철저히 해야 한다. 불이 꺼졌는지, 위험한 데는 없는지 살펴야 한다. 어쩌면 그 전날 썼을지도 모르는 초(꺼짐)도 확인해야 한다.

그러나 더 중요한 것은 그 집에 다시 돌아올 수 있도록 만드는 것이다. 먼 여행을 떠나게 되면 세상의 아름다움에 매혹되곤 한다. 그러한 풍경과 아름다움을 두고 집으로 향하는 발걸음은 자연히 아쉬움으로 가득 차기 마련이다. 따라서 돌아오는 발걸음은 무거울 수밖에 없고, 집마저 들어오기 싫은 상태라면 여행의 기쁨은 자연 반감될 수밖에 없다. 그래서 여행을 떠날 때는 돌아올 집을, 자신을 반기는 상태로 마련해 두어야 한다. 이것이 여행을 떠나는 자의 필수 마음가짐이다.

시인은 여행을 떠나면서도 집을 상상했다. 그 안에서 화초에 물을 주고 밥을 짓고 정겨운 흔적을 만들기 위한 방법을 모색했을지도 모른다. 그러나 그 집은 빈집이었고 화초는 혼자여야 했고 그 안에 있을지도 모르는 사람은 빈 밥통에 허기져야 했을지도 모른다. 시인은 집이 쓸쓸하다고 집이 배고프다고 안쓰러워했을지도 모른다. 그의 여행은 그러한 집과의 팽팽한 신경전이었을지도 모른다. 결국 그의 여행은 집

을 향한 귀로를 택하기 위한 사념과의 전투였을지도 모른다.

　아니, 어쩌면 시인은 여행을 떠나지 않았을지도 모른다. 그는 집에 숨어 여행을 떠나는 꿈을 꾸고, 집 안에서 화초를 안쓰러워하고 밥을 짓는 상상을 하고 때로는 불을 지르거나 이를 끄는 상상도 했을지 모른다. '나비의 겨울'은 유충 상태를 가리킨다. 겨울의 나비(유충)는, 진정한 나비가 되기 위해 지상의 어딘가에서 몸을 두른 각질 밑에 움츠리고 숨어 있을 것이다. 시인 역시 나비처럼 이 집에 숨어 있어야 한다.

　그 어떤 가정이든, 이 시는 넉넉하게 허락하고 있다. 그래서 이 시는 이병률의 시에서 중요한 지점을 차지하는 시이다. 한 가지 더 덧붙인다면, 이 시가 근본적으로 견지한 비의이다. 시인은 자신을 불쌍하게 여기고 있다. 그 이유는 분명하지 않지만, 자신에 대한, 집에 대한, 그 집에 홀로 있어야 하는 자신에 대한 연민을 드러내고 있다.

　화초 잎을 쓰다듬고 밥 지은 냄새를 풍기려고 노력하는 시적 태도는, 누군가와 삶의 반경을 공유하며 함께 살아가는 기쁨을 반감당한 자신을 위한 배려이다. 4연을 보면 누군가가 자신의 집을 다녀갔고, 자신은 집이 싫어 떠돌았다고 했다. 재미있는 표현이다. 그런데 이렇게 바꾸어 해석할 수 있을 것 같다. 시인은 누군가가 찾아오는 집을 선망했고, 누군가가 찾아오지 않는 집이 싫어 집을 떠났다고.

　90년대 이후의 시에서 시인들은 자신과 대화를 즐겨 나눈다. 일종의 자아 분열이라고 할 수 있는데, 시 안에서 공공연하게 자신을 타자로 삼은 경우라 할 수 있다. 이병률 역시 그러하다. 그의 다른 시 「저녁의 습격」을 보면, 뻔뻔할 정도로 당당하게 자신을 둘로 나누고 있다. 이상의 「거울」이 거울이라는 단단한 경계선을 중심으로 좌우로 나눈 두 자아의 대화였다면, 이병률이나 김경주 등의 시에서 보이는 또 다른 자아는 당당하게 원래 자아와 동행하는 자아다.

「나비의 겨울」에서 이병률은 또 다른 자아를 이끌고 자신에 대한 연민과 동정의 기색을 드러내고 있다. 시가 되기 위해서 필요한 것은 절제이다. 즉, 이 연민과 동정이 대책 없는 넋두리가 되지 않기 위해서 그는 거짓말이 필요했고, 그 거짓말을 통해 말하는 자와 듣는 자의 거리를 확보해야 했다. 이병률의 이러한 시적 의도는 그의 외로움과 아픔을 한층 의미 있게 만들 수 있었다.

마지막으로 이병률 시의 장점을 말해보겠다. 이병률의 시집은 4부로 이루어져 있는데, 각 부가 마치 다른 사람이 쓴 시들처럼 다양한 개성을 지니고 있다. 가령 1부는 시간에 관한 시들로 채워져 있다. 「봉인된 지도」, 「아주 넓은 등이 있다」, 「잠시」, 「아직 얼마나 오래 그리고 언제」 등의 시는 태고의 시간, 제의의 시간, 신화의 시간에 대한 통찰을 담고 있다. 그 자체로 흥미로운 시편들인데, 여기에 앞에서 언급한 「나비의 겨울」, 「무늬들」, 「저녁의 습격」 등의 현실적 시간, 분열된 시간이 결부되면서, 흥미로운 대조와 울림을 만들어내고 있다. 1부의 시편들은 독립된 시편이라고 해도 좋을 정도로 다른 시들과 차이를 드러내고 있다. 언제 충분한 지면이 주어지면 별도로 검토해도 좋을 듯하다. 2부는 주로 연애시들이고, 3부는 여행시들이다. 4부에서는 죽음과 검은 색에 대한 천착이 강하게 나타난다.

이병률의 시는 다양한 개성과 소재를 드러내고 있고, 응당 차별화되는 문제의식을 견지하면서도 다양성을 잃지 않는 장점이 있다. 이러한 화려함은 시적 깊이나 일관성에 대한 비판을 야기할 수도 있지만, 그 자체만 놓고 보면 자기갱신과 새로움에 대한 열망이라고 고평될 수도 있다. 이병률의 시 세계는 천편일률적이지 않기 때문에 남다르다는 말이다. 젊은 시인들이 좁은 시 세계에 지나치게 협착하거나, 동어반복적인 소재나 시감을 고집하는 경우가 많은데, 이러한 시적 조류에서 이병률이 비켜서 있다는 점은 주목된다고 하지 않을 수 없을 것이다.

### 4. 한국 시의 젊은 희망

문태준은 문단에서 가장 촉망 받는 젊은 시인이다. 그의 시에 대해 쏟아지는 찬사와 비평은 문태준의 시가 우리 시의 큰 희망일 수 있음을 간접적으로 시사한다. 나 역시 그의 시를 읽으면서 그 개성과 완성도에 놀란 적이 한두 번이 아니다. 하지만 문태준의 시를 우리 시의 희망으로 꼽기에는 몇 가지 문제점이 있는 것도 사실이다. 문태준과 관련하여 총체적인 논의를 이 자리에서 해보고자 한다.

 비가 오려 할 때
 그녀가 손등으로 눈을 꾹 눌러 닦아 울려고 할 때
 바람의 살들이 청보리밭을 술렁이게 할 때
 소심한 공증인처럼 굴던 까만 염소가 멀리서 이끌려 돌아올 때
 절름발이 학수형님이 비료를 지고 열무밭으로 나갈 때
 먼저 온 빗방울들이 개울물 위에 둥근 우산을 펼 때
        ―문태준, 「비가 오려 할 때」

이 시는 문태준의 두 번째 시집 『맨발』(창비, 2004년 8월)을 여는 시로, 문태준이 그려내고 있는 『맨발』의 시 세계를 단적으로 보여주는 시이기도 하다. 이 시는 6행으로 되어 있다. 그 중에서 첫 번째 행은 제명으로, 일종의 명패 격으로 앞에 걸리고, 나머지 5행이 그 밑에 배치된 형태를 이룬다. 각 행은 '할 때' 혹은 '~ㄹ 때'로 끝나고 있는 점이 또한 공통적이다. 그러니까 이 시는 '비가 오려 할 때'를 다섯 번에 걸쳐 부연하거나, 혹은 세분해서 설명한 시라고 일단 파악할 수 있다.

이렇게 이 시를 쪼개놓고 보면, 2행과 3행 그리고 그 이후의 행 모두가 실제로는 관련 없는 상황의 나열이라고 할 수 있다. 하늘에서 비가 오려는 순간, 어떤 여자가 손등으로 눈을 꾹 눌러 닦고 있고, 다른 한쪽에서는 바람이 불어 청보리밭을 지나가며 물결 모양의 파문을 남기고 있고, 집에 가지 않으려고 버티던 염소가 터덜터덜 발길을 돌리고 있고, 또한 이웃집 형이 일하러 가려고 하고 있으며, 살짝 먼저 온 빗방울이 개울물에 떨어지고 있는 상황이다.

문태준이 묘사하고 있는 상황은 누군가에게는 경험이겠지만, 많은 다른 사람들에게는 어떤 시골 혹은 전원의 풍경일 수밖에 없다. 그럼에도 문태준은 이 시에 대한 친절한 단서를 붙이지 않았다. 이 시를 어떻게 읽어야 할지 설명하지 않았다는 뜻이다. 시인은 느슨하게 인접한 상황을 열거할 뿐이다. 전체적으로 보았을 때 그 연관성을 한참 상상해야 하는 채로, 시를 꾸미고 제시했다.

이 시가 문태준의 서시가 될 수 있는 이유는 시집 『맨발』의 시들이 이와 비슷한 형태 혹은 유사한 구조를 취하고 있기 때문이다. 시인은 시 속에, 그 시를 풀고 이해하는 데에 도움이 될 수 있는 단서를 친절하게 제시하지 않고 있다. 이것은 그의 시를 대할 때 받는 첫 번째 충격이다. 다른 시를 한 편 더 골라보자.

> 어두워지는 저녁에 뜨락 위 한 켤레 신발을 바라본다
> 언젠가 누이가 해종일 뒤뜰 그늘에 말리던 고사리 같다
> 굵은 모가지의 뜰!
> 다 쓴 여인네의 분첩
> 긴 세월 몸을 담아오느라 닳아진
> 한 켤레 신발이 있다
> 아, 길이 끝난 곳에서도 적멸은 없다
> ─문태준,「따락 위 한 켤레 신발」

 시인은 신발 한 켤레를 보며 시를 짓고 있다. 시 속에는 그 옛날 누이가 말리던 고사리가 나오고, 옛날 여인네들이 쓰던 분첩의 기억이 나온다. 그러나 그뿐, 더 이상의 설명은 없다. 현대화된 독자들은 고사리 말리던 풍경이나, 여인네의 다 쓴 분첩에 대한 기억이 없을 수도 있음에도, 시인은 더 이상의 설명은 삼가한다. 그리고 다시 신발에 대한 시상을 전개하다가 '적멸'을 언급한다.

 앞의 시도 마찬가지였지만, 이 시도 친절하지 않다. 시인은 낱낱이 흩어진 시행들을 엮는 장치들을 최소한으로 줄이고, 의미의 간격이 넓은 시행을 그대로 용인하고 있다. 그로 인해 문태준의 시는 시행 사이의 여백을 채우며 읽어야 하는 독법을 구사하게 만들었다. 이 점이 문태준의 시를 다른 젊은 시인들의 그것과 다르게 만드는 매력이 된다. 하지만 시어의 간격이 넓은 시들은 다른 장점을 취하지 않으면, 시를 수수께끼의 함정으로 밀어 넣을 확률이 높아진다.

한 채의 햇살에 끌려 나는 오후의 산집으로 갔습니다

뜨락에 산도라지가 말라가고 검고 마른 탱자나무에 습하고 푸른
빛이 맴도는 집
그 산집에서
내 뜰과 울타리에도 마르고 곧 젖은 것들이 있음을 알았습니다

햇살이 찰찰 끓는 마루에서 흰 찔레꽃처럼 웃는 여자를 만났습니다
여자는 가는 실을 실꾸리에 감아 옮기고 있었습니다
여자의 볼에 붉은 무덤이 쌓였다 허물어지는 걸 보았습니다
봄꽃이 지면 나무는 또 숲으로 가고
작은 무덤들 붉은 흙 위로도 들쑥이 돋아날 줄 압니다

그러나 참 오래되었지요,
저 멀리서 밀려오는 산그림자를 마중 나가본 지도.
산그림자에 장지문을 걸어 잠그는 마음의 곳집에 가본지도.
       —문태준, 「봄날 지나쳐간 산집」

 시어 구사가 예사롭지 않은 시이다. '한 채의 햇살', '습하고 푸른 빛', '햇살이 찰찰 끓는 마루', '흰 찔레꽃처럼 웃는 여자', '여자의 볼에 붉은 무덤이 쌓였다 허물어지는' 풍경, '저 멀리서 밀려오는 산그림자', '마음의 곳집' 등은 매우 인상적이다. 이러한 표현들은 시인이 훑고 지나갔을지도 모르는 산골 마을의 어느 집 풍경을 문자의 공간

안에 아름다운 인상으로 박제시켜 놓았다.

그러나 이 시 역시 시인이 정작 말하고자 하는 바를 명확하게 파악하기는 쉽지 않도록 되어 있다. 시인은 햇살이 가득한 어떤 날 산행을 하다가 집을 발견했고, 그 발견 속에는 그가 말하고자 하는 자연에 대한 감상도 포함되어 있는 듯하다. 또한 그 발견 속에는 그 집에 머물고 있는 안주인에 대한 느낌도 포함되어 있다. 흰 찔레꽃처럼 웃는 여자. 그 여자를 목격하고 자신의 마음에 갇혀 있는 기억을 끌어낸 것이 위의 시인데, 아쉽게도 그 기억은 그다지 선명하게 와 닿지 않는다.

문태준은 마음의 무늬를 글의 무늬로 옮겨, 고급스러운 느낌과 함께 미학적 감동을 전한다. 다시 말해서 문태준은 각 시 편에 그 의미를 명확하게 감지할 수 없는 정서의 파문을 만들고 있는데, 그 원동력의 대부분은 시어와 수사와 표현에서 나온다. 문태준의 시를 읽는다는 것은 글 무늬의 아름다움을 읽는 행위이며, 그 독법을 통해 시인이 아련하게 던져놓은 정서의 이면을 감촉하는 행위이다. 그런 측면에서 문태준은 서정주 이후 최고의 언어를 구사하는 시인으로 평가될 수 있다. 이것이 그의 시 세계를 우리 시 세계의 미래로 점치게 하는 중요한 이유이다.

하지만 문태준의 시에는 이로 인해 생기는 약점도 적지 않다. 다음의 시를 보자. 이 시 역시 나무랄 데 없는 언어 구사를 보이는 예이다.

  외할머니가 홀깨로 훑은 벼처럼 세월의 흔적이 그러하다
  인기척 없고 뜰팡 하나 없이 집터만 남은 세월
  십년 동안의 몽유
  봄날 미나리꽝을 지나가는 텃물에 손목을 담근 것 같다

내 몸을 눕히면 봄볕을 받아주던 마루
깊은 젖가슴을 드러내던 아궁이
한때 이곳이 꽃의 구중궁궐이었으나

—문태준, 「옛 집터에서」

　이희중은 문태준의 시집 발문 제목을 '풍경의 내력'이라고 했다. 그 나이 또래의 다른 시인들과는 달리 문태준이 주로 풍경을 포착하여 그 풍경을 시로 축조하는 이유를, 발문의 화두로 삼은 것이다. 이희중의 설명을 보면, 이러한 문태준의 시 창작 방식은 동양화의 그것과 닮아 있다고 한다. 동양화에서 풍경을 통해 사람을 드러내던 것처럼, 문태준의 시 역시 풍경과 분리되지 않는 사람을 그려내고 있다는 지적이다.

　확실히 문태준의 시는 풍경을 전면에 드러내고 있다. 나의 언어로 바꾼다면 문태준의 시는 정황을 묘사하는 데에 탁월하다. 하지만 그 정황이 곧 현재의 상황을 의미하지는 않는다. 문태준의 시 속에서 나타나는 정황은 현재가 아닌 과거이며, 그가 되찾고 싶어 하는 사람 역시 현재의 사람이 아니라 과거의 그 누군가이다. 위의 시에서는 그 잔재가 드러난다. 시인은 옛 집터를 둘러보면서 외할머니의 흔적을 뒤쫓고 있다. 하지만 현재 그 집에 남아 있을 식구들에 대해서는 함구하고 있다.

　문태준의 시가 드러내는 것은 고즈넉한 풍경이며, 문태준의 시가 감춘 것은 그 풍경 너머를 살아가고 있을 현실의 사람들이다. 문태준의 시는 그 고즈넉한 풍경에 알맞은, 그리고 그 분위기를 고조시킬 수 있는 누군가를 찾는 데는 너그러웠지만, 그 풍경 이후에 함께 살아가야 했던 사람들에 대해서는 웬만해서는 침묵하곤 했다. 이러한 양면성이 문태준의 시를 박제된 자의 그것으로 만들 수도 있었음을 기억해야 한다.

　문태준의 시는 답보를 거듭하고 있던 우리 시에 활력을 불어넣기에 충분하다. 그가 직조하는 풍경과 그것을 포착하는 언어는, 우리 시단 최고의 수준이며, 앞으로도 더욱 발전할 가능성이 농후하다는 점에서 신뢰를 가질 만하다. 그럼에도 그의 시는 정작 그의 시 안에 새겨져야 할 인간의 냄새에는 인색한 편이었다. 이 점은 그의 시를 다소 의아스럽게 만들고 있다.

　최근 그는 미당문학상을 받으면서 그 진가를 확인한 바 있는데, 그 수상작은 이러한 한계를 일부 극복하려는 기미를 보였다. 수상작 「누가 울고 간다」는 세련된 언어 구사와 편재된 기억 배치라는 점에서 그의 시적 특질을 고스란히 담아내면서도, 그만의 개성과 완성도에 접근했으며 단점도 일부 보완했다는 장점이 있다.

　그러나 이러한 보완 작업은 앞으로도 계속되어야 한다고 생각한다. 그런 측면에서 내가 생각하는 그의 시적 특징 가운데 가장 인간의 냄새가 많이 나는 작품을 소개할까 한다. 고고한 품성과 인간에 대한 이해가 고르게 배어 있다는 것이 이 시를 깊이 감상하게 만드는 요인이다.

　　외떨어져 살아도 좋을 일
　　마루에 앉아 신록에 막 비 듣는 것 보네
　　신록에 빗방울이 비치네
　　내 눈에 녹두 같은 비

살구꽃은 어느새 푸른 살구 열매를 맺고

나는 오글오글 떼지어 놀다 돌아온

아이의 손톱을 깎네

모시조개가 모래를 뱉어놓은 것 같은 손톱을 깎네

감물 들듯 번져온 것을 보아도 좋을 일

햇솜 같았던 아이가 예처럼 손이 굵어지는 동안

마치 큰 징이 한번 그러나 오래 울렸다고나 할까

내가 만질 수 없었던 것들

앞으로도 내가 만질 수 없을 것들

살구꽃은 어느새 푸른 살구 열매를 맺고

이 사이

이 사이를 오로지 무엇이라 부를 수 있을까

시간의 혀끝에서

뭉긋이 느껴지는 슬프도록 이상한 이 맛을

―문태준, 「살구꽃은 어느새 푸른 살구 열매를 맺고」


## 5. 우리 시의 미래에 대한 사소한 예측들, 혹은 바람들

정낙추, 이병률, 문태준의 시를 읽으면서, 사소한 예측들을 해보았다. 2006년 미래파에 대한 논쟁이 흘러간 이후라서 더욱 시의 미래에 대한 예측이 필요하다고 생각했기 때문이다. 미래파의 '미래'는 한정적인 입장에서만 우리 시의 미래가 될 수 있다고 생각한다. 그들 앞에 붙는 미래는, 우리 시단에 꼭 있어야 하지만, 절대로 범람해서는 안 되는 어떤 시적 경향의 미래일 뿐이다.

　더 보편적인 미래는 다른 예측들 속에 있어야 한다. 관념의 언어가 아닌 자연과 일상의 언어가 들어 있는 시들이 있어야 하고, 또한 사물에 대한 연민과 이해가 풍부하게 내장된 시들이 있어야 한다. 뿐만 아니라 객관적이고 냉정하면서도 잘 조각된 언어들의 품격을 지닌 시도 있어야 한다. 쓰고 읽는 사람들 몇몇만이 만족하는 시가 만연한다면 일반 독자층은 더욱 시를 외면할 것이다. 기품과 의의를 지니지 않는 시가 계속 증가한다면, 시는 감정의 울림을 생성하지 못하고 상아탑의 아류로 전락해서 죽은 말들의 박물관에 보관될지도 모른다.

　시의 언어는 참신해야 하지만 그로 인해 아무도 이해 못하는 암호가 되어서는 안 된다. 시의 감정은 어느 한 쪽에 치우치지 않고 함부로 매몰되지 않아야 하지만, 그렇다고 세상에 대한 쓸데없는 냉소나 대책 없는 비판만으로 점철되어서도 안 된다. 시는 함께 살아가는 사람들에 대해 생각하고, 그들의 생각을 존중하며, 그들 곁에 있기 위해서 노력해야 한다. 우리의 젊은 시들은 이 점을 기억해야 할 것이다. 언어와 기품과 상징과 생생함이 가득한 시가 우리들, 즉 시를 좋아하려는 이들을 배려하고 이들 곁에 남기 위해 애쓴다면, 시를 좋아하는 이들은 틀림없이 시를 반복해서 읽고 노래로 만들어 부르고 힘들 때 스스로를 위안하는 수단으로 삼을 것이다. 그때에만 젊은 시, 아니 우리 시는 올바른 의미에서의 유행가나 명상록이 될 것이다.

# 지역의 시를 읽다
―늘어가는 지역 잡지들을 위하여―

## 1. 범람하는 시 잡지와 지역으로 흩어진 시

한국 문단에는 문학잡지가 참으로 많다. 만나는 사람들마다 문학은 없는데 문학잡지만 늘어난다고 한마디씩 하기 일쑤이다. 이제 그 이유를 한번 생각해볼 때가 되었다. 잡지가 늘어나는 이유는? 가장 일상적인 답변은 지면이 부족하기 때문일 것이다. 그러나 이 답변에는 모순이 내재한다. 늘어난 잡지는 대개 시인을 양산해서 다시, 지면의 품귀 현상을 불러왔다. 그렇다면 잡지를 늘릴 이유가 없지 않을까. 도리어 걷잡을 수 없이 늘어나는 시인의 숫자를 우려하지 않으면 안 된다.

다음, 문학하는 사람의 근원적인 욕망도 이유로 거론될 수 있다. 문학하는 사람들은 작품을 발표하고 세상에 자신의 목소리를 내고 싶어한다. 잡지를 만든다는 것은 단순히 지면을 제공하는 일을 넘어, 한 문학 집단의 목소리를 취합하는 일이다. 그러니 잡지의 생성은 곧 문학 집단의 목소리가 생성됨을 뜻한다.

그렇다면 늘어나는 문학잡지가 과연 그들만의 색깔을 가지고 있을까. 가령 『문학판』이 『문학과 사회』와 다르고, 『문학수첩』이 『문예중앙』과 다르다고 할 수 있을까? 견해야 다를 수 있겠지만, 내 생각에는 별다른 차이가 없다. 더 심각한 문제는 『문학과 사회』나 『문예중앙』이나 『문학동네』가 별 차이가 없고, 심지어는 『창작과 비평』까지도 별 차이가 없으며, 이제는 각 잡지들이 서로 같아지는 것을 꺼려하지 않는다는 점이다.

소설의 경우이기는 하지만 일례를 들어보자. 이들 문학 집단은 공통적으로 박민규를 모셔가기 바쁘다. 설령 아직 모셔가지 않았다고 해도 조만간 모셔갈 것으로 보이는데, 그럴 때마다 특정 잡지와 '박민규'가 과연 문학적 궁합(?)이 맞는가를 생각하지 않을 수 없다. 박민규는 현재 모든 문학잡지의 종파를 하나로 통합시키는 교주 역할을 하고 있다(이러한 나의 발언을 이상하게 비꼬아 문학편파주의나 막연한 박민규 비판 정도로 받아들이지 않았으면 한다).

지금 내가 궁극적으로 말하고자 하는 바는, 문학잡지의 창건이 실제로는 문학 집단의 차별화된 목소리와 관련이 없다는 점이다. 범박하게 말해서, '내 맘대로' 혹은 '우리 문학 섹트의 맘대로' 편집하고 조율하고 싶은 잡지를 만들고 싶다는 욕망일 수는 있어도, 그것이 한국 문학을 위한 차별화된, 그리고 개성적인 목소리는 아니라는 것이다.

마지막으로, 설득력을 더해가고 있는 답변을 살펴보자. 출판 주체 그러니까 출판사나 출판인의 이익 때문이다. 이에 대해 우리는 많은 풍문을 접하고 있다. 어떤 출판사는 어떤 책을 번역해서 남들이 평생 노력해도 얻지 못하는 돈을 벌었다더라, 그리고 그 수익으로 문화 사업하는 셈치고 잡지를 만든다더라, 잡지를 만들면 자사 책을 소개할 수도 있고, 사회사업으로 존경받을 수도 있으며, 필요한 경우에는 자신의 출판사를 옹호할 수 있는 '문화적 홍위병'도 얻을 수 있다더라 등등. 소문이 사실이라면 이거야말로 일거삼득이 아닐 수 없다.

한 가지 양해를 구해야 할 것은, 내가 소문에 의지했고, 이 사항에 대해 법률 자문을 구한 적이 없으며, 이 문제에 대해 전문가와 상의하거나 인터뷰를 한 적도 없다는 점이다. 그러니 열거한 사안들이 실제 사실을 호도할 수 있음을 기꺼이 인정한다. 그러나 문제는 소문의 사실 여부가 아니다. 현재의 대다수 문학잡지가 출판 주체의 이익을 꾀하는 방향으로만 흘러가고 있다는 점이 문제이다. 많은 잡지들이 보이지 않는 힘으로, 보이지 않는 출판 주체를 둘러싸고, 우리 문학의 물꼬를 자신의 필드로만 끌어들이려고 하고 있다.

이런 힘들에 대한 비판도 이미 제기되었던 것으로 안다. 하지만 그 비판들도 상당 부분 상업화되거나 전략화되었기 때문에 전적으로 신뢰하기 힘든 형편이다. 다시 말해서 우리 문단은 문학잡지의 확산이라는 전대미문의 호황을 누리고 있지만, 다른 한편에서는 차별화된 개성 하나 제대로 창출하지 못하는 절대 빈곤 속으로 빠져들고 있다. 그래서 '박민규'라는 작가의 출현으로 우리 문학은 난데없는 열풍에 시달려야 했고, 그나마 구획이라도 나누고 있던 잡지들의 경계가 한꺼번에 무너지는 현상을 목도해야 했다.

최근 '미래파' 논쟁도 비슷하다. '미래파' 논쟁은 진위 여부를 가리는 논쟁이었다기보다는, 잡지의 색깔과 문학 섹트를 확보하려는, 다소 우스운 해프닝에 불과했다. 이것은 비단 이러한 명명법을 시행한 어떤 개인의 문제가 아니다. 오히려 이 명명법을 도입한 평론가는 나름대로 문제의식을 드러냈다고 할 수 있다. 문제는 이러한 명명과 정의에 대처하는 문단, 즉 문학잡지라는 섹트화된 권력들이었다. 현재의 우리 문단은 하나의 문제제기를 촉발시켜 고급스러운 방식으로 논쟁할 만한 문화적 인프라를 갖추지 못했다고 결론지어도 과언은 아닐 것이다.

다시 문학잡지 이야기로 돌아가자. 이제 어떻게 할 것인가. 잡지의 초스피드적 생산과 출판사들의 문어발식 확장을 방관하기만 할 것인가. 어떤 사람들은 잡지의 통합론을 거론하기도 한다. 그 이야기를 들은 다른 사람들은, 그런 일이 일어날 수는 없을 것이라고 반박한다. 잡지는 문학하는 이들의 욕망인데, 그 욕망을 쉽사리 꺾을 수 있겠느냐는 논리이다.

잡지의 통합론이 대두될 수밖에 없는 상황도 이해하고, 통합론이 현실적으로 불가능하다는 주장에도 동감한다. 그 이유가 문학하는 사람들의 기본적 욕망 때문이라는 의견에도 이의가 없다. 그런 측면에서 이 가속도를 멈추거나 이에 대처할 획기적 방안은 거의 없어 보인다. 그렇다고 현재의 문학적 상황을 적자생존이라는 원리에 그냥 맡겨둘 수도 없다.

문학은 생존(노동)의 권역을 벗어나는 영역에서 생성되고 자라난다. 문학을 한다고 현실적인 영화와 이익이 보장되는 것은 아니며―그런 예가 전혀 없는 것은 아니지만―그것이 문학을 하는 진짜 이유는 될 수 없다. 문학은 기본적으로 인간이 노동하고 생존하는 조건들을, 그 조건들의 바깥에서 들여다보는 행위여야 하기 때문이다. 따라서 현실 논리인 적자생존으로 이 문제를 처리하기에는 미흡한 감이 적지 않다.

지금 우리 문단은 이 상황에 대해 대처 방안도 찾지 못했지만, 모른 척할 수도 없는 난처한 입장에 처해 있다. 나뿐만 아니라 많은 비평가들이, 문학하는 사람들이 그러할 것이다. 이러한 문제의식을 인식하면서도 나는 작은 대안밖에는 제시하지 못하겠다. 이 글은 차라리 대안이기보다는 작금의 문제에 속수무책일 수밖에 없는 힘없는 평론가가 세상에 돌려주는 '작은 미안함'이다.

만들어졌으되 읽히지 않는 잡지들이 책상에 쌓이는 것을 더 이상 지켜보기 민망해서, 그 책들 속의 시들을 뒤적여 미련한 글을 만들어본 것이다. 이것을 색깔 없는 잡지가 범람하는 이 시대에 한 비평가가 세상에 내놓을 수 있는 솔직한 고백으로 이해해주면 좋겠다. 그리고 목소리만 높고 내실은 없는 작금의 잡지 호황에 대항하는 가장 정직한 방안이었다고 이해해주면 더욱 좋겠다.


## 2. 따뜻한 마음, 뭉클한 시 : 『시와 사람』 2006년 겨울호에서

심재휘의 시 「춘자 이야기」를 읽다가 이상하게 마음 한구석이 저려 오는 느낌을 받았다. 평론가로서 이러한 체험은 금물이지만, 금물이기 때문에 더욱 신기하지 않을 수 없었다.

서울 근방에 살고 있다고 했다 얼른 얼굴을 알아보지는 못하였는
데 삼 십 년 만의 모임에서 만난 그녀는 쓰고 온 커다란 선글라스처럼
진심으로 유쾌했다 선글라스가 짙어서 눈 속에 난 길이 잘 보이지는
않았지만 초등학교 때처럼 큰 소리로 웃으며 진심으로 반가워했다

횟집 앞 바다는 저물기 전이어서 여러 갈래 길들이 울렁대며 만났다 흩어졌다

춘자는 키와 눈이 여전히 작았고 얼굴은 가무잡잡했고 잘 차려 입은 검은 블라우스가 꽃 같았는데 알 수 없는 타관의 거친 사투리로 내내 시끄러웠다

굽 높은 빨간 구두를 신을 때에도 쟁쟁거리는 목소리로 오늘 돌아가야 한다고 했다 하나씩 둘씩 승용차를 타고 서울로 고향집으로 뿔뿔이 떠나자 맨 끝에 남아 들꽃 같았던 그녀 직행 버스가 늦게까지 있으니 몇 번 갈아타면 된다고 하였다 어두워진 바다는 잔잔했고 그 안으로 세상의 모든 길들이 깊게 깊게 가라앉고 있었다 어디로나 길이 되는 고향 바다였다

—심재휘, 「춘자 이야기」

시인은 지금 동창회를 회상하고 있다. 시인의 고향이 강릉인 점을 감안하면, 아마도 강릉 어딘가 바다가 보이는 횟집에서 열린 동창회였을 것이다. 유독 눈에 띠는 동창이 있다. 춘자. 삼십 년 만에 동창이 만나는 자리에 선글라스를 끼고 나타나 유쾌하게 웃는 여자. 그 여자를 보는 시인과 시인의 동창들의 마음도 한껏 유쾌해졌다.

시인이 춘자에 대해 의아하게 생각하기 시작한 것은 2연이다. 그녀는 여전히 키가 작고 눈이 작았지만, 예전과는 달리 타관의 거친 사투리가 배어 나오는 말투를 사용하고 있었다. 잘 차려 입은 블라우스도 마냥 어울린다는 느낌만 들지는 않았던 것 같다. 예전과 변함이 없는

것 같으면서도, 어딘가 달라진 듯한 인상이었다고나 할까.

굽 높은 빨간 구두를 신는 그녀를 보면서 시인은 잠시 엉뚱한 상상을 한 듯하다. 모인 친구들이 달라진 경제력과 신분 상승을 과시라도 하듯 타고 온 승용차를 타고 떠날 때, 정작 화려해 보이던 그녀만은 뒤에 남는다. 자신은 직행 버스를 타고 가면 된다고, 늦게까지 차가 있어 쉽게 갈 수 있다고 변명하듯이 남는다.

시인은 춘자의 처지를 속속들이 그려내지 않았다. 이 시는 어떻게 보면 달라진 춘자와 자신을 비교하는 시인의 내면 풍경을 그린 것 같기도 하고, 어떻게 보면 어딘가 처지는 춘자를 동정어린 눈으로 바라보는 감정을 담은 것 같기도 하다. 시의 마지막 구절대로 하면 세상의 모든 길들이 다 시작되고 또 갈라지는 이 지점에서 어릴 적 친구와의 우연한 만남을 위로하는 것 같기도 하다.

솔직히 말해서, 나는 이 시에서 춘자가 잘못 끼어든 이방인처럼 느껴졌다. 그녀는 고상하게 모인 시인 동창들과 다른 세계에 사는 사람처럼 느껴졌다. 시인의 시를 철저하게 오독할 수도 있겠지만, 만일 춘자가 이 자리에 어울리지 않는 처지였다면, 우리는 그럼에도 불구하고 이 자리에 오고 싶어 했던 춘자의 마음을 헤아릴 수 있다.

춘자는 서울에 살 수도, 다른 타관에 살 수도, 아니면 사는 것이 일정하지 않을 수도 있지만, 그녀는 고향을 그리워했고 그 고향의 품을 느낄 수 있는 자리를 그리워했다. 그 그리움을 따라왔건만 잠시 동안의 회포 이후에 그들은, 그녀를 맞이할 수 없는 자리로 돌아가야 했다.

그런 춘자를 예민한 시선으로 지켜보면서도 끝내 그 차이점을 인정하고 돌아설 수밖에 없었던 시인의 마음은 우리 마음 구석에 부끄럽게 담겨 있는 우월의식과 시혜의식을 일깨워준다. 시인은 점잖게 모든 길들이 고향의 바다 앞에서 평등하다고 말했지만, 내가 만약 그 길을 보았다면 '춘자와 같은 친구'와 '나'를 갈라놓는 길만 확인할 것 같아 부끄럽기 이를 데 없다.

나종영의 시 「구두닦이 부부」는 평범한 시이다. 형식도 평범하고, 내용도 평범하다. 이전에 어디선가 비슷한 시를 본 것 같기도 하다. 그럼에도 이 시는 마음을 따뜻하게 만드는 구석이 있다.

> 사무실 구두를 닦던 구두닦이 부부가
> 며칠째 보이지 않는다
> 남편이 속병이 있다더니만 큰일이라도 생긴 모양이다
> 할말은 아니지만 외팔이에 벙어리인 남편은 찍쇠이고
> 절름발이에 귀머거리 아내는 닦쇠이다
> 남편이 오토바이를 타고 노란 플라스틱 바구니에
> 구두를 몰아오면 아내는 빌딩계단 구석에 앉아
> 한 줌 햇볕을 등지고 구두코가 반짝이도록 구두를 닦았다
> 아내가 구두를 반들반들 닦아 놓으면
> 남편은 쏜살같이 구두를 제 자리에 갖다 놓았다
> 그 많은 사무실 비슷비슷한 구두들이지만
> 한 번도 구두짝을 바꿔놓지 않았다
> 얼마요 하는 말을 듣지 못해도 언제나 웃으며
> 고개를 꾸벅꾸벅,
> 나는 미안해서 늘 거스름돈을 받지 못했다
> 가난도 결핍도 저렇게 행복하고 융숭한 것이거늘

너무나 많은 것을 가지고도
늘 부족해 불안해하는 우리는 어디쯤 내려가서
손 모아 무엇을 닦을 것인가
회화나무 하얀 꽃잎 내리는 가로수길
빨간색 오토바이 뒤에 아내를 태우고
어두 길도 환하게 돌아나가는
가난하나 가슴 옹골진 사내 모습이 눈에 아리다

—나종영, 「구두닦이 부부」

  무엇이 이토록 이 시를 따뜻하게 만드는 것일까. 가난에 구애받지 않는 장애인 부부의 사랑일까. 별것 아닌 구두닦이 부부의 일과를 보고 느끼는 삶에 대한 사소한 반성일까. 아니면 가난한 시인과 더 가난한 구두닦이 사이에 주고받는 마음의 교감일까.
  이 시는 어렵지 않다. 특별한 기교도 없다. 그냥 읽는 대로 이해된다. 게다가 시인은 그 이해를 돕기 위해 자신의 감회마저 상세하게 적어두었다. "가난도 결핍도 저렇게 행복하고 융숭한 것이거늘 / 너무나 많은 것을 가지고도 / 늘 부족해 불안해하는 우리"이라는 시구는, 시인이 말하려고 하는 바를 가감 없이 보여주고 있다.
  그럼에도 이 시는 해석의 잉여가 풍부하다. 시인이 구두닦이 부부를 바라보는 시선의 양면성 때문이다. 시인은 남편을 찍쇠로, 아내를 닦쇠로 평소 불렀던 것 같다. 꼭 시인이 부르지 않았더라도, 우리 사회에서 허드렛일을 하는 사람들을 함부로 칭하는 일반적인 용어일 수 있다. 그런 면에서 시인은 이들에 대해 어느 정도 우월의식도 품고 있었다고 보아야 한다.

그런데 시인은 이 시를 쓰면서 그들에 대해 미안한 마음을 품게 되었다. 평소 '찍쇠'와 '닭쇠'로 생각 없이 취급했던 자신을 의식하며, '할 말은 아니지만'이라는 미안한 마음을 담은 어구를 첨부했다. 평소에는 미안한 마음이 들어 거스름돈을 받지 못했다고 겸양해 하기도 했다.

시인은 구두닭이 부부에게 연민을 드러내고 있다. 그러나 그 연민은 신분 높은 자가 신분 낮은 자에게 베푸는 시혜의식과는 조금 달라진 형태이다. 이 시대와 이 사회를 같이 살아가야 하는 동료로서의 연민이다. 구두닭이 부부가 힘없는 자라고 해서 가해지는 연민이 아니라, 시인보다 마음이 부유한 사람에 대한 존중과 염려이다.

이 시가 따뜻한 것은 시인의 마음이 따뜻하게 변했기 때문이다. 구두닭이 부부의 부재를 보면서 시인은 생각하고 있다. 더 많이 가지고도 불안해하는 현대인의 존재론적 반성도 그 반성에 포함되겠지만, 더 근본적으로는 이웃을 두고 그들을 진정한 삶의 동료로 받아들이지 못한 마음의 편견을 넘어서려는 반성일 것이다. 시인은 구두닭이 부부의 부재를 통해 마음의 친구를 얻고 있는 셈이다.

### 3. 소외된 자들을 위한 시 : 『시에』 2006년 겨울호에서

최근 우리 시단에서는 외국인 이주민 노동자들에 대한 시가 간혹 발견되고 있다. 그들의 삶이 우리 삶의 일부가 되고 있는 만큼 이러한 현상은 당연하고 또 시로 조직되어 읽혀져야 마땅하고 생각한다. 그러한 시들을 읽어보자.

내 친구는 직장생활 이십 년
퇴직금 받아 시골에다
이슬람국가로 수출하는
날염 하청공장 차린 지
삼 년도 채 안 되어
이라크전이 터져 망했다

역사선생 하다 왔다는 파키스탄 청년은
시간외 수당 주지 않으면
잔업하지 않겠다고 늘 버티더니만
저축한 돈 가지고 귀국하면
사장보다 부자라며 빈둥거린다고 했다
대학 다니다가 왔다는 스리랑카 청년은
체류기간 넘어서 함부로 나다니지 못해
사장한테 일자리 알선에 달라며
기숙사에 박혀 지낸다고 했다
막일하다가 왔다는 미얀마 청년은
사장이 손 내젓는데도
날마다 작업대 닦으며
체불임금 달라는 눈치 보낸다고 했다
야크 기르다가 왔다는 네팔 청년은
흙먼지 이는 앞마당에서 먼산바라기하고
벌목하다 왔다는 인도네시아 청년은

소나무 우거진 뒷산 오르내리고
담배 농사짓다 온 필리핀 청년은
열무 심은 텃밭 맨다고 했다
눈치 빨랐던 베트남 청년과
손발 빨랐던 인도 청년은 몸이 아픈지
종일 담벼락에 기대 햇볕 쬔다고 했다

내 친구는 군대 간 아들이
봉급 더 받으려고 자원하여
이라크전에 참전한 뒤
기계 팔고 임대차보증금 빼내어
외국인노동자들에게 퇴직금 주곤
날염 하청공장 문 닫았다.

─「국경 없는 공장」, 『시에』

  평이한 시이다. 시적 기교를 거의 부리지 않고, 현실의 상황을 줄글로 이어놓고 있다. 1연과 3연은 그런 의미에서 2연의 내용을 부연하거나 반전시키는 역할을 한다. 2연의 내용을 보면 파키스탄, 스리랑카, 필리핀, 미얀마, 베트남 등의 동남아시아 청년들 이야기가 진행되고 있는데 반해, 1연과 3연은 한국 사람의 이야기이다.

  특히 3연은 날염 하청공장 사장이 외국인 노동자들에게 퇴직금을 준 사연인데, 현재 우리 정서로는 상당히 낯설게 느껴진다. 한국인 악덕 사장들이 외국인 이주민 노동자들을 착취하고 괴롭힌다는 풍문이 이미 낯선 것이 아니기 때문이다. 그들의 나라가 못 살고, 그들의 학력이 낮으며, 그들의 신분이 불안한 것을 이용해서, 그들의 임금을 가로채고 부당 행위를 강요하고 심지어는 성적으로 박해하는 행위를 일삼는다는 기사와 보도가 심심치 않게 등장한 지 오래이다.

이러한 현실에서 공장을 처분하여 퇴직금을 주고 있다는 것은 놀라운 일이다. 그러나 3연을 꼼꼼히 읽어보면, 그럴 만한 사정이 있다. 그 사장의 아들은 다른 나라의 이주민 노동자가 되어 있다. 경제적 이익을 위해 참전한 전쟁에서 그의 아들은 전쟁의 주인(?)인 미국을 위해 일하는 이주민 노동자의 신세로 전락했다. 대한민국이 동남아시아 국가의 사장 행세를 한다면, 미국은 그 사장들 위에서 군림하는 기업총수 역할을 한다고 할까.

우리는 어떤 면에서는 사용자이지만, 더 힘센 누군가에게는 고용된 자에 불과하다. 이러한 약육강식의 논리를 깨달은 이에게 약자에 대한 연민은 자연스럽다고 할 수 있다. 왜냐하면 우리도 누군가에는 약자이므로, 그들이 당하는 설움과 억울함이 남의 일만이 아니기 때문이다.

종일 지붕에서 운다.
이층 창문, 틈새에 터를 잡고
알콩달콩 살던 비둘기 부부

홀시어미, 비둘기 울음이 귀신울음 같다 하고
며느리, 청승맞은 울음이 말 못할 내 설움 같아
그럭저럭
비둘기똥 치우기를 삼 년

늙은 시어미

더는 못 참는단다

답답한 그 울음 저승사자처럼 끔찍하고

똥보다 더 독하다고


기어이 아들이 사다리를 타고 오르자

비둘기 울음 빨라졌다

소리와 불안이 뒤섞여

철제 사다리가 휘청거렸다


분홍발을 가진 새끼 한 마리

퍼덕퍼덕 앞집 베란다 지붕에 내려앉고

나뭇잎 쪼가리, 묵은 먼지가

비닐봉지에 담겨 내려오고

오 분만에 집 한 채가 철거되었다


구우국 구우국


비둘기똥보다 독한 울음이

지붕에서 흘러내린다

—마경덕,「비둘기가 운다」


비둘기와 한집에서 산다는 것은 어려운 일이다. 일단 주기적으로 들려오는 그 울음소리에 신경이 곤두서고, 더운 여름날 풍겨오는 냄새와 독한 배설물도 참기 어렵다. 집안에 비둘기로 인해 벌레들이 들끓는데 이를 마냥 참아내기란 여간 힘들지 않다. 많은 사람들이 비둘기와 하는 동거에 몸살을 앓고 있다가 결국에는 그들을 내쫓게 되는데, 그럴 때마다 드는 생각이 있다. 비둘기를 평화의 새라고 부르며 하늘 가득 놓아줄 때는 언제이고, 이제는 이렇게 천덕꾸러기로 취급하는가.

 위 시의 시인도 일반 사람들과 다를 바 없이 비둘기와의 동거를 포기했다. 오히려 3년이나 버텼다는 것이 대단할 정도인데, 역시 인간의 인내심은 그 정도면 최대한인 것 같다. 시인과 그의 식구들도 미안했던지 많은 이유들을 댄다. 울음소리가 몰고 왔다는 처량함이 그것인데, 이것 말고도 속사정은 더 있을 것이다.

 그러나 여기서 우리가 냉정하게 생각해야 할 것이 있다. 비둘기와 함께 사는 것은 힘든 일이지만 그 이유들을 전혀 참을 수 없는 것은 아니다. 옛날이야기를 보면 제비와 함께 한집에 살았지만 제비가 시끄럽다거나 배설물을 가리지 않는다고 제비집을 철거하지는 않았다. 놀부의 집에도 분명 제비는 있었다. 그런데 왜 요즘 사람들은 그들의 새를, 한집에 놓아두고 보지 못하는 걸까.

 우리는 개와 고양이를 키우는 사람들을 즐겨 본다. 새를 키우는 사람도 적지 않고, 심지어는 쥐나 뱀 혹은 이구아나나 악어 같은 평범하지 않은 애완동물도 키운다. 그러나 인간들이 키우는 이러한 동물들에게 한 가지 공통점이 있다. 그것은 인간의 질서와 명령 혹은 인간 삶의 체제에 적응하고 복종한다는 점이다. 설령 애완동물이 인간의 말을 전적으로 알아듣지 못할지라도, 그들은 인간의 삶에 종속되어야 한다. 그들은 숲을 마음대로 뛰어다녀서는 안 된다. 그들은 '자유로운 숲'이 아닌, '인간이 통제하는 공원'에 머물러야 한다.

비단 애완동물을 집에서 키우느냐 숲에서 키우느냐의 문제가 아니다. 인간은 인간이 통제할 수 있는 문명의 범위 안에 동물들을 가두고 그들의 질서 속에 편입했을 때에만 애정을 쏟는다. 인간의 이기심과 욕망을 실현시키는 도구로 그들을 바라보기 때문이다.

하지만 현대사회에서 비둘기는 인간의 질서를 따르지 않는 존재이다. 인간들을 이러한 비둘기의 삶을 용인하기 힘들다. 김광섭이 「성북동 비둘기」에서 말한 대로, 인간의 도시 문명은 자연의 야성을 파괴한 곳에 내려앉고 있다. 비둘기가 내려앉을 곳을 허용하지 않는 방향으로 진행되고 있으며, 이는 비둘기에게 인간의 집에 기생할 수밖에 없도록 만들었다. 그들은 불법 이주민이고, 노련한 침입자이며, 때로는 박멸해야 할 해충이다.

위의 시는 3년을 살았던 집이 5분 만에 철거되는 아픔을 마냥 지켜보아야 했던 비둘기의 시선을 잠깐 담아내고 있다. 이를 자행하는 인간들의 마음도 마냥 행복하지만은 않았던 듯, 타고 올라갔던 철제 사다리가 '흠칫' 하고 놀라고, 집을 잃은 이들이 뱉어내는 울음에 가슴 한구석이 흘러내리기도 한다. 그럼에도 인간은 인간의 질서와 권위를 거부하는 비둘기의 삶을 용인할 수는 없었다.

현재 우리의 사회는 이러한 차별과 박해 속에 있다. 앞에서 말한 이주민 노동자의 문제도 마찬가지이고, 미국의 이슬람 공격도 마찬가지다. 비둘기 일가에 대한 우리(인간)의 폭력을 보면서, 폭력은 멀고 가까운 곳에 함께 상존하며, 그 크기에 관계없이 우리 사회의 일부로 자리 잡고 있음을 부인할 방법이 없어진다. 게리 스나이더 지적대로 언제가 되어야 우리 인간도 비둘기에게 우리의 집을 나누어주고도 아깝지 않다고 생각하게 될 것이며, 그들도 우리의 일부임을, 그들이 우리

의 말을 듣지 않더라도 그들의 삶을 용납하게 될지 의문스럽지 않을
수 없다.


### 4. 문명과 자연의 생태 균형을 위하여 :
### 『문학마당』 2006년 겨울호에서

오랜만에 이하석의 시를 만났다. 해석보다는 그리움이 앞섰지만, 단순한 반가움을 넘어서는 깊이와 명상이 또한 가능해서 더욱 반가웠다.

    비슬산에서 살쾡이처럼 살금살금 내려온 바람이
    내 방 창문틈 흰 발톱으로 긁으며 갸르릉댄다

    언뜻 댓잎 부딪치는 소리
    책상 위 대나무 무늬진 돌이 바람을 머금으면
    대나무는 곧게 휘며 검게 잎사귀 떤다

    윗목에 살모사처럼 또아리 튼 겨울이 사납게 노려보지만
    그러나 이미 돌 속 동풍의 회오리에
    봄예감으로 댓잎들이 부화뇌동, 우레의 뒤안을 흔든다.
                              —이하석, 「동풍」

시 속의 비슬산은 묘한 감각으로 다른 시어들과 어울리고 있다.
마치 무릉도원인 양, 세외선경인 양, 그곳은 겨울이 깊어가는 시점

에서 봄을 예감하게 한다. 내가 이 시를 읽은 시점이 2006년 12월 중순이니, 시인은 적어도 12월 이전에 이 시를 썼을 텐데, 겨울도 제대로 오지 않은 입동의 초입에서 과연 입춘의 간절함을 논할 수 있었을까.

시인의 창문은 어쩌면 창호지 문일 수도 있을 것이다. 시인의 방은 고아한 품격의 책상과 관상죽이 놓인 예스러운 방일 수도 있을 것이다. 그곳에서 시인은 산을 내려오는 바람과 그 바람에 밀려오는 겨울을 느끼면서, '동풍'에 대해서 명상했을 수도 있을 것이다.

사실 이 시만 가지고는 시인의 처지나 마음의 상황을 제대로 알 수는 없다. 특히 '대나무 무늬진 돌'은 이해하기 곤란하다. 대나무 장식을 거느린 수석인지, 대나무 그림자가 드리운 그냥 돌인지, 아니면 대나무처럼 고고한 절개를 상징하는 마음의 비유인지 가늠하기 힘들다. 그러나 그 어떤 것이든, 시인은 자동차와 온풍기와 이메일이 횡행하는 세상에서, 몸으로 날씨를 예감하고 자연의 모습을 마음에 새기며 혹독함과 반가움을 잊지 않는 자연인의 삶을 존중하고 있다는 점에서 특이하고 또 신기하다.

이러한 차별성은 다음 시를 보면 더욱 흥미롭게 전개된다.

송전탑 아래서 에코나비고의 유충을 줍는다. 예쁘다. 아파트 거실 텔레비전 옆에 두니 몇 번인가 허물을 벗은 다음 날개까지 난다. 어두운 구석에 알들을 슬어넣는다. 자주 날려보내고 쓸어낸다. 그러나 이미 바퀴벌레보다 더 교묘하게 집안 구석구석을 그 기계충들이 점령했음을 안다.

편지를 꼭 우체국에 가서 부친다면, 이메일들을 저것들이 먼저 점검하고 소리의 색깔까지 씹어대는 게 기분 나쁘기 때문이리라. 나도 자주 핸드폰 밧데리를 뽑고 컴퓨터를 끈다. 그러나 그걸 끝내 버리지 못하니, 나도 그 기계충들에 사로잡힌 셈이다. 형형색색의 기계충들을 애완으로 기르는 친구들이 많다. 그들은 그런 내게 자주 연락두절을 투덜댄다. 그 투덜대는 소리의 전파를 야금야금 파먹는 기계충들의 이빨이 가지런하다.

—이하석,「편지의 꿈」

먼저 '에코나비고'에 대해 알아보자. 시인은 이 시어에 다음과 같은 각주를 달아두었다. "열안테나 주위에 살며 송수신 전파를 먹고사는 기계충(최우람의 작품에서)"이라고. 최우람의 작품을 살펴보면, 에코나비고 유리관 속에서 파란 금속성의 빛깔을 드리운 은색 벌레임을 알 수 있다. 최우람은 폴립(polyp), 수정란(fertilized egg), 유생(larva)의 단계로 변태의 단계를 상정하고 있다.

에코나비고는 상상의 동물이다. 아니 현대식 기계 문명의 상상력이 잉태한 기계 벌레이다. 무선 안테나에 붙어 기생하고 전파를 먹고 자라고 금속의 날개를 가진 개체로 성장하는 일종의 가상 기계 생물인데, 이하석은 이 에코나비고를 마치 현실에서 주은 양, 그리고 그 에코나비고가 집에서 번식하는 양 기술하고 있다.

이러한 관점은 기계식 문명과 현대의 이기에 둘러싸인 우리의 삶을 표상하고 있다. 우리는 붓으로 글자를 써서 인편으로 보내는 시대를 넘어, 우체국을 통해 편지를 신속하게 전달하는 세상에서 한동안 살았었다. 그러나 지금은 이러한 우체국의 속도를 기본적으로 초월하는 동시간대의 이메일 혜택을 누리고 있다. 시인 역시 이러한 문명의 변화와 속도의 변천을 감지하고 있다.

대신 우리 주변에는 이러한 문명과 속도를 누리기 위한 부수적인 침입자들이 생겨났다. 컴퓨터, 전선, 전파, 그리고 어디선가 이를 지켜보는 시선들. 시인이 무서워하는 것은 우리의 편지를 감시하는 눈길은 아니다. 우리의 주변에서 늘어나는 금속성 도구들의 번식이다.

잘 알려진 대로 이하석은 금속성 물체의 버려짐과 녹에 대한 시를 오랫동안 써왔다. 그가 의도했든 의도하지 않았든 그러한 그의 시세계는 생태시의 중시조 격으로 평가될 수 있다. 금속성 물질이 현대의 대표적인 부산물이라고 한다면, 사이버틱한 색상과 컴퓨터의 푸른 불빛은 최현대의 대표물들이다. 이를 거부하는 그의 시선은 그래서 더욱 생태시의 경계를 확장하는 효과를 거둘 것이다.

흥미로운 것은 앞의 시와의 비교이다. 이하석이 사는 공간은 현묘한 바람이 지나가는 예스러운 집 같았지만, 실제로는 기계 문명과 현대적 이기로 가득한 현대식 집이었다. 우리의 삶과 다를 바 없는 곳이다. 그곳에는 핸드폰 충전기가 있고, 컴퓨터가 있고, 그 컴퓨터를 외부로 연결하는 인터넷 선이 있을 것이며, 그러한 이기들의 수준에 맞게 최신식 냉장고, 에어컨, 온풍기, 가습기 등의 가전제품이 즐비할 것이다. 그곳에서 그는 생각한다. 과연 이러한 물건이 우리의 삶을 더욱 안전하게 만들고 있는지.

이하석은 딱히 무엇이라고 단정하지는 않지만, 이러한 삶의 양태에 대해 기본적으로 거부감을 가지고 있는 것 같다. 기계충들은 그러한 그의 거부감이자 불안함이다. 혼자 있는 시간을 늘리기 위해서 핸드폰을 꺼두면 세상은 그런 그에게 투덜거리지만, 그런 세상과 계속해서 접촉하다 보면 방전된 배터리처럼 우리의 마음도 방전될 수 있다고 경고하고 있다. 이러한 점에서 그의 시는, 본래 시가 가지고 있는 문명과 인간 그리고 기계와 자연의 경계에 대한 화두를 연장・변주하고 있다. 두 시를 비교하면 그 화두가 더욱 커지는데, 이 점은 흥미롭지 않을 수 없다.

## 5. 생각의 화두를 담는 그릇들 : 『문예연구』 2006년 겨울호에서

시의 운명과 미래를 예견하고 걱정하는 목소리가 높다. 영상 문화의 범람 속에서 시는 갈 곳과 설 곳을 잃어가는 듯한 인상이기 때문이다. 그럼에도 시는 쉽게 멸종하거나 몰락하지는 않을 것이다. 왜냐하면 시가 견지해야 할 본분과 문학의 본질이 다른 것으로 쉽게 대체될 수 없는 측면이 강하기 때문이다.

아버지 산소 근처 절에서 목탁소리가 난다
스님의 목탁소리는 둥글다
覺이 탁탁 스님의 머리를 친다
해는 서산을 붉게 물들이며 스님의 머리에서 빛난다
석양과 스님의 머리 사이에 角이 있다
아무도 그 각의 정체를 모른다

지난 밤 우주를 떠돌던 별들이 저마다 모여

角을 이루고 반짝이면서도
먼 별 지구에서 인간이 붙여준 제 이름을 모른다
둥근 것들은 스스로의 몸에 각이 있는 줄 모른다

나는 어릴 때 마당 가운데 우물 속으로 두레박을 내리다가
순간 끈을 놓쳐 두레박이 우물 속으로 가라앉는 것을 보았다
아버지가 손수 만들어주셨던 네모난 두레박
어쩌면 閣을 거꾸로 뒤집은 모양의 그 것,
우물은 수많은 角을 먹고도 여전히 출렁이며 물을 내었고
오랜 세월이 지나 우물을 밑바닥까지 퍼낼 즈음
우물 속에 가라앉아 있던 수많은 각이 발견되었다

"묵은 물을 퍼내야 새물이 되는 거란다" 하시던
아버지의 말씀은 둥근 내 머릿속에 네모난 두레박으로
가라앉아 있다가 문득문득 기억의 물을 퍼올려주곤 했다

그 때 어머니의 자궁같이 웅숭깊은 우물을 보면서
내가 어머니의 자궁에서 태어나 집과 거울과 책이라는
사각형에 갇혀서 지금껏 헤어나오지 못하는 것도
우연은 아니라는 생각이 들었다

몇 해 전 아버지는 무덤 속 관에 드셨고
무덤은 角을 덮어 둥근 것만 보여주었다
覺이 탁탁 내 머리를 친다 우주를 두드린다

내 머리 위로 삐딱하게 해가 진다
　　석양과 내 머리 사이에 각이 눈부시다
　　　　　　　　　─박남희, 「둥근 것들은 각을 숨기고 있다」

　각진 것과 둥근 것에 대한 상념을 모아서, 그 아래 웅숭깊게 가라앉은 시인의 통찰을 보여준 시이다. 우리는 흔히 둥근 것을 생각하라고 하면 원만한 것, 부드러운 것, 포용적인 것, 무난한 것 등을 떠올린다. 원은 각이 없으므로, 걸리는 것이 없고 부딪치는 것이 적다는 생각일 터이다.

　반면 각진 것은 딱딱한 것, 규칙적인 것, 꼿꼿한 것, 충돌하기 쉬운 것, 위험한 것 등으로 인식되곤 한다. 한쪽으로 솟아나온 모퉁이가 세상사의 윤환과 관련지어 위협이 되거나 방해가 된다고 생각하기 때문이다. 즉, 둥근 것과 각진 것은 서로 대척되는 개념으로 사용되며, 대체로 각진 것이 둥근 것을 따라야 한다고 상정되고 있다.

　그런데 시인은 둥근 것 속에 숨어 있는 각진 것을 찾아내고 있다. 목탁 소리의 원만함 속에 숨겨진 각진 것이 그 첫 번째이다. 원만함과 버림을 촉구하는 목탁 소리에도 세파의 위험 요소가 스며들어 있다고나 할까. 그러나 시인은 여기서 각진 것에 대한 화두를 멈추지 않는다. 각진 것은 모서리를 세운 것이기도 하지만, 동시에 깨달음이기도 하다. 왜냐하면 완성된 것으로 보이는 원만함 속에서, 그 과정을 수없이 침해했을 법한 세파의 혹독함〔角〕을 보기 때문이다.

　눈이 트인 시인은 어릴 적 우물 속에 수없이 번져나가던 파랑과 파란을 기억한다. 평화로운 물속에 던져지던 두레박은 고요한 수면에 수없는 잔주름과 상흔을 남겼다. 그러나 물은 쓰다달다 한마디 말도 없이 항상 흐트러진 수면을 어루만지고, 망가진 물결을 다독거렸다. 부드럽게 출렁이며 각진 물결들을 다듬어서 보기 좋은 물결로 만들어 세상에 내보냈다. 그 때는 몰랐지만, 시를 쓰게 된 시인은 그 아픔과 인내를 이해하게 되었다.

우물에 대한 명상은 한국 시의 중요한 화두이자 명맥이었다. 시인들은 자신의 마음을 들여다보기 위해서 곧잘 우물 속을 들여다보았다. 윤동주는 대표적이다. 그는 우물의 표면을 맑게 닦아 거울처럼 만들었고, 그 거울에 자신을 비추어 「참회록」과 「자화상」을 썼다. 그들의 자화상은 곧 세파에 어지러워진 우물을 마음으로 닦는 행위였다.

박남희도 비슷하게 말하고 있다. 자궁에서 태어나(우물은 자궁을 연상시킨다), '집과 거울과 책이라는 사각형'이라는 각진 곳 속에서 휩쓸려 살아왔다. 원만한 것을 거부하고 규격화된 것을 선호했으며, 무난한 것을 물리치고 위험한 것 속에 있기를 희망했다.

그러나 각진 것은 버릴 수 없는 것이다. 우리는 집과 거울과 책을 버리고 살기 어렵다. 그것들은 우리를 구속하고 경직되게 만들고 세상과 부딪치게 만들지만, 또한 그것으로 인해 우리는 남들과의 사이에 경계를 긋고 우리 자신의 모습을 똑바로 바라보며 세상의 지혜와 타자의 마음을 이해하게 된다. 필요하면서도 위험한 것이라고 할까.

그렇다면 어떻게 해야 하는가. 둥근 삶과 뾰족한 일부들. 시인은 아버지의 무덤 앞에 있다. 그는 상념의 터널을 돌아 다시 자신의 눈앞에 놓인 무덤과 그 무덤 속에 뾰족한 것을 덮는 둥근 봉분을 본다. 각진 것들은 둥근 것 속에 있어야 한다. 우리의 마음속에 내재하는 뾰족한 것들도, 우리 삶과 영혼의 둥근 포용력 안에 있어야 하며, 세상을 지배하는 권력과 힘처럼 강한 것들도, 자아와 타자와 집단과 사회를 교류하는 지혜의 반경 내에 있어야 한다. 둥근 것들은 각진 것들을 용인해야 하고, 각진 것들은 둥근 것들 속에서 안식할 수 있어야 한다. 이러한 깨달음(覺)은 시인이 시를 통해 도달할 수 있는 기쁨이자 명상이다.

>개를 안고
>꽃을 보니
>겨울이 떠났다
>
>그릇을 굽고
>지붕을 고치니
>조금만 더 살고 싶다
>
>―전윤호, 「봄」

이 짧은 시를 보면서, 다시 시란 무엇인가를 생각하지 않을 수 없었다. 낙서처럼 무성의하게 벌려진 문장들, 아니 시어들. 단 6행의 시행에서 묘한 비약과 역전을 찾았다면 지나친 평가일까.

이 시는 어울리지 않는 것들로 조합되어 있다. 개를 안고 꽃을 보는 것도 이상한 행위이고, 이 겨울에 꽃을 보면서 겨울이 떠났다고 말하는 것도 상식적인 말은 아니다. 시인은 본래 숨겨진 사물의 질서를 꿰뚫어 보는 존재들이니, 상식이라는 말로 시인의 시를 평하는 것은 잘못된 일일 터이지만, 개와 꽃과 떠난 겨울의 조합은 넓고도 비연계적이다.

2연은 더욱 황당하다. 그릇을 굽고 지붕을 고친다? 가마가 있어 그릇을 구을 수도 있고, 손재주가 있어 지붕을 고칠 수도 있다. 이것은 현실에서 불가능한 일은 아니다. 그러나 두 행의 조합은 역시 비현실적이다. 마지막 행을 추가하면 더욱 그러하다. 조금만 더 살고 싶다니?

이 시의 제목은 봄이다. 시인이 "겨울이 떠났다"고 큰소리를 쳤으니, 봄이 오는 것은 당연하다. 그러나 그 봄은 단순한 계절로서의 봄은 아닐 것이다. 마음의 봄일 터인데, 그 봄을 맞이하는 시인의 자세는 엉뚱하고 또 겸손하다. 조금 과장 섞어 이야기하면 봄을 기다리는 마음과 그 마음을 다독이기 위해서 하는 숱한 행동들 속에서 띄엄띄엄 4가지 일을 기록하고, 그 선택과 기록에 대한 마음의 흔적 두 줄을 남긴 셈이다.

겨울이 떠났다고 의미부여하거나, 조금만 더 살고 싶다고 간절하게 말하거나. 이 시를 읽으면서 먼저 시가 될 수 있을까를 생각했다. 언어와 문장과 시어 사이의 그 넓은 간격을 시인이 어떻게 좁히고 하나의 의미망으로 귀결시키려고 하고 있는지 궁금했기 때문이다. 그 물음을 다 해결하지는 못했지만, 간결함 속에 숨은 간절함이 이 시를 기억할 만한 문구로 만들지 않나 싶다.


## 6. 각광받지 못하는 잡지와 넘쳐 나는 우리 시를 위하여

이 글은 외형적으로는 우리 문학의 현재 흐름을 살펴 달라는 요청에 따라 쓰여졌다. 하지만 실제 사정은 약간 다르다. 시에 대한 구체적인 분석 없이 행해지는 인상 비평, 메타 비평을 가장하여 막연한 견해를 드러내는 비평, 기본을 상실한 채 그럴듯한 말을 쏟아내기에 바쁜 비평이 더 이상 유효하지 않다고 생각했기 때문에 의도적으로 실제 텍스트를 포함하는 글을 쓰고자 했다. 더욱 거시적이고 심도 있는 시야를 확보하고 1년 후 10년 후의 우리 문단과 문학을 살피는 것이 정도(正道)일 것이나, 나에게는 그럴 만한 안목이 없어 그러한 작업은 훗날로 미루기로 한다. 대신 정작하게 '지금―여기' 우리 문학의 흐름과 문제를 진단하는 데에 주력했다.

  의식적으로 지역의 시를 읽었다. 이것은 두 가지 이유 때문이다. 하나는 지역의 시가 늘어가고 있지만, 그 시들에 대한 조명은 아직도 미약하기 때문이다. 지역을 대표하는 시 잡지들은 증가일로에 있지만, 그곳의 시들은 일회용품처럼 힘없이 폐기되는 게 현실이기 때문이다. 이러한 현실은 잡지가 늘어나지만 시의 위기가 가중되는 작금의 현실과 관련이 깊다. 이 문제를 해결하는 방법은, 소박하지만 시를 정직하게 그리고 정확하게 읽어내는 것이다. 우리 시단은 아직 그러한 기본 작업의 중요성을 잘 모르고 있다.

  다른 하나는 개인적인 확신 때문이다. 시 잡지를 읽다 보면 중앙 문단을 대표하는 시 잡지에 비해, 지방 문단 혹은 지역 잡지의 시 수준이 결코 낮지 않다는 사실을 확인하게 된다. 문제는 우리 시단이 철저히 중앙 중심적이며, 선별된 소수의 작가에 대한 한정된 논의에 갇혀 있다는 점이다. 그것은 널리 읽지 않아도 자신들의 시각과 생각이 용인될 수 있다는 안일한 자기 확신 때문일 것이다. 이 점은 널리 경계해야 할 우리 시단의 중대한 폐단이다.

  이러한 현 상황은 궁극적으로 우리 시의 확산, 혹은 시 잡지의 증가를 의미 없는 것으로 만들고 있다. 우리 문학(여기서는 시단)은 넘쳐나는 잡지로 '즐거운 비명'을 지르고 있지만, 그러한 잡지들이 정작 무엇을 해야 하는지에 대해서는 고민하지 않기 때문에 그 비명은 '반향

없는 메아리'에 그치고 만다.

　늘어나는 지면과 기회는 응당 문학인 모두에게 돌아가야 함에도 불구하고 현재의 상황은, 수효는 증가하고 기회는 차단되는 형세이다. 이러한 형세는 잡지의 계속적인 창간만을 유발하게 될 것이다. 따라서 우리 시의 균형 잡힌 공급과 생산을 위해서는 '지면의 확대'가 아닌 '기회의 확대'가 고려되어야 한다. 기회의 균등만이 불필요한 잡지의 범람을 원천적으로 봉쇄할 수 있을 것이다.

　기회의 균등을 실현하기 위해서는 평론가들이나 잡지 편찬자들의 정직한 노력이 요청된다. 제한된 자원을 가지고 잡지의 외형적 확대만을 꾀할 것이 아니라, 내실 있는 시(인)를 고르고 정당하게 시인을 평가하는 잡지를 만들려는 의식이 확산되어야 한다. 이를 위해서는 '지역의 시'와 '소외된 시' 그리고 '숨겨진 시'를 찾아 읽는 노력이 선행되어야 하며, 이러한 노력을 바탕으로 했을 때에만 우리 시의 새로운 패러다임이 열릴 수 있음을 또한 인정해야 한다. 우리 시의 논쟁이 공허할 수밖에 없었던 까닭도 이러한 노력을 바탕으로 하지 않았기 때문이다.

　우리 시의 현재 상황은 '풍요 속의 빈곤'이다. 잡지는 늘어났지만 좋은 시가 실릴 공간까지 늘어나지는 않았다. 한 분기에 실리는 시의 숫자는 비약적으로 증대되었지만, 이들을 선별하고 정합하게 평가할 지면(글)은 좀처럼 늘지 않고 있다. 이렇게 되면 무엇이 늘어나고 무엇이 늘지 않았는지 따져보지 않을 수 없는데, 우리 시단은 이러한 오류에 빠져 있다.

　범람하는 시에 어떻게 대처할 것인가? 근본적으로 대처가 불가능하다고 여기고 폭넓게 시 읽기를 포기하면, 시(단)의 일부를 확대해서 우리 시의 전체인 양 취급하는 오류에 빠져들게 될 것이다. 이에 대한 문제제기 역시 범람하는 시 문제에 현명하게 대처하지 않고는 옹색한 자가 당착에서 헤어 나오지 못할 것이다. 결국 우리 시의 현재와 미래는, 시의 범람과 시 수급의 불균형 그리고 시를 취급하는 시각의 오류를 어떻게 시정하는가에 달렸다고 하지 않을 수 없다. 그게 오늘 한국 시(단)의 현실이다.

# 만화와 시

## 1. 만화와 주변 문학

만화는 문학일까. 고(故) 김현의 글에서, 프랑스에서는 만화를 문학의 한 갈래로 여긴다는 구절을 읽었던 기억이 난다. 아마도 프랑스에서는 만화가 문학의 일종일 것이다. 하지만 우리의 현실에서는 만화와 문학은 큰 거리가 있다. 우리에게 만화는 (아직까지) 문학이 아니며, 가까운 시기까지만 해도 만화는 문학의 진정성을 해치는 적으로 간주되기까지 했다.

하지만 최근 우리 만화는 문학(문화)과 새로운 관계를 형성하기 시작했다. 만화를 영화로 만드는 빈도와 범위가 늘어났고, 만화 자체의 진정성을 용인하는 입장과 시각도 늘어났다. 그러면서 만화는 문학에 대한 영향력을 넓히고 있으며, 문학 역시 만화의 위상을 전과는 달리 비중 있게 취급하려는 동향을 보이고 있다. 젊은 작가들의 문학적 상상력에서 만화는 중요한 동력으로 작용하고 있다. 이러한 상호 작용은 두 매체 사이의 상관성에 대한 몇 가지 질문을 불러오지 않을 수 없다.

일단, 만화와 가장 유사한 형태의 문학은 시나리오이다. 시나리오는 장차 만들어질 영화의 대본으로, 그림(영상)으로 구성되는 매체의 근간을 이룬다는 점에서 만화와 대단히 유사하다. 게다가 그림(영상)이 단속적(斷續的) 스틸 사진에 머무는 것이 아니라 연속적인 흐름(영화)을 지닌다는 점에서 시나리오와 만화는 많이 닮았다고 할 수 있다.

시나리오 중에서 스토리보드(story board)는 만화의 일종이라고 보아도 무방하다. 시나리오 작가가 쓴 글자 위주의 대본은, 현장에서 작업을 위해 여러 가지 형태의 현장대본으로 변화된다. 그 중에서 컷 하나하나를 그림으로 그려 카메라 위치와 미장센 배치와 배우의 연기 등을 미리 그리고 한눈에 볼 수 있도록 한 것이 스토리보드인데, 그림이 위주가 되고 필요한 경우에 대사가 기입된다는 점에서 만화의 특징을 따르고 있다.

영화 「매트릭스」는 스토리보드로 전체가 그려진 이후에 영화화된 것으로 유명하다. 많은 이들이 이 작품의 영화화에 그다지 긍정적인 생각을 가지고 있지 않았음에도 불구하고, 선(先) 제작된 스토리보드는 「매트릭스」의 영화화 가능성을 높였다. 흥행의 귀재라는 칭호를 듣는 스티븐 스필버그 역시 자신이 감독하는 영화를 스토리보드로 그려 본 이후 촬영에 들어가는 감독으로 유명하다.

연극(희곡) 역시 만화와 근친 관계를 이루는 장르다. 2006년 겨울 이윤택은 「류의 노래」라는 작품을 공연한 바 있다. 이 작품은 일본 만화가 출신 고헤노끼야마 요이치의 원작 희곡인데, 그 인물 구성을 보면 일본 만화의 특성을 엿볼 수 있다. 실제 공연에서 연기 역시 만화처럼 해서 많은 젊은 관객의 호응을 이끌어낸 바 있다.

만화 작품을 연극화하거나 만화가의 희곡 작품을 연극으로 만들지 않아도, 연극은 기본적으로 시각적인 장면을 위주로 한다는 점에서 만화의 컷과 유사하다. 연출가 임영웅은 한 작품을 올리기 위해서 수많은 동선도(動線圖)를 그린다. 그는 대본의 빈 여백에 기본적인 무대 배치를 표기한 다음, 그 위에 무대 위에서 연기해야 할 배우들의 위치와 시선과 방향과 움직임을 표시한다. 무대를 위에서 내려다보는 이 평면도를 유심히 관찰하면, 입체적인 무대에서 배우들이 취해야 할 연기와 움직임의 윤곽을 그려낼 수 있다. 만화를 사각형 컷 안에서 움직이는 선으로 그려진 인물들의 연기라고 본다면, 임영웅이 그리고 있는 평면도 역시 비슷한 원리를 내보인다고 할 수 있다.

소설(서사)에서도 만화와 유사한 측면을 짚어낼 수 있다. 가장 유사한 측면은 플롯이다. 만화는 이야기이다. 앞의 이야기를 설정하고 뒤의 이야기가 전개되며 결국에는 일정한 결말로 이어지는 이야기이다. 아리스토텔레스의 고전적인 이야기의 규범대로 처음·중간·끝을 가진 서사체인 셈이다. 또한 만화는 인물과 주제를 가진 이야기이다. 조명되는 인물이 있고, 그 인물을 통해 전달하고자 하는 작가(혹은 내포작가)의 목소리가 개입되어 있다. 특유의 어법도 있고, 배경(스펙터클)도 있다는 점에서 『시학』에서 말하는 6가지 자질 중 5가지를 갖추고 있다고 해야 하겠다.

소설과 만화의 중요한 차이점 중의 하나가 근대 사회로 넘어오면서 대중들이 즐기는 장르였다는 점이다. 현재 우리 소설 중 본격소설에 대한 대중의 관심은 크게 떨어졌지만, 외국소설과 대중소설에 대한 대중의 관심은 줄어들지 않았다. 만화 역시 대중들이 끊임없이 탐독하고 소비하는 형태의 장르로 여전히 살아남아 있다. 대중들의 기호와 욕구를 만족시키는 장르라는 점에서 소설과 만화는 유사하다.

　형태적인 유사함으로 따지면, 소설 가운데에서도 영상소설이 가장 유사하다고 해야 할 것이다. 영상소설은 한때 유행했으나 지금은 그다지 주목받지 못하는 소설의 형태이다. 소설 중에 영화화된 작품이 주로 영상소설로 꾸며지는데, 한 면(페이지)의 절반은 해당 화면(혹은 그림)에 할애되고 나머지 면은 문자(기술)로 채워진 형태가 일반적이라고 할 수 있다. 화면을 그림에 비견하고, 기술 방식을 말풍선에 비견하면, 만화의 형식과 같다고 할 수 있다.

　문학 가운데 동화 역시 만화와 유사하다. 삽화가 있고 간략한 서술이 있는 동화는, 역시 그림이 존재하고 그 여백에 간략한 대화(혹은 생각)가 첨부되는 만화의 형식과 다를 바 없다. 그림이 위주가 되고 글자가 종속된다는 체계적인 위상도 역시 동일하며, 어린이들이 환호하거나 편견 없이 받아들인다는 점도 유사하다.

　만화 연구자들 대부분은 만화가 문학과 그림의 합성물이라는 점에 동의하고 있다. 만화는 회화의 특징인 그림과 문학의 특징인 문자 중심 기술 체계가 공존하는 양식이며, 그로 인해 회화의 시각성이 살아나고 그러면서도 문학의 서사성(플롯)이 보조를 맞추는 양식이다.

　따라서 문학의 입장에서 시각적인 장면을 쟁취하려는 시나리오나 희곡, 그리고 비록 현실적인 비주얼을 생산하지는 않지만 관념상의 화면을 염두에 둔 소설과 어느 정도 공유되는 측면이 많다고 해야겠다. 이러한 결론은 결국 만화의 서사성 혹은 문학성과, 문학의 서사성이 일치한다는 점에서 당연하다고 해야 할 것이다. 또 이러한 연구나 견해는 다양한 형태로 피력된 바 있어 반론의 여지가 적다고 해야 할 것이다.

　문학의 제반 갈래 중에서 시는 만화와 가장 관계가 적어 보인다. 하지만 문학의 중심에 서 있다가 그 자리를 위협받고 있는 우리의 시와, 새로운 문화적 조류의 선봉에 있는 만화의 교섭 가능성 내지는 오래 전부터 기본적으로 유지해오던 공통점을 현명하게 활용할 수 있다면, 우리 문학이 개척할 수 있고 어쩌면 개척해야만 할 어떤 영역에 대한 힌트를 줄 수 있지 않을까 생각한다.

## 2. 구성과 체제의 유사성

　외형적인 측면에서 시(집)와 만화를 비교해보자. 여기 한 권의 시집이 있다고 하자. 보통 시집은 시인이 문학잡지를 통해 발표한 시들의 집합이다. 시인들은 계간 혹은 월간 문학잡지로부터 시를 청탁받게 되고, 대략 한 번에 2~3편 정도의 시를 발표한다. 이러한 과정이 3년 정도 지나면, 대개 한 권 분량의 시집을 엮을 수 있는 시를 축적하게 된다(물론 이러한 과정 없이 시집 한 권 분량을 통째로 집필할 수도 있고, 과작(寡作)을 고집해 몇 년이 지나도 몇 편의 시밖에 발표하지 못하는 경우도 있을 수 있다).

　시인들이 시집을 묶을 때 시들은 어떤 유기적 연관성에 입각해서 배치·배열된다. 대개는 작은 단락들로 구획되어 1부 혹은 1장 등의 소제목을 달게 된다. 이러한 소제목(소절편) 역시 어떤 연관성을 형성하고 있게 마련이다. 즉, 낱낱의 시는 소절편을 이루고, 그 소절편은 한 권의 시집을 이루게 되며, 나아가서는 이러한 시집은 시인의 많은 시집들과의 연관성 속에서 어떤 의미적 맥락을 형성하게 된다.

한용운의 『님의 침묵』은 님과의 관련성을 주장하는 어떤 화자들의 목소리로 형성된 시들의 집합이다. 그 화자가 소위 말하는 여성적 화자인지 아닌지는 더 따져보아야겠으나, 그 화자가 부르는 님은 여러 시편들의 도움을 받아서 유기적이고 총체적인 의미맥락을 형성하게 된다. 그런 측면에서 『님의 침묵』에 자리 잡은 각각의 시들은 하나의 부속처럼 전체의 의미망을 떠받치고 있다고 할 수 있다.

최근 시를 보면 최서림의 『구명』이나 하종오의 『님시집』이 이러한 형태를 띤 경우다. 이기인의 『알쏭달쏭 소녀백과사전』은 특정한 절편에, 즉 1부에 「알쏭달쏭 소녀백과사전」 연작시를 집중 배치하고 있다. 이러한 배치는 만화의 컷과 컷의 관계, 컷과 단행본의 관계, 단행본이 모여서 이루어지는 전체 이야기와의 관계와 비교할 수 있다.

가령 만화 『타짜』는 4부로 이루어져 있다. 그 중에서 1부가 영화화되어 우리 앞에 영화 「타짜」로 소개된 바 있다. 1부는 주로 도박 '섰다'를 다루고 있어 '포커'를 다룬 3부와는 차별된다. 만화 『타짜』의 1부는 지리산 작두가 동네 노름에서 돈을 잃고 복수를 꿈꾸며 도박전문가 타짜로 성장하는 과정을 그리고 있는데, 그 과정들은 만화의 한 컷 한 컷으로 꾸며져 이야기의 연속성을 이루며 배치된다.

이러한 체계는 어떤 문학적 갈래에서도 찾을 수 있다. 가령 3막짜리 희곡은 3막의 구성을 가지게 마련이어서, 위에서 말하는 소절편으로서 한 막을 상정할 수 있다. 시나리오 역시 이야기의 발전 단계에 따라 한 시퀀스와 한 신을 상정할 수 있다. 문제는 비교대상이 시라는 점이다. 시는 이야기의 구성체가 아니기 때문에(가끔 그런 경우도 있지만), 이러한 하위분류 체계가 좀처럼 들어맞지 않는다고 생각할 수 있는데,

근원적인 체계를 따져보면 시 역시 만화 그리고 일반 문학과 동일한 문학적 체계를 따르고 있음을 확인할 수 있다. 그 중에서도 일관된 주제의식을 가지고 집필된 시의 경우에는 컷과 컷의 관계처럼 시들은 유기적인 부분을 이루면서 통합된 전체를 지향하는 속성을 가지게 마련이다.

## 3. 흑과 백의 미학, 선택과 배제의 논리

만화는 대개 간략한 선과 여백으로 이루어져 있다. 물론 만화에 따라서는 채색을 하는 경우도 있고, 복잡한 선을 의도적으로 선택하는 경우도 있다. 하지만 대개의 만화는 간략한 몇 개의 선으로 인물의 특징을 살려내어 수많은 비지정영역을 지정해야 하는 영화나 연극에 비해 제작이 간편하다는 장점을 지닌다. 또 보조동선으로 움직임을 효과적으로 표현해냄으로써, 연속성 있는 그림이라면 거쳐야 할지도 모르는 수많은 중간 단계를 생략해내기도 한다. 말풍선 속의 말들은 지면상, 그리고 매체 특성상 간략한 대화나 생각을 담아낼 수밖에 없다. 일단 물리적인 글자 수에서부터 제약을 받게 되니 어쩔 수 없다고 해야 할 것이다.

이 밖에도 만화에서 간략함을 찾을 수 있는 부분은 상당하다. 복잡한 감정을 몇 가지 코드화된 표정으로 대체한다는 관습도 그러하다. 만일 소설에서 한 인물이 가지고 있는 내면 심경을 묘사하기 위해서 사용되는 구절(심리묘사)과 비교하면, 만화에서 인물의 내면 심경은 축소·압축·생략되어 표현됨을 쉽게 확인할 수 있다. 가령, 당황과

놀람의 표현에서 흔히 사용되는 '땀'은 등장인물이 지금 어쩔 줄 모르는 상태에서 평정심을 잃고 있다는 정보를 전달하는 효과적 수단이다.

다시 간략함의 차원으로 돌아가보자. 만화는 기본적으로 종이 위에서 사각형(때로는 다른 형태일 수도 있지만)의 컷을 설정하고, 그 안에 간단한 선으로 인물과 그 인물에 대항하는 다른 인물(혹은 갈등)을 그려 넣은 다음, 이를 보조하는 수단으로 문자 정보를 제공하는 형식을 따르고 있다. 배경이 그다지 필요하지 않으면 배경 자체를 없애버린다거나, 대화가 불필요하다고 판단되면 간략한 기호로 대체한다거나 하는 일들은 비일비재하다.

중요한 것은 만화가 '비움'으로써, 여백을 많이 남겨둠으로써, 그러면서 선택의 논리를 강화함으로써 강렬한 대조를 형성한다는 것이다. 배경을 비움으로써 인물을 강조하고, 선을 간략하게 함으로써 표정을 강조하고, 말을 줄임으로써 그림의 비중을 강조한다. 사각형의 컷 속에서 선(흑)이 차지하는 비중은 그리 많지 않으며(물리적으로도 그렇지만 위상 면에서도 그러하다), '선택된 선'은 비어 있는 여백(백)과의 조화를 통해 다양한 의미와 가치로 확산된다.

이제 시의 경우를 보자. 시는 일상적인 단어와 구절과 문장과 문단을 거부하는 장르다. 우리는 시에서 텔레비전 연설문을 듣거나 어젯밤의 일기를 보려고 하지 않는다. 하지만 우리는 텔레비전 연설문이되 압축되어 골자만 남아 있어 인식적 새로움을 발산하는 요약된 형태의 글이라면 시라고 인정할 수 있다. 또한 누군가의 일상을 그린 것이기는 하되 그 일상이 너절하게 서술된 것이 아니라, 일상의 뒤편에 도사린 삶의 요체를 정확하게 포착하여 미학적으로 승화된 상태라면 설령 누군가의 일기라도 시로 인정받을 수 있을 것이다.

시의 요체는 생략과 비약이며, 그러한 생략과 비약을 통해 언어를 경제적으로 꾸미는 미학적 감각과 조형 능력이다. 우리는 시적 감각을 감촉하면서 감탄하고, 그렇게 조형된 시를 풀어 이해하게 되면서 기쁨과 감동을 느끼게 된다. 이를 위해서 세계 각국의 시들은 제한된 틀을 제시하는 방법을 오래전부터 개발해왔다.

가령 한시(漢詩)는 오언이냐, 칠언이냐를 문제 삼았으며, 4행으로 쓸 것이냐 8행으로 쓸 것이냐를 기준으로 제시했다. 글자를 맞추고 운율을 맞추고 형식을 맞추어서 주어진 조건에 순응하도록 종용했다. 이러한 정형률은 시를 간략하게 만들기 위한 인위적 장애들이었다. 시가 무작정 길어지지 않도록 경계하는 하나의 힘이었다.

이것은 결국 시어의 경제적인 배치와, 시어로 포착된 것과 포착되지 않은 것 사이의 긴장 관계를 형성하려는 시작 의도이다. 시를 짓기 위해서는 수많은 일상어 중에서 하나를 선택하여 일상에서 닳고 닳아 뻔해진 표현을 대체할 수 있는 무언가를 선택해야 했다. 그러한 선택은, 선택되지 않고 잠재될 수밖에 없는 시의 여백과 다시 한 번 대조되면서 풍요롭게 해석되고 또 그 미학적 아름다움을 생성한다.

만화에서의 '선택'도 비슷하다. 화난 표정을 위해서는 턱 선의 부드러움은 선택하지 말아야 한다. 주먹을 쥔 손이나 치켜 올라간 눈썹이 부각되어야 할 것이다. 어쩌면 지금 입고 있는 화려한 옷보다는 머리 위로 솟아오르는 '김' 표시가 더 유효할지 모른다. 만화 역시 무언가를 표현하기 위해서는, 그것(선택)과 관계없는 것들을 철저히 지워야 하는(배제) 장르이다.

만화의 한 면은 일정한 크기의 컷들로 분할되고, 그 컷들 내에서 간단한 검은 선이 인물과 대사를 조형하며, 이렇게 형성된 검은 선택의 물결은 결국 하얀 여백의 백지 위에서 조화를 이루거나 대치하는 형상으로 펼쳐진다.

반면 시집을 펴면 압축되고 생략되고 비약되며 연상의 통로로 구성된 글자들의 형해가, 한 면에 최소한의 면적으로 들어서 있음을 알 수 있다. 복잡함과 수다스러움을 강조하는 시학이 있다는 것을 모르는 바는 아니나, 시의 기본적인 성격이 집중과 선택과 포착에 있다고 할 때 '채워 넣기'보다는 '배제하기'를 우선시하는 만화의 특성과 다르지 않다. 두 장르 모두 선택의 흑(글자)은 줄이고, 배제의 백(여백)은 넉넉하게 만드는 미학적 원리에 종속된다고 할 수 있다.

이러한 특성의 비교는 단순 비교로 그쳐서는 안 된다. 현재 우리의 시는 배제의 묘미를 많이 잃어가는 것 같다. 컴퓨터의 발달, 정보의 홍수, 책 출간의 간편함, 시적 헤게모니의 상실 등이 그 이유가 될 수 있을 것이다. 많은 시인들이 일상의 단조로움을 그대로 혹은 편의대로 펼쳐놓아도 시가 된다거나, 언어의 조탁과 수사적 기교는 시의 중요한 근간이 되는 시대가 지났다는 속단에 빠져 있는 것 같다.

그로 인해 우리 시는 말의 범람, 생각의 범람, 시의 범람 심지어는 시집의 범람까지 경험하고 있다. 이것은 결국 너무 많은 것을 선택함으로 인해, 아무 것도 선택하지 않는 결과를 불러온 것이며, 그로 인해 선택된 것 바깥에 있어야 할 명상의 여지를 스스로 줄이는 악순환을 낳고 있다. 만화가 지나치게 많은 선과 검은 색과 그림으로 가득하다면, 얼마나 읽기 피곤하겠는가.

## 4. 과장된 표현, 왜곡된 비례

이 장에서는 자칫하면 앞의 장과 다소 배리되는 논지를 펼 수도 있을 것이다. 어느 정도 모순이 잠재한다고 해도, 이해해주기를 바라겠다. 만화는 집중과 선택의 논리가 명확한 장르지만, 이로 인해 왜곡과 과장이 생겨나기도 한다. 만화에서는 등장인물의 연기(인물의 표정)가 패턴화되어 있다. 특히, 표정과 심리를 드러내는 방식이 관습처럼 규정되어 있기까지 하다. 측면이 강하다. 그래서 어떤 만화 분석가는 우리가 만나게 되는 주인공의 성격 유형을 고정화하여 몇 가지로 정리해 놓기까지 했다.

이것은 현실적으로 어쩔 수 없는 문제이다. 만화 속의 인물에게는 살아 있는 배우처럼 다채로운 표정 연기를 요구할 수 없다. 더구나 만화의 그림은 단속(斷續)된 형태로 제시되므로 표정의 연속성을 구현하기 힘들다. 따라서 얼굴의 표정을 몇 가지로 유형화하고 눈(주로 눈동자)의 모습과 눈 주위 근육의 변화 상황을 중심으로 인간의 오욕칠정을 도식화하는 관습이 자연스럽게 생겨날 수밖에 없었다. 때로는 이러한 감정을 보조하기 위해서 보조동선이 쓰이는 경우도 있고, 의성어와 의태어가 다양하게 삽입되는 경우도 있으며, 말풍선(윤곽선 모양 포함)과 그 안의 대사의 도움을 받는 경우도 있다.

이러한 상황들은 살아 있지 않은 그림의 주인공을 현실의 인물처럼 연기시키고, 또 그 연기를 독자들이 해독할 수 있도록 하기 위한 만화 제작상의 고육지책이다. 그러다보니 인물의 연기와 표정은 과장되지 않을 수 없다. 화가 났을 때 김이 머리끝까지 오르며 씩씩거린다거나,

도망갈 때 발이 보이지 않도록 소용돌이 형태로 그린다거나 하는 것이 그 예들이다.

감정 표현도 직설적이고 과장되기 마련이다. 잘못된 친구를 친구 머리보다 더 큰 망치로 때려 별이 보이도록 만드는 그림(컷)을 가정해보자. 만화에서는 그다지 낯설지 않은 이러한 류의 그림을 잘 따져보면 의문점이 한두 군데가 아니다. 친구보다 더 큰 망치는 어디서 구했으며(그 짧은 시간 내에), 설령 있다고 해도 어떻게 들 수가 있으며(때리는 쪽이 여자라면 더구나), 이러저러 해서 그러한 채벌이 가능했다고 해도 망치에 맞은 자가 과연 살아날 수 있을까?

하지만 만화를 즐기는 이들은 과장된 상황, 직설적 감정 표현에 대해 위와 같이 묻지 않는다. 그들은 과장된 표현을 누군가가 화가 났다는 사실과 잘못된 상황에 대한 원망의 표현이라고 너그럽게 용인하고 대충 넘어간다. 굳이 따져야 할 경우라면 화가 났다는 감정의 직설적 표현(연기)이며, "때려 줄 만큼" 원망스럽다는 감정의 과장된 묘사라고 이해하면 그만이다.

언뜻 보면 과장된 감정은 문학과는 관련이 없어 보이지만, 실제로는 적지 않은 관련이 있다. 문학은 일상인의 눈으로 볼 때에는 '심상치 않은' 감정의 표출이다. 좋은 문학은 특수한 경험을 바탕으로 했지만, 누구나 겪을 수 있는 감정의 공통 기조를 보여주거나 또 확인시켜준다. 우리는 문학을 보거나 읽으면서 등장인물이 슬퍼하거나 기뻐하는 모습을 내 자신의 감정 상태와 비교할 수 있다. 내가 부끄럽게 느꼈던 슬픔이 어떤 측면에서는 인간이면 누구나 갖게 마련인 슬픔임을 확인하는 경우도 있다. 그런 면에서 문학은 보편적이고 일반적이다.

하지만 문학하는 사람의 개인적인 측면에서 이 문제를 보면 상황은 다소 달라진다. 문학하는 사람들은 대개 여리고 민감한 감수성의 소유자들이다. 남들이 무덤덤하게 느끼는 미세한 감정의 결들을 어떤 측면에서는, 확대해서 재창조하는 인물들이기도 하다. 일빈인이라면 흔히 지나치는 일상의 사건들에 대해서도 그들은 의아할 만큼 깊게 천착하거나 때로는 아무렇지도 않은 일에 크게 상처받는 사람들이다.

시인은 대표적인 경우이다. 시인들은 작은 것에 아파하고, 사소한 것에 화를 내고, 무심한 것들에 집중하는 경우가 많다. 물론 이것은 철저하게 개인적인 편견일 수 있지만, 시인들의 이러한 성향은 시집 속에 담겨 있는 수많은 감정의 덩어리들을 염두에 두면 마냥 오류라고만은 할 수 없다. 시인들은 일상인이 느끼지 못하는 것에 아파하는 '엄살꾼'이다. 그렇기 때문에 일상인보다 더 민감하게 인간과 사회의 구석구석을 이해할 수 있다. 그럼에도 현실에서는 일상인과 어울려 살아야 하기 때문에 그 사이(민감과 둔감)의 모순과 균형에 대해 먼저 생각하지 않을 수 없는 입장에 처한다. 필연적으로 그들은 감정의 과장꾼일 수밖에 없다.

시는 일상과 감정의 예민한 표출이다. 좋은 시란 결국 개인적인 감정의 세련된 표출이라고 할 수 있는데, 그 감정이 보편적인 울림을 형성하면서 그 시를 읽는 이들에게 동참의 정서를 불러일으킨다는 점에서 엄살이 아닌 감동이 되는 것이다. 시인이 당한 이별의 고통이 읽는 이의 고통과 통할 수 있고, 그러한 고통을 세상에서 '나'만 겪는 것이 아니라는 위안을 얻을 수 있으며, 그 고통이 마냥 아프기만 한 것이 아니라는 희망을 품을 수 있다면, 시인과 시와 독자는 미학적 연대를 이루게 된다.

만화도 결국 마찬가지다. 만화의 주인공들은 민감하게 아파하고 엄살을 부리고 과장되게 표출한다. 하지만 그들의 감정이 켜켜이 쌓여서 이루어진 하나의 작품―그 작품의 완성도와 미학적 성취도가 뛰어나다면―에서는 그 유별났던 감정들은 인간의 보편적 감정들로 승화되어 스며들어 있을 것이다.

  모순되게도 만화와 시는 간략함과 억제를 기조로 삼으면서도, 감정을 표출함에 있어서 과장된 방식을 선호한다. 그것은 장르와 현실 사이에 왜곡을 가져올 수도 있다. 일상에서의 감정이 작품에 수용되는 과정에서 서로 다른 축척으로 감정이 표현된다면 인식상의 혼란을 산출할 수도 있다. 그럼에도 두 장르는 기본적으로 이러한 왜곡된 비례를 통해 인간의 실상과 본질에 대해 접근한다는 의의를 지향하고 있다. 좋은 만화, 좋은 시일수록 더욱 뚜렷하게 그리고 깊이 있게 지향하고 있다는 점에서, 이러한 지향성은 두 장르의 본질이라고 할 수 있다.

## 5. 만화의 깊이와 시의 명상

  더 찾아보면, 만화와 시 혹은 만화와 문학의 상관성을 얼마든지 발견할 수 있을 것이다. 가령 소수의 경우이긴 하지만, 시적 일탈과 컷의 일탈을 비교할 수도 있다. 80년대 이성복과 황지우는 글자의 배치 자체에 파격을 가했다. '산'을 표현하기 위해서 단어들을 산 모양으로 쌓는다든지, 물이 흐르는 모양을 그리기 위해 시행들을 시냇물의 흐름처럼 배치한다든지. 박남철의 경우에는 시를 통해 시 바깥의 독자와 직접 소통하려고도 했다. 독자를 길들인다고 써놓은 허무맹랑한 구절을 상기해보면 쉽게 이해가 될 것이다.

만화에서도 이러한 일탈을 찾을 수 있다. 가령 컷 바깥으로 나간 손을 보자. 사각형의 컷은 만화의 그림을 구획 짓고 보호하는 일종의 틀이다. 그런데 어떤 컷을 보면 주인공의 손이 사각형의 프레임을 망가뜨리며 바깥으로 튀어나가는 경우도 있다. 영화에 비유한다면 카메라 바깥으로 배우가 걸어 나온 셈이라고 할까. 만화의 컷은 사각형의 틀 안에 있어야 한다는 고정 관념에 도전한 경우이다. 그런가 하면 가끔 만화가는 사각형의 컷을 동그랗게 만들기도 하고, 사각형 틀 자체를 폐기하기도 한다. 만화가 자신이 직접 출연해서 등장인물로 출연하는 경우도 있다. 시로 따지면 박남철이 시도한 독자와의 직접 통화에 해당하며, 영화로 따지면 자신의 영화에 배우로 얼굴을 드러내는 감독과 유사하다.

이러한 사례는 모든 만화에 적용되는 규칙은 아니지만, 만화 역시 자신의 형식을 인지하고 있으며 그 틀에 대한 고민을 하고 있다는 증거로 해석될 수 있다. 80년대 우리의 시가 내용적인 고민을 형식적인 반항(해체)로 이어갔다는 점과 비교하면, 만화 역시 깊이를 가지기 위한 고민을 견지하고 있었다는 결론에 도달할 수 있을 것이다.

2000년대 들어서면서 만화적 상상력은 시에 직접적으로 통용되기 시작했다. 언뜻 생각해도 권혁웅, 유형진, 성기완 등을 들 수 있다. 이들은 90년대 유하의 상상력을 잇고 있는 인상이다. 그러나 냉정하게 평가하면, 이들의 시가 만화 자체에 대한 깊이 있는 천착을 통해서 자신들의 시를 갈고 닦은 유형이라고는 할 수 없다. 그들은 소재적인 측면에서 만화(의 제재)를 차용하고 있을 뿐, 만화 자체의 문법이나 형식에 대해서는 오히려 냉정할 정도로 야박하다고 할 수 있다.

그것은 만화가 문학의 진정성을 해칠 수 있음을 경계했기 때문일 것이다. 다시 말하면 기존의 시적 형식에 가하는 일탈과 충격의 요소로써 만화의 소재와 체험을 도용했지만, 만화 자체에 대한 존중이나 경의가 없었기 때문에 차별화 전략 이상의 활용은 도모되지 않았다. 따지고 보면, 만화를 좋아하는 사람들에게나 만화는 진정성의 대상이 될 수 있다. 그런 면에서 우리 문학에서 아직은 만화가 제대로 접합되었다고는 할 수 없다.

마지막으로, 만화와 관련되어 가장 인상적인 시 한 편을 소개할까 한다. 황지우의 「한국생명보험회사 송일환씨의 어느 날」이라는 시가 그것이다. 이 시는 지금 읽어도 그 뜻이 잘 통하지 않는다. 하지만 형식이 무척 재미있고, 거꾸로 지금도 낡지 않았다는 인상을 준다. 무엇보다 주목되는 것은 한국일보로 여겨지는 신문 기사와 광고와 시사만화를 응용했다는 점이다.

1983년 4월 20일 송일환 씨가 출근하면서 사게 되는 한국일보에서 화자는 이것저것 기사를 읽는다(시인이 옮겨 온다고 보는 편이 맞을 것이다). 시에 인용된 기사들은 이리저리 잘리고 잘못 연결되어 있어 그 의미가 통하지 않는다. 하지만 이근삼의 「원고지」에 묘사된 것처럼 언제 신문의 기사가 달라진 적이 있던가. 따지고 보면 그날이 그날이고, 어제가 오늘인 것이 우리 일상이 아니던가.

이렇게 용납하면 이 시는 평상의 하루를 다룬 그저 그런 시가 된다. 하지만 만화는 다르다. 안의섭의 「두꺼비」라는 만화를 접하는 순간 평상의 하루는 명상의 하루가 된다. 올림픽 복권도 예사롭지 않고, 물방울 다이아몬드에 대한 지적도 예사롭지 않다. 사회에 거하는 동안 우리가 겪고 있는 모순과 불합리가 불쑥불쑥 튀어 오르며 글자들의 침묵 저 너머에 있는 절망과 통한의 공간이 열리는 느낌이다.

만화의 내용은 단순하다. "대도둑을 권총으로 쏘다니"라고 외치는 첫 번째 컷. 이어지는 두 번째 컷은 "말도 안 된다"를 외치는 그림이다. 그리고 마지막에 짧게 부기되는 "대도둑은 대포로 쏘라"는 문구. 대도둑은 누구일까. 왜 권총으로 쏘았다는 사실에 분노하고 있을까. 많은 의구심이 있지만, 여기서는 묻어두기로 하자. 원래 만화는 간략함을 추구하는 장르이면서, 동시에 일상의 느낌과 감정의 진폭을 부풀리는 장르이기 때문이다. 그래서 쉽게 포착되지 않은 깊이 또한 함축할 수 있는 장르이기도 하기 때문이다. 시 역시 그러해야 하며, 문학 역시 그러해야 하며, 우리의 문화와 예술 역시 그러해야 할 것이다.

제3부
# 아름다운 언어들

# 번져가는, 묻어나는
―손택수의 시 세계―

1.

손택수의 「별빛보호지구」는 참 아름다운 시이다.

    오리나무쥐똥나무깨금나무산뽕나무
    별들이 또록또록
    산고동 우는 소리를 내며 흐른다
    별이 지상에 내리는 걸 저어하지 않도록
    일찌감치 저녁상을 물리고
    어둠은 그 옛날 밭흙 냄새를 풍기며
    눈꺼풀을 쓸어내려주던 할머니
    손톱 끝의 까만 흙알갱이들을 닮았는데
    이 별의 지표식물

미등록 천연기념물

고산족이 돼 버린 어둠 속에 있으면

고른 숨소리 따라 스르르 눈이 감긴다

근육 속의 고단함을 축복할 줄 알아서

오리나무쥐똥나무깨금나무산뽕나무

계단식 논밭 땅을 갈며

하늘에 이르는 법을 익힌 사람들

—손택수, 「별빛보호지구」

  시인은 꽤 높은 산에 있는 것 같다. 아니면 대단히 조용한 산 속에 있던가. 시인이 머무는 마을 주민들은 욕심이 없다. 별빛이 내리는 시간이 되면 조용히 집안의 불을 끄고 잠들기 때문이다. 이 마을 사람들은 지상의 불을 밝혀 무언가를 얻으려고 하지 않는다. 더 많이 일하고 더 많이 즐겁고 더 많이 세상을 즐기려고 하지 않는다. 왜냐하면 별들에게 이 지상의 밤을 만끽할 시간을 주기 위해서이다.

  사실, 이 마을은 전기도 빛도 놀이도 할 일도 거의 없는 오지이거나, 몇 가구 살지 않는 외딴 동네일 것이다. 그들은 저녁 일찍 잠자리에 들어 내일 아침 일찍 일어나야 하는 고단한 사람들일 수도 있다. 어쨌든 시인의 눈에는, 이들이 일찍 잠자리에 드는 것이 누군가에게 무언가를 양보하는 행위로 보인다. 별들에게 지상의 뜨락을 거닐 기회를 주고, 별들을 구경하고자 하는 이들에게 별들이 잘 보일 수 있도록 하기 위한 배려이다.

  지금은 이런 곳이 드물다. 그런 면에서 이 시의 배경은 과거일 것이다. 어쩌면 밭일에 시달리는 초로의 할머니가 손자의 어린 잠을 쓰다

듣어주던 유년 시절일 수도 있다. 할머니는 흙때 묻은 손으로 손자의 안쓰러운 잠을 청해준다. 손자 역시 손톱 끝이 새까만 할머니의 어루만짐을 기꺼이 기다리던 착한 소년이었을 것이다. 손이 무서워도 할머니이기 때문에 참을 수 있는. 그때 피어나던 냄새. 시인은 그 냄새가 코끝에 어리는 것을 느끼는 것일까.

 예스럽고 다정한 기억 속에서 시는 아련한 정서를 쓰다듬고 있다가, 문득 '지표식물'이라는 이물감이 느껴지는 언어를 선택했다. 그러고 보니, '오리나무쥐똥나무깨금나무산뽕나무'의 나무 이름을 열거하여 산속임을 명시하기도 했다. 그렇다면 지표식물은 이러한 나무들 가운데 하나일까.
 지표식물의 사전적 의미는 땅의 부양도, 산성도, 건조도 등 환경조건을 측정하는 식물을 가리킨다. 지시식물, 입지지표식물이라고도 한다. 가령 쇠뜨기가 자라는 곳은 토양이 산성이고, 거미고사리가 생육하는 곳은 중성 혹은 알카리성에 가깝다. 그렇다면 시로 돌아가서, 시인이 말하는 지표식물이란 무엇을 가리키는 것일까. 더구나 '이 별의 지표식물'이라고 했다.
 만일 여기서 '이 별'이 지구를 가리키는 것이라면, 지표식물은 이 지구의 환경 조건을 측정할 수 있는 나무일 것이다. 물론 오리나무나, 쥐똥나무, 혹은 개암나무도 될 수 있고, 시에 열거하지 않았던 나무가 될 수도 있다. 어쩌면 나무가 아닌, 더욱 광범위한 생물이나 정서도 될 수 있다.
 지금 시인이 머무는 곳에는 이 지구상에 꼭 있어야 하는데 없어진 것들이 너무 많다. 일단 어둠. 완전한 의미의 어둠은 이 지구상에서 찾아보기 힘들다. 휘황찬란한 도시의 불빛은 화려함이지만 동시에 외로움이기도 하다. 그 불빛만큼, 고요한 어둠도 필요하다. 만일 완전한 어둠을 보호할 수 있다면, 우리는 천연기념물로 제정해서라도 보호해야 한다.

이 시에서 말하는 별빛도 마찬가지이다. 별빛도 우리는 쉽게 찾아볼 수 없다. 이제 별을 보기 위해서는 사람들과 그들이 북적이는 도시를 멀리 떠나야 한다. 우리는 편리함을 얻는 대신에, 항상 볼 수 있었던 별빛을 어마어마한 대가를 주고 찾아나서야 하는 세상에 살게 되었다.

어둠과 별빛도 중요하지만, 더 소중한 것이 있다. 그것은 인정이다. 시인이 그려낸 마을에는 타인을 배려하는 아름다운 마음씨가 있다. 고된 노동에 시달렸으면서도 고단한 손자의 잠을 어루만지는 귀한 손길이 있다. 이 마음씨는 꼭 찾아서 보호해야 하는 것들이다. 진정 천연기념물이 하나 있어야 한다면, 이 마음씨일 것이다.

시인은 이 마음씨를 '하늘에 이르는 법'이라고 했다. 자연의 섭리를 헤아리고 마음의 이법을 따라 사는 삶. 이 삶의 터전에서만이 우리는 마음의 평화를 누릴 수 있지 않을까.

이 시가 가진 미덕이 또 하나 있다. 그것은 지금 우리 주변에 널리 퍼져 있는 시에 대한 생각과 관련된다. 언제부터인가 우리는 시가 어렵게 느껴지는 세상을 살고 있다. 조금 더 과장해서 말하면 시는 복잡하고 풀기 어렵고 신기해야 한다고 생각하는 시인들이 늘어나고 있는 것 같다. 요즘 시들을 보면 그래서 무척 어렵다.

어쩌면 요즘 시들이 어려워지는 것은 세상이 복잡하고 삶이 복잡하고 그 안에서 살아가는 사람들의 생각이 복잡해졌기 때문일 수도 있다. 물론 틀리지 않은 지적이다. 문제는 쉬운 시를 통해 복잡한 세상과 삶과 정신 그리고 시를 치유할 수도 있다는 것이다. 손택수의 이 시는 시인의 간명한 생각이 쉬운 형식과 적절한 전언을 통해 알맞게 표현된 경우이다. 복잡해진 생각을 정리하는 데에 적절하지 않을까 싶다.


2.

손택수에게 시는 일종의 화선지 같은 것일 게다. 그렇게 생각하는 직접적인 근거를 「동백꽃」에서 찾을 수 있다.

> 동백꽃 멍울
> 까본 적이 있다
> 꽃소식 기다리다 지쳐 까본
> 멍울 속엔
> 흰빛이 겹겹
> 뭉쳐져 있었다
> 흰천에 살짝 떨어트린 붉은빛이
> 연하게 풀어져 있었다
> 이러다 어느 세월에 꽃을 다 물들일까,
> 선운사 동구 동백을 더듬다가
> 그 해 겨울
> 눈 위에 떨어진 동백을 보았다
> 멍울 속의 흰빛 모두 물들이고 나서
> 동백은 이제 온 천지의 눈을 물들일 기세였다

눈 덮인 온 천지를 제 꽃잎으로 알고

이글거리는 꽃

겹겹 동백 멍울 속에 내가

들어 있었다

―손택수,「동백꽃」

부끄러운 이야기이지만, 나는 붉은(만개한) 동백 이외의 동백을 본 기억이 없다. 손택수의 시를 보면서 동백이, 동백의 속살이 처음에는 하얗다가 차츰 연한 붉은 빛을 띠다가 결국에는 온 세상을 붉게 물들일 정도로 타오른다는 것을 알았다. 그 시간은 아마 계절의 윤환과 관련 있을 것이다. 겨울에서 봄으로 이전하는 그 느릿한 시간. 세상 모든 것이 멈춰 있다가 조금씩 제 빛깔을 찾아가는 기간과 대략 맞물려 있을 것이다.

이 시에서 눈길을 끄는 것은 하얗던 동백꽃이 붉어지는, 다른 말로 하면 붉은 빛깔이 하얀 동백 속살에 '번져가는' 시간이다. 동백은 꽃이 되기 위해서 붉은 기운으로 자신을 물들이고, 번져나올 듯, 묻어나올 듯, 새빨간 동백꽃이 된다. 시인은 그 과정을 음미하면서, 우주의 비밀과 오묘한 이치에 접근하는 것 같다.

선운사 동백이 흰빛 세상에 떨어져 이 세상을 물들일 기세로 타오르는 장면은 일종의 환상이지만, 그 환상은 글 쓰는 사람들이 꿈꾸는 세상의 아름다움이다. 제 것으로 남을 동화시키고, 자신의 아름다움으로 세상을 아름답게 치장하는 행위는 그것 자체로 미학이다. 따지고 보면 이 세상의 예술 작품들은, 그것을 만든 사람의 마음과 솜씨로 세상을 아름답게 치장하는 그 무엇이다. 동백꽃이 보는 사람들의 마음을 물들이고, 세상을 물들이고, 시로 태어나 읽는 이들의 마음을 물들이는 것처럼.

시인은 마지막 두 행에서 "겹겹 동백 멍울 속에 내가 들어 있었다"고 했다. 오역인지는 모르겠지만, 자연의 아름다움과 아름다움의 원리를 알아버린(어쩌면 어슴푸레한 직관일지라도) 시인의 느낌을 말하는 것이 아닐까 싶다.

번져가는 그래서 이 세상 여기저기에 묻어날 것 같은 아름다움은 꼭 눈에 보이는 화려한 빛깔만은 아닐 것이다. 「챙」이라는 시는 그 아름다움이 보이지 않는 것일 수도 있음을 알려준다. 또 「챙」이라는 시는 그 아름다움을 만드는 힘이 의외로 단순한 것임을 알려주기도 한다.

> 챙, 하면 떠오르는 빗소리
> 빗소리와 빗소리가
> 부딪치며 양철지붕 끝
> 처마에 챙을 단 집이 있었다
> 집안을 가리고 남은 여분이 살짝
> 밖으로 뻗어나와 만든 품,
> 하교길에 소낙비를 만나선
> 급한 마음에 우당탕탕 그 속을 비집고 든 적이 있는데
> ―손택수, 「챙」 부분

요즘 텔레비전 광고에도 비오는 거리에서 당하는 난감함이 자주 등장한다. 우산 없이 간 학교에서 비를 맞으며 돌아와야 하는 난감함. 어

린 날의 시인은 기다리지 않고 뛰어오는 편을 택한 것 같다. 그러다가 반갑고 고마운 '품'을 만난다. 남의 지붕 옆으로 살짝 나와 있는 처마의 챙.

시인은 급한 마음에 그 품으로 뛰어들고, 아주 작은 여분이지만, 그 여분이 만드는 고마운 공간에 감사했을 것이다. 인용한 시는 전반부로 그 자체로 하나의 느낌이고 깨달음일 수 있다. 다시 말해서 비오는 날의 난감함과, 그 난감함으로부터 시인을 구해주었던 작은 배려에 대한 기록일 수 있다는 말이다.

세상을 아름답게 만드는 힘은, 작은 것이다. 살짝 삐져나온 챙. 그 챙을 만들 수 있는 마음이 세상을 아름답게 만들었고, 그 아름다움에 시인은 적지 않은 고마움을 느낄 수 있었을 것이다. 이것은 마음과 마음의 번짐이다.

이 시의 후반부는 더 재미있다. 인용하지 않고 글로 설명하겠다. 챙 밑에는 먼저 뛰어들었을 누나가 있었다. 어릴 적에는 같이 뛰어놀았던 누나일 수도 있다. 그런데 고등학생이 되고는 왠지 거리감이 느껴지고, 가끔 만나면 마음이 들썩이는 누나일 수도 있다. 그 누나는 새초롬한 얼굴로, 비를 피하고 있었는데, 비를 맞아 섬연하게 드러난 몸매와 그 몸 위로 떠오르는 하얀 김이 묘한 분위기를 만들고 있었다. 시인은 어색해졌을 것이고, 자신도 가쁜 숨을 고르며 역시 하얀 김을 피워 올렸을 것이다.

하얀 김들은 그들이 토해내었을 숨과 함께 뒤섞이며 공중에서 묘한 얽힘을 보여준다. 시인은 더운 살 냄새도 번져왔다고 했다. 김, 숨, 향이 번져가면서 혼합되는 풍경은 상당히 에로틱한 정서를 자아내었을 것인데, 시인은 그 과정을 '마구 휘감겨들고' 또 '비벼댄'다고 표현했다. 서로 번져가는 열기인 셈이다.

  이 시는 두 부분으로 나누어져 있다. 전반부는 누군가의 배려로 만들어진 마음의 자리이고 후반부는 그 마음의 자리에서 무늬를 이루면서 엉켜 갔던 은밀한 기억들이다. 시인은 챙 밑의 공간을 '뭉긋이 흘러내려 깊어진 마음의 기울기'라고 표현했다. 두 사람은 짧은 시간, 좁은 공간에서도 나눌 것이 있었던 것 같다. 그것이 은밀한 생각에 불과할지라도, 세상의 어느 곳은 그러한 느낌이 기울어지며 교류되는 공간인 셈이다.

  손택수의 상상력은 물결치며 퍼져가는 파문의 모양을 닮았다. 그에게 아름다움은 동심원을 이루면서 여기저기로 밀려나고 전달되는 어떤 것이다. 그에게 은밀한 기억과 고마움은 서로 교류되는 것이고, 세상 구석구석으로 파고들어 뒤섞이는 것이다. 마치 연못에 떨어진 비가 물결을 만들고, 그 아름다운 무늬로 파장이 밀려가듯이 말이다.

  「연못에만 오는 비」는 손택수의 시적 상상력을 풀어내듯 설명한 시이다.

    저 한 방울의 빗물처럼
    나의 말도 너의 가슴
    어느 한 복판에 떨어지기라도 한 것인가
    수면을 건드리고 톡! 튀어올랐다
    가라앉기라도 한 것인가
    그래 비가 오는군
    물기슭까지 밀려온 파문에 밑둥을 흔들린 듯

>     버드나무 잎이 한 장 떨어지는 것이다
>
>                          —손택수, 「연못에만 오는 비」 부분

시의 후반부를 옮겨왔다. 더 다듬어졌으면 하는 아쉬움이 있지만, 손택수의 시적 목표와 취향이 두드러진 부분이 아닐까 해서 인용한다. 시의 전반부를 보면 연못에 이는 파문을 시인이 보고 옆 사람에게 말해주는 대목이 있다. 옆 사람은 하늘을 바라보고, 웬 뚱딴지같은 말을 하느냐는 표정을 지었다. 하지만 시인은 물결을 보았고, 무언가가 연못에 파문을 일으킨 것을 알았다. 그러나 비가 왔느냐 오지 않았느냐는 그리 중요하지 않다.

만일 연못이 세상이라면 어떨까. 우리는 무언가가 파문을 일으키는 광경을 보게 된다. 그 광경을 목격한 이가 시인이라면 그 광경을 시로 옮길 수도 있다. 그 광경을 목격한 이가 마음씨 좋은 이라면 챙을 더 넓게 지을 수도 있다. 별빛의 뜨락을 만들어주고 싶은 이라면 별빛이 세상에 일으키는 빛의 파문을 더 일찍 그리고 더 넉넉하게 만들어주고 싶을지도 모른다.

세상의 말과 표정과 행동과 아름다움은 세상에 무늬를 이룬다. 그 무늬는 누군가의 내부로, 세상의 구석으로, 시의 심층 언어로, 아름다움의 자질로 바뀌어, 목격되고 기억되고 저장되고 때로는 다른 누군가에게 전달되고 소중하게 간직될 것이다. 「연못에만 오는 비」는 누군가의 착각이지만, 그 착각은 아름다운 착각이고, 세상을 이롭게 자신을 견실하게 만드는 착각이다. 이런 착각은 많이 있어도 괜찮을 듯하다. 사족으로 덧붙이자면, 시가 바로 이러한 착각이다. 문제는 세상을 아름답게 만들 착각인가, 아니면 더욱 혼란하고 누추하게 만들 착각인가이다.

## 3.

「앙큼한 꽃」과 「구층탑」은 두 갈림길을 보여주는 시이다. 「앙큼한 꽃」만 인용해보자.

이 골목에 부쩍
싸움이 느는 건
평상이 사라지고 난 뒤부터다

평상 위에 지지배배 배를 깔고 누워
숙제를 하던 아이들과
부은 다리를 쉬어가곤 하던 보험 아줌마,
국수내기 민홧토를 치던 할미들이 사라져버린 뒤부터다

평상이 있던 자리에 커다란 동백 화분이 꽃을 비웠다
평상 몰아내고 주차금지 앙큼한 꽃을 피웠다

―손택수, 「앙큼한 꽃」

평상이 차지하던 공간에 누군가가 소유권을 명시하는 화분을 가져다 두었다(이 화분이 동백이라는 점은 조금 아이러니하다). 물론 평상은 사라졌을 것이다. 평상은 누군가의 개인 소유가 아니었기 때문이다. 평상이 있었을 땅의 주인은, 이제 그 땅을 남을 위해 쓰려고 하지 않는다.

하지만 그 주인을 나무랄 수는 없다. 이 세상의 많은 사람들이 차를 소유하고 있고, 이제 차를 가진 사람이 안 가진 사람보다 많은 세상에서 그 주인에게만 차를 사지 말라고 할 수는 없기 때문이다. 이 주인도 세상의 흐름에 맞추어 차를 샀고, 세상의 상식에 맞추어 평상을 거둬들이고 대신 주차 공간을 마련했다.

하지만 이 작은 선택이 마을에 작지 않은 혼란을 가져온다. 애들은 쑥덕거리며 숙제할 공간을 잃었고, 지친 보험 아줌마들은 쉴 곳을 잃었다. 할머니들은 모여서 놀 공간을 따로 찾아야 했다. 이제 그 자리는 아름다운 동백 화분이 당당하게 차지하게 되었다.

앞의 시「동백꽃」을 상기해보자. 물론 임의적인 비교지만,「동백꽃」의 동백은 봄이 오는 것을 알려주는 '지표식물'이었고, 세상의 아름다움이 번져가는 순간을 목격하는 미적 결정체였다. 하지만 이 동네의 동백은 사람들의 미움과 독선과 이기심을 증명하는 애물단지에 불과하다. 앞에서 말한 갈림길로 말하면 세상을 더욱 누추하고 비좁고 아름답지 못하게 만드는 착각이다. 이 동백은 그 앞을 지나가는 사람들에게 불화를 번지게 하는 마음의 파문인 셈이다.

반면「구층암」은 다르다.

처마 아래 기둥이 움푹 패였다
함박눈이 푹푹 내리던 날
그 속에서 새 소리가 들려왔다
겨우내 그 새 어디에서
새끼에게 줄 먹이를 구할까

또 누가 이 치운 날

새의 먹이가 되어

저 구멍 속으로 들어가 줄까

구층을 받치고 있는 건 나무 기둥,

그 중 몇 할은 새 소리, 입 쩍 벌린

새끼들 목구멍 속으로 들어가는 벌레울음 소리

구멍 속에 구멍이 있다

안으로 패인 기둥이 지붕을 받쳐 들고 있다

안으로 조금씩 무너져 내리면서

무너지지 않고 있다

보수공사를 하고 싶어도

저 구멍을 버릴 수 없어 하지 못한다.

—손택수, 「구층암」

「구층암」은 처마 기둥 아래 새집을 보고 지은 시이다. 시인은 '처마 아래 기둥이 움푹 패였다'고 말했다. 제목을 염두에 두면, 절벽을 비유한 것 같기도 하지만, 일단 집의 기둥이 움푹 패였다고 이해하자. 패인 곳에는 새들과 그 새끼들이 살고 있다.

시인은 걱정을 한다. 이 엄동설한에 어떻게 새끼의 먹이를 구할까라고. 연민의 정서가 가득하다. 또 시인은 아름다운 선택을 한다. 새들을 위해 기둥을 수리하지 않기로. 왜냐하면 나무 기둥이 패여 위험하기는 하지만, 새들도 당당한 입주자로서 살 권리가 있다고 인정했기 때문이다.

새들과 같이 살아본 사람은 새들과 같이 사는 것이 얼마나 어려운지를 알고 있다. 시끄럽고 지저분하고 집안에는 벌레들이 들끓는다. 시에서는 계절이 겨울이라서 그나마 다행이지만, 여름이 되면 냄새도 심하게 풍긴다. 기둥이 무너질 위험이 없다고 해도, 당장 없애고 싶은 생각이 들지 않을 수 없는데, 시인은 꾹 참는다. 아름다운 인정과 은혜를 베풀고 있다.

 시인은 아름다운 착각을 하고 있는 셈이다. 시인은 새의 마음이 되어 세상을 보고, 위험한 기둥이지만 남겨두어야 한다고 생각한 것이다. 평상을 없애는 마음과, 새집을 위해 참는 마음. 두 마음은 기실 하나의 뿌리에서 나왔다. 단지 한쪽은 누군가에게 번져갈 자신의 마음을 보지 못한 경우였고, 다른 한쪽은 나에게 들려오는(퍼져오는) 소리를 외면하지 않은 경우였다.

4.

 늘 아름다운 세상을 위한 노력은 섬뜩한 마음으로 읽혀지기도 한다.

> 나무 뿌리가 하수도
> 관을 뚫고 들어간다
> 드르르르 드릴처럼
> 뚫고 들어간 뿌리가
> 오물들을 빨아들인다
> 부글부글 끓어대는 거품들.
> 뿌리에 태아가 걸리고

> 실종된 누군가의 팔 한 짝이 걸리고
> 눈을 파먹힌 고양이가
> 걸리기도 한다
> 나뭇잎의 푸르름은 고통의 빛깔
> 걸러내고 걸러내다 지쳐
> 으윽 윽 게워내는 초록
> 나무가 광기로 번뜩이는 걸
> 아무도 알지 못한다
>
> ─손택수, 「나무는 광기로 푸르다」

산을 좋아하는 사람들은 금방 알지만, 나무는 인내력이 무척 강하다. 나무는 세상의 많은 번잡한 것들의 스승이 될 수 있다. 그들은 조용하고 웬만해서는 아픔이나 불만을 이야기하지 않는다. 묵묵한 적요 속에서 항상 명상하며, 부족하고 잘못된 것들을 치유한다.

「나무는 광기로 푸르다」의 나무도 그러하다. 나무는 이 세상의 낮은 곳에 뿌리를 내려, 그 안을 정화하려고 한다. 이 시의 중간 시행들은 다소 비현실적이다(거품, 태아, 팔 한 짝, 고양이 등). 헐리우드 영화에서 보았음직한 광경이 다소 이물감을 준다는 뜻이다. 그러나 시인의 의도는 이 세상의 잘못된 착각에 대해 이야기하는 것 같다. 비정상적인 질서, 헛된 탐욕, 이기심 등을 말하고 싶은 것이다. 복잡함에 대해서도 말하고 싶은 것이다.

나무는 세상을 치유하려고 한다. 묵묵히 버려진 것들을 거두고 자신의 몸으로 흡수하려 한다. 더러운 것을 자신의 내부로 번져오게 함으로써, 세상에 아름다운 것들만 남아 있게 하려는 시도일 것이다. 그러나 나무도 곧, 지치고 만다.

　이 시가 충격적인 것은 '나무의 지침'을 초록으로 표현했다는 점이다. 우리는 신록을 보면서 생의 환희를 느낀다. 아름다움의 원천이라고 믿고, 하늘의 이법을 담은 신비라고 생각한다. 그런데 시인은 환희의 색을 나무들의 구역질로, 더 이상 참을 수 없는 증오로, 무엇보다 악에 받친 광기로 읽어낸다. 이것은 충격이 아닐 수 없다. 다행인 것은 나무들의 광기가 초록빛으로 묻어나온다는 점이다. 그렇다고 광기의 색이 따로 있는 것은 아닐 테지만, 지금으로서는 초록빛이어서 다행이라는 생각이 든다.

　곰소는 소금입니다 젓갈맛의 유명세 뒤에 숨어서 은근히 젓갈을 익히는 소금맛입니다 옛날 선운사에 한 스님이 사셨는데, 이 스님이 의지할 데 없이 떠도는 火賊떼를 끌어모아 제염법을 가르쳐 주었다고 합니다 화적떼였으니 얼마나 이글거렸겠습니까 어마 뜨거라 살이라도 데일까 모다들 멀리 멀리 피해 다녔겠습니까 그런데 스님은 그 이글거리는 불을 끄지 않고 살려 더 부채질을 했습니다 타오르기로 했으면 제대로 타올라라 저 바다를 통째로 불살라 버려라 바닷물이 하얀 재가 되어 사라져버릴 때까지 다비식을 치루고 떠난 스님은 참 바다와 같은 분이었습니다 어쩌면 스님도 화적떼의 불길 속으로 들어가 자신을 태워버리고 싶었는지 모릅니다 하얀 사리알이 되어 살과 뼈가 통째 짓물러터지는 이 땅을 짭조름하게 버무려주고 싶었는지 모릅니다 곰소에 한 번 가보셔요 화적떼 같은 열기를 품고 염전 옆에서 젓갈에 빼빌빼빌 밥이라도 한 번 비벼드셔 보셔요 세상엔 참 이렇게 짜디짠 열반도 있구나 싶을 것입니다 골코롬한 젓갈맛이 성스

럽게 느껴지기도 할 것입니다

—손택수, 「聖젓갈」

「나무는 광기로 푸르다」가 초록색에 관한 시였다면, 「聖젓갈」은 붉은 색에 관한 시이다. 「나무는 광기로 푸르다」가 초록이 지닌 생명의 환희를 끔찍한 악몽으로 바꾸었다면, 「聖젓갈」은 공포의 화염을 인자한 희생으로 바꾸고 있다. 특히 이 시를 보면 젓갈의 붉은 색과, 화적(火賊) 떼의 붉은 이미지와, 붉은 불꽃의 인자함과, 불꽃 속에서 산화하는 거룩함이 온통 뒤섞여 있다.

누군가의 희생을 통해 세상은 소금을 얻고, 젓갈을 얻고, 맛있는 밥을 얻고, 옛 이야기 속의 도적은 감화를 얻었다. 누군가의 희생은 세상을 짜게(이 시에서 짜다는 것은 이롭다는 뜻이다) 만드는 힘이었다.

다시 나무의 희생을 생각하자. 더 거슬러 올라가면 별빛의 산책을 위해 밤의 뜨락을 내준 마을 사람들을 생각하자. 비를 피할 수 있는 챙을 만든 사람과, 평상을 제공했던 사람과, 새와 새끼들의 안위를 돌보았던 사람을 생각하자. 그들은 서로에게 마음을 나누어주는 사람들이었다. 그들의 언어는 물결치는 마음의 무늬로 서로에게 전달되었다.

손택수의 시는 그 마음의 무늬를 찾아 옮겨오는 행위이다. 그의 시는 또한 사람과 사람 사이에 번져가는 마음의 문양을 어루만져, 시의 언어로 다시 묻어나게 하는 중계 행위이다. 그의 시가 아름답고 또 존중받아야 하는 이유가 여기에 있다.

나는 시가 명상이 되어야 한다고 생각한다. 유행가가 될 시도 있어야 하겠지만, 시의 깊이는 명상이 가능할 때 달성된다고 믿는다. 그러기 위해서는 시가 세상의 복잡함을 그대로 닮는 것보다는, 세상의 복잡함을 넘어설 수 있는 근원적인 힘을 주목해야 할 것이다. 시의 언어가 차갑고 냉정해야 하지만 그 안에 온기가 있어야 하고 그 밑자리에 세상살이에 대한 관심이 있어야 하는 것도 어떻게 보면 같은 이유이다. 손택수의 시가, 차가운 언어가 지나치게 득세한 세상에서 좋은 시의 무늬를 이루기를 바라는 것도 같은 이유이다.

# 말(言)로 그린 그림

―박성우의 시 세계―

### 1.

내가 처음 본 박성우의 시는 『창작과비평』 2004년 여름호에 실린 「도원경」이었다. 젊어 보이는 사람이 이런 시를 쓸 수 있다는 점에 나는 깜짝 놀랐다. 어지러운 현실을 어지러운 언어로 묘사하는 것에 익숙하다고 할 수 있는 요즘 젊은 시인들에 비해, 그의 시는 무언가 다른 품위를 지니고 있었다. 이 한 편의 시로 나는 그를 주목하게 되었고, 그의 시가 지닌 요체를 꿰뚫어 본 것 같은 희열도 느끼게 되었다.

그 이후 각종 문예지를 살피면서 간혹 그의 시를 읽을 수 있었다. 그의 시는 여타의 젊은 시들과 확실히 달랐다. 그의 시는 동요하는 물상과 어지러운 세상에 좀처럼 휩쓸리지 않는 소중한 미덕을 지니고 있었다. 그렇다고 세상을 등지고 자신을 세상 바깥으로 위치시키려는 도피성 고고함과도 거리가 멀었다. 그는 세상의 물결 속에 있되, 그 물결에 함부로 떠밀리지 않았고, 세상과 거리를 두되, 그 거리 안에는 세상에 대한 동정과 이해가 함께 자리하고 있었다.

이러한 미덕은 그의 시를 고전적으로 보이게 만든다. '고전적'이라는 어사는 이 시대에 그리 융통성 있는 칭찬으로 인정받지 못한 지 오래다. 그의 시가 지닌 따뜻함과 구수함은, 세련과 유행과 변화와 파격이라는 새로운 문화적 충격에 비하면 상대적으로 보잘것없는 것처럼 느껴지기 때문이다.

그럼에도 그의 시는 아름답다. 아름다운 것은 인간에 대한 이해가 있기 때문이며, 잘못된 세상을 함부로 나무라지 않는 겸손이 있기 때문이다. 오래된 것의 가치를 알고 이를 묵묵히 실현시킬 수 있기 때문이며, 가난하고 나약하고 잊혀진 것에 대한 동정과 포용이 있기 때문이다. 그의 시는 그의 이러한 마음과 안목을 잘 보여준다.

나는 그의 시가 21세기 한국 문단에 중요한 대안이 될 수 있다고 믿는다. 또한 2000년대 중반을 넘어서는 시점에서 한국 시단을 돌아볼 때 빼놓을 수 없는 성과로 기억되어야 한다고 믿는다. 그것은 그의 언어가 세련되지 않으면서도 세련된 품격을 지니고 있기 때문이다. 그의 시는, 시가 단지 우울과 감상과 감정적 독백과 자신만이 읽은 세상에 대한 수음이 되지 않아야 하는 이유를 일러주기 때문이다.


## 2.

그의 신작시를 읽기 전에, 과거 그가 보여주었던 시세계를 점검한다는 의미에서, 그의 시 「도원경」을 읽어보겠다. 그의 시와 이에 잇대어진 나의 분석 역시 이미 기존의 글을 통해 발표되었던 것임도 아울러 밝혀둔다.

뻘에 다녀온 며느리가 밥상을 내온다
아무리 부채질을 해도 가시지 않던 더위
막 끓여낸 조갯국 냄새가 시원하게 식혀낸다
툇마루에 나앉은 노인이 숟가락을 든다

남은 밥과 숭늉을 국그릇에 담은 노인이
주춤주춤 마루를 내려선다 그 그릇 들고
신발의 반도 안되는 보폭으로 걸음을 뗀다
화단에 닿은 노인이 손자에게 밥을 먹이듯
밥 한 숟갈씩 떠서 나무들에게 먹인다

느릿느릿 빨간 함지 쪽으로 향하던 노인이
파란 바가지 찰랑이게 물을 떠다가
식사 끝낸 나무들에게 기울여준다
손으로 땅의 등을 가볍게 토닥여주는 노인,
부축하고 온 지팡이가 다시 앞장을 선다
어슬렁어슬렁 기어온
고양이 한 마리가 나무 밑동으로 스며든다
툇마루로 돌아와 앉은 노인이 예끼, 웃는다

군산시 옥도면 대장도리 1-5번지에는

> 무릉도원에 닿아 있는 아흔의 노인이 산다.
>
> ―박성우, 「도원경(桃源境)」

뻘에 나가 일하던 차림으로 며느리가 시아버지로 보이는 노인에게 밥상을 차려준다. 노인은 더위에 시달리다가 '막 끓여낸 조갯국 냄새'에 정신이 번쩍 들면서 더위가 물러가는 것을 느낀다. 맛있게 한 끼 식사를 마친 후 그는 남은 음식을 주섬주섬 모은 후, 마당을 가로지르기 시작한다.

느릿하고 둔한 걸음이다. 한 걸음 한 걸음이 거의 전진하지 않는 듯 앞으로 나가는 형국이고, 남은 음식을 모은 국그릇도 위태하다. 그래도 노인은 어디론가 가고 있다. 힘겨운 여정의 끝은 화단이다. 그리고 노인은 화단에 있는 나무에게 밥을 먹인다. 한 숟가락씩 떠서 정성들여 나무에게 밥을 먹인다.

노인은 나무가 배고플까봐 밥을 먹이고 식사 잘 하라고 물도 먹인다. 손자를 돌보듯 자연스러운 몸짓이다. 고양이 한 마리가 나무의 밥을 먹겠다고 다가오면, 나무가 굶을까봐 걱정도 한다. 그러나 차마 배고픈 고양이를 크게 나무랄 수 없는지, '에끼' 하고 웃고 만다. 아마 고양이를 내쫓고 싶지만 인자한 마음에 그렇게 할 수 없는 눈치이다. 그에게는 고양이도 소중한 식구다.

식구(食口)는 한 집안에서 함께 살며 끼니를 같이 하는 사람을 가리킨다. '사람'이라는 말이 걸리기는 하지만, 이쯤 되면 이 노인에게 나무는 식구라고 할 수 있다. 적어도 가구(家口)는 될 듯하다. 노인은 자애의 마음으로 나무를 돌본다. 그에게는 나무도 가축이고, 손자이고, 식구이다. 살아 있는 것들에게 보내는 애정에는 차이가 없다.

이 시는 노인의 마음을 선명하게 보여주고 있다. 만물을 향한 차등 없는 노인의 사랑은, 곧 살아 있는 것들을 향한 경외심이다. 그리고 살아 있는 자신에 대한 감사이며, 자신을 낮추고, 보잘 것 없는 것일지언정 존중할 줄 아는 마음이다. 이러한 노인의 마음 씀씀이는 각박한 우리네 삶에 신선한 충격이 아닐 수 없다.

　또 하나 충격이 있다. 사실 노인의 행동에는 비정상적인 소지가 있다. 노인의 착한 마음을 이해하려 들지 않는 이에게는 골치 아픈 행동일 수 있다. 음식 썩는 냄새가 진동할 것이고, 고양이들이 들락거리면 신경이 쓰일 것이라고 머리를 흔드는 식구들이 있을 수 있다. 특히 며느리가 있다면 시아버지의 치매에 가까운 행동을 나무랄 수도 있다.

　그런데 이 시에서 며느리는 조용히 묵인하고 있다. 시는 며느리의 시선을 조용하게 누그러뜨렸지만, 며느리는 이런 시아버지의 행동을 모르지 않을 것이다. 그래도 쓰다달다 한마디 말이 없다. 그런 그녀의 침묵이 왠지 나에게는 그녀가 평화롭게 웃음 짓고 있는 것처럼 느껴진다.

　시인은 이 집을 무릉도원에 견주고 있다. 무릉도원은 평화가 있고 고통이 덜한 이상적 삶의 공간이다. 노인은 나무를 사랑하고 만물을 평등하게 아낀다. 며느리도 이러한 노인을 이해하고 적어도 자신의 불만을 터뜨리지 않는다. 서로 이해하고 상대를 아끼는 마음이 감돌고 있다. 그래서 이 집은 도원경이 부럽지 않다. 이 집 나무는 어쩌면 참 행복한 나무일 수도 있다.

　이 시는 어떤 노인과 그의 며느리의 모습을 부각시키고 있다. 박성우 시의 특징이 이러한 인간에 대한 소묘이다. 박성우는 개인적인 서정, 그러니까 시인의 감정을 표현하는 것보다, 세상의 모습, 특히 어떤 개인의 인상을 그려내는 데에 익숙하며 그것에 큰 장기를 발휘한다.

박성우의 시가 가치 있게 느껴지는 대목이 여기이다. 그는 여타의 시인들이 버리고 간 자리에 있는 느낌이다. 다른 시인들이 도시화된 풍경, 인간 사회의 내적 욕망, 여행지의 화려함과 감회 혹은 시인 자신의 감정적 동요 심지어는 자연의 풍광과 아름다움에 집착할 때, 사람, 이웃, 그것도 타인이라는 대상에 집중하고 있다. 그의 시는 그 중심인물의 표정과 행동, 그 인물을 중심으로 이루어지는 세상의 양태를 '언어로 그린 그림'이다. 최근 새롭게 발표한 8편의 시적 성향도 이러한 맥락을 따르고 있으며, 설령 삶의 풍경이 어떤 인물보다 부각된 경우라 해도, 중심인물 덕분에 삶의 풍경이 더욱 의미 있게 그리고 아름답게 그려졌음을 부인하기 힘들다고 할 수 있다.

### 3.

「도원경」과 가장 비슷한 정서를 전하는 시는 「동행」이다. 「도원경」이 시아버지와 며느리 사이의 관계와 풍경이었다면, 「동행」은 시어머니와 며느리 사이의 관계이자 풍경이다.

>멈추어 있는 듯
>움직이는 리어카 더얼컹,
>지푸라기 낀 바퀴는 굴러
>관촌 주천들녘 농로 돌아
>살얼음 낀 오원천(烏院川)

주천다리에 멈춘다

　　손잡이 놓은 여자는
　　콧물 훔친 목장갑 벗고는
　　봇짐처럼 실려 온
　　여자아이의 볼을 비벼준다
　　쿵, 해도 가만있는 아이
　　물코를 닦아 몸빼바지에 닦는다

　　다리 위의 두 여자는
　　조용조용 중얼중얼
　　들판을 보고 먼 산을 본다
　　짐칸에 탄 아이가
　　고개 끄덕이자 몸빼바지는
　　허리를 굽혀 리어카 당긴다

　　리어카 끌고 마을로 가는
　　몸빼바지 며느리도
　　아이가 된 시어머니도
　　된서리 맞은 허연 볏단머리다

　　　　　　　　　　　—박성우, 「동행」

　시인은 제법 멀리 떨어진 거리에서, 리어카가 서서히 움직이는 풍경을 바라보고 있다. 몸빼바지를 입은 초로의 여인이 힘겹게 리어카를 끌고 있고, 리어카에는 소녀로 보이는 작은 몸집의 여자아이가 앉아 있다. 아마 쭈그려 앉아 있었던 듯, 소녀의 모습은 정확하지 않다. 멈추어 있는지 움직이고 있는지 모를 정도로 천천히 움직이던 리어카가 그만 덜컹한다. 무엇인가에 걸렸을까. 아니면 너무 낡은 바퀴에 문제가 생겼을까. 바퀴는 이미 험한 길을 통과한 듯 지푸라기가 묻어 있다.

몸빼바지의 여자는 뒤에 탄 여자가 걱정되는 듯, 리어카를 멈추고 목장갑을 벗고는 뒤로 가서 소녀를 살핀다. 소녀의 볼이 얼어 있는 것이 안 되었다는 듯 콧물 훔친 목장갑을 벗고 소녀의 뺨을 쓰다듬는다. 언 뺨이 풀어지라고 살살 비벼준다. 멀리서 이 광경을 지켜보는 시인은 자연스럽게 어머니와 딸의 관계를 연상한다.

'내리사랑' 만이 우선적으로 통용되는 이 시대에, 자신의 딸이 아니면 그 추운 겨울날 장갑을 벗을 리도, 리어카에 태우고 조심스럽게 길을 갈 리도 없어 보이기 때문이다. 어쩌면 다리 앞에서 무서워하는 아이를 달래는 모습으로 보이기 때문이다. 어린 아이를 달래는 엄마의 모습.

이 시가 매력적인 또 하나의 이유는 4연에 배치된 반전 때문이다. 모두들 '내리사랑' 의 정겨운 풍경으로만 알게 했던 두 모녀의 관계가, 사실은 전도된 고부관계였다니. 우리가 알았던 몸빼바지 여인은 며느리였고, 그 뒤의 작은 소녀는 시어머니였다. 우리가 소녀로 알았던 몸집이 작은 여인은 며느리의 보살핌을 받고 있었던 시어머니였다.

이러한 반전은 이 시가 3연까지 간직했던 온기를 더욱 따뜻하게 만든다. 어머니와 딸의 관계로 알았을 때도 이 시에는 잃어버린 온정을 잘 구현했다는 평가가 가능했는데, 그 관계가 고부간의 관계로 전도되면서 우리 사회에서 잊혀진 하나의 미풍양속을 상기시키는 효과도 거두게 된다. 이것은 박성우의 시가 우리 사회에 던지는 점잖은 충고이자 사려 깊은 전언이라고도 할 수 있다. 매정한 우리 사회를 준열하게 비판하기보다는, 가만히 끌어안는 포용과 미덕을 보여주었다고 할 수 있다.

4.

장삼이사(張三李四)의 삶을 묘사한 작품으로 「장산도 가시내」, 「피싱따이위에」, 「기왓장」 같은 시를 들 수 있다. 「장산도 가시내」는 장산도에서 왔다는 소리 공부하는 여자의 모습을 묘사하고 있고, 「피싱따이위에」는 '나시족 여자 리슈우썅(李秀香)'이 '거우스웬(口琴)'을 연주하는 모습을 묘사하고 있으며, 「기왓장」은 기와를 옮기는 인부의 모습을 묘사하고 있다.

거꾸로 말하면, 박성우의 시는 보통 사람들의 모습을 그리고 있다. 그래서 그의 시들을 연속해서 읽으면, 우리가 어떤 마을에 온 듯한 착각을 불러일으킨다. 그 마을에는 장산에서 소리 공부하겠다고 온 '가시내'가 살기도 하고, 중국 나시족 여자의 구금 소리가 나기도 한다. 또 기왓장을 허물고 새로 공사하는 기척이 들리기도 한다. 마치 이웃 마을의 풍경을 보는 듯한 친근감이 서려 있다.

이것은 박성우 시가 지닌 시선과 언어의 힘이다. 박성우는 무심결에 지나칠 만한 풍경도 사람을 중심으로 포착하여, 잃어버린 기억 속의 한 장면으로 재구성한다. 그리고 그러한 시편 사이에 연계 다리를 놓아, 마치 어떤 마을을 구경하는 듯한 인상을 조성한다. 그의 시는 그가 그러낸 이웃들이 살아가는 마을이자 공간이고 여백이자 집인 셈이다.

서정주의 『질마재 신화』 시편들이 이것과 유사하다. 서정주는 질마재 마을의 주민 한 사람 한 사람을 시로 초대하여 그들에게 말하게 하였다. 어떤 때는 그들의 입을 대신하고 그들의 노래를 대신하고 그들의 삶을 대신하여 보여주기도 했다. 그러한 시선 속에서, 그들의 말을 대체하는 발화 속에서, 서정주의 시는 아름다운 세상의 한 구석을 만들어내었다. 그 마을은 분명 현실 속에서 보기 힘든 마을이지만, 현실을 살아가는 인간이라면 공유하고 기억하고 싶은 마을이다.

혹, 박성우도 그러한 시 작법을 이루고 싶은 것은 아닐까. 그가 언어를 다루는 방식은 서정주와 다르다. 그러나 그가 세상을 보고 사람들을 보고 시로 그들을 포착하는 방식은 서정주와 비슷하다. 그것은 박성우가 서정주를 사숙했기 때문만은 아니다(나는 그가 서정주를 사숙했는지 알지 못한다). 적어도 나에게는 그렇게 보인다. 그것은 박성우가 바라보는 세상과 서정주가 바라보았던 세상이 궁극적으로 일치하기 때문이다. 박성우는 잃어버린 사물의 세계를, 이미 잊혀진 세상의 한 구석을 펼쳐 보임으로써 시적 감식안을 견지하고 있다고 볼 수 있다. 여기서 「장산도 가시내」를 읽어보자. 별다른 설명 없이도 이 시는 절창이 될 수 있다.

　　전라도 신안 장산도서 온 가시내
　　갯벌 같은 사투리 질펀질펀 쓰는 가시내
　　소리공부 헌답시고 도망쳐 나온 가시내
　　뭍에 나가 헐 짓거리가 그리 읍다더냐
　　소리 배와서 기생질 헐라고 그라냐

아부지와 인연 끊은 독헌 가시내

밥상머리 떡 허니 밀고는 소리를 헌다

춘향가도 수궁가도 흥보가도 아닌

무신 청승이 나서 상여소리를 헌다

어노 어노 어나리 넘차 어노

밥상머리에 앉은 사람들 어안이 벙벙하다

지 아부지 눈감았다는 소식 듣고서야

소리공부 접고 장산도로 들었다는 가시내

아부지 살아생전 한번도 못 들려준 소리

꽃상여 타고 먼 길 갈 적에야 상여잡고

첨이자 마지막 소리 올렸다는 가시내 그 소리가

상여소리였다고 소짝새처럼 우는 가시내

죄다 물 범벅으로 울려 놓고

지 혼자 해죽해죽 섧게 웃어쌓는 장산도 가시내

―박성우, 「장산도 가시내」

　이 시는 장산도라는 외딴 섬에서 흘러온 여자의 소리를 듣는 청중의 입장에서 쓰여졌다. 여자는 고생을 많이 한 듯하다. 그것도 마음고생을 많이 해서, 그녀의 소리에는 애절함이 배어 있다. 많은 듣는 이들은 그녀의 사연과 함께 소리를 들었고, 그녀의 소리에 취해버렸다. 그들이 흘리는 눈물은 바로 그 서러움에 대한 동정이었다.

　문제는 마지막 행의 반전이다. 여자는 다른 이들을 울려놓고, '지 혼자 해죽해죽' 웃는다. 시인은 섧게 웃었다고 했지만, 실은 그녀는 허탈하게 웃었을 것이다. 그것을 보고 있는 사람들이 서럽다고 느꼈을 뿐.

그녀의 삶을 언어로 그려내는 박성우의 힘은 이 마지막 행에서 빛을 발한다. 왜냐하면 슬픔의 정서, 한의 정서를 어둡고 우울하고 적막하고 관념적으로 밀고 가지 않고, 그 안에 반대되는 감정, 웃음의 정서, 허탈의 여유로, 초연의 미학을 담을 수 있었기 때문이다. 이로 인해 그의 시는 보통 사람들의 애환을 끌어안되, 그 안에서 철벅거리며 끌려다니지 않고, 그들의 애환을 지켜볼 수 있는 거리를 확보하게 된다.

'지 혼자' 우울하게 소리하고, 그 소리를 듣는 청중들까지 한없이 우울하게 묘사했다면, 그것은 삶의 우울함이 아닌, 시인의 관념적 우울함 밖에는 되지 못했을 것이기 때문이다.

## 5.

박성우에게 세상은 공부해야 할 대상이다. 박성우는 세상을 산다는 것을 일종의 공부라고 생각하는 것 같다. 이러한 태도는 그의 시를 겸손하게 만든다. 또 그가 접하는 세상과 그 세상을 살아가는 이들에게 경외감을 갖게 만든다. 시 「장 담그기」에는 이러한 시인의 태도가 잘 녹아 있다.

짚으로 묶어 띄운
메주 씻어 채반에 널었다
주둥이 큼지막한 독을 골라
찌끼 우려내어 닦아 두고는

빨간 함지에 감천 약수를 붓고
천일염 한 됫박씩 되어 녹였다
달걀이 엽전 크기만큼 떠올라서
널찍한 덮개 닫아 먼지 막았다

병술년 음력 정월 스물 닷새
말날(午日) 아침에 장 담근다

꽃망울 툭 불거진 매화나무집
장독대에 독을 걸고 메주 앉힌다
무명천에 거른 맑은 소금물
독 어귀까지 남실남실 채운다 둥실
떠오른 메주에 소금 한줌 더 얹히고
참숯 두개 고추 대추 여섯씩 띄운다

장독대 식구가 셋이나 늘어
왼 새끼 꼬아 금줄을 친다
장 담는 공부 가르쳐 주는
쥔집 할매의 잔소리가 여기서야 그친

—박성우, 「장 담그기」

　이윤택의 희곡 「어머니」에 보면, 어린 딸에게 옷감 짜는 법, 장 담그는 법, 반찬 하는 법을 가르치는 아버지가 나온다. 그 아버지는 학교를 보내달라는 딸에게, 사는 게 공부이며, 딸이 우선 배워야 할 것은 한 가정을 건사하는 아낙으로서의 도리라고 말하고 있다.

위의 시를 읽으면서, 연극 「어머니」에서 할머니가 된 여인(손숙 분)이, 과거의 친정아버지 말을 회상하는 대목이 생각났다. 위의 시도 지금은 공부가 아닐 수 있는 '장 담그기'를 공부라고 말하고 있다. 요즘 젊은 여성들에게 장을 담그는 절차는 삶의 필수적인 행위가 아니다. 귀찮고 어려운 일이며, 비경제적인 선택일 수밖에 없다. 따라서 '장 담그는 일'이 우리의 관심사가 될 수 없다는 생각이 널리 퍼져 있다.

그런데 시인은 시 문면 가득 장 담그는 절차를 묘사하고 있다. 솔직히 나도 이러한 절차를 구경한 적이 없어, 구체적으로 시적 정황을 파악할 능력이 없다. 하지만 시인의 생각을 읽을 수는 있다. 시인은 우리 곁에서 아무 것도 아닌 일이 되어버린 장 담그기에 묘한 가치를 부여하고 있다. 그 가치는 그의 시를 고전적인 지혜로 만들고, 그러한 시를 읽은 이들에게 세상살이에 대한 확장된 화두를 던져준다.

어째서 장 담그기가 공부가 될 수 있을까. 그냥 노동이나 놀이가 아니고. 장 담그기는 무한한 인내력을 필요로 하는 행위인 것 같다. 옛날에는 삶을 살아가기 위한, 다시 말해서 음식을 만들기 위한 유일한 그리고 필수적인 선택일 수밖에 없었지만, 지금의 시대에서 과거의 음식 조리법을 그대로 따른다는 것은 그 자체로 인내이고 호기심이고 가치 수호이다. 쉽게 말하면, 자기 확신이 없으면 불가능한 행위이자 선택이 되어버렸다.

살아오던 방식을 고수하는 것. 그리고 그렇게 가족의 일원이 되어버린 장독에 대한 애정을 품는다는 것은 삶에 대한 예의이고 가정에 대한 사랑이며 모두에 대한 배려이다. 장을 담그는 행위는 주인집 할머니의 잔소리를 들어야 하는 귀찮은 절차이지만, 그 일을 통해 자신의 삶과 주변인의 삶에 대한 이해와 외경심을 한꺼번에 경험하게 된다.

　박성우의 시작 태도는, 최선을 다해 세상을 이해하는 것이 아닐까 싶다. 그에게 남에게 평범한 것이 새로워 보이는 것도 그러한 까닭일 것 같다. 이러한 태도는 다른 시에서도 확인된다.「모내기」의 5연을 보면, "물 뿜어대는 양수기가 요란케 바쁘다 / 밥벌이 일터 동료와 나도 이래저래 / 고꾸라지고 나엎어지면서 일손 보탠다"고 되어 있다. 이러한 구절은 논일과는 무관한 시인이 삶의 현장에 참여한 소회를 다루고 있다.

　여기서도 시인의 태도는 주목된다. 시인은 멀리서 모내기의 목가적인 풍경을 전하는 것이 아니라, 현장에 발을 담그고 이리저리 넘어지면서 일을 하고 있다. 모내기를 하나의 공부로, 삶을 살아가기 위해 최선을 다 해야 하는 수양으로 여긴다. 그러므로 모내기는 시인에게 일단 노동이지만, 자신의 삶을 시험하는 놀이이고, 그 놀이를 통해 인생을 경험하는 공부가 될 수 있다. 물론 그 공부는 그의 가장 중요한 활동인 시쓰기(글쓰기)의 원동력이 되고 있다.

　그의 시를 읽는다는 것은 세련된 수사와 특이한 체험을 읽는다는 뜻이기도 하지만, 세상과 인간에 대한 깊이 있는 이해를 읽는다는 뜻이기도 하다. 박성우가 그려내는 시세계의 가장 커다란 미덕이 이것이다. 나 밖의 세상을 물리치지 않고 애정을 갖고 바라보는 것, 그리고 그 안에서 삶의 도리와 이치를 깨달아가는 것, 이것이 그가 시를 쓰는 이유이고 그의 시를 읽을 만한 것으로 만드는 이유일 것이다.

## 6.

박성우의 신작시「필봉 굿판」은 근래 보기 드문 수작이다. 간결하면서도 꼼꼼한 묘사가 돋보이는 시로, 한 판의 굿을 언어로 묘사한 풍속화 같은 느낌을 준다. 각 장(이 시는 7개의 절편으로 이루어져 있는데, 편의상 각 절편을 '장'이라고 칭하자)은 굿의 절차 하나하나를 포착한 그림 같은 인상을 주어, 전체를 통독하면 마치 7폭 병풍을 훑은 듯하다. 세상에 7폭 병풍이 있다는 이야기는 듣지 못했으나, 그의 시는 분명 병풍처럼 읽는 이의 마음을 감싸는 힘이 있다. 1장을 보자.

> 1. 세한도(歲寒圖)
>
> 전라도 임실 필봉(筆鋒),
>
> 세한도 밤새 그린 붓끝이 희다
>
> 수묵에서 나온 촌로들이
> 싸리비로 거친 획 획획 그어 굿판 길을 낸다
>
> 입춘 가고 이레 지나 우수다
>
> ―박성우,「필봉 굿판」부분

시인은 굿이 벌어지기 전의 정경을 묘사하고 있다. 깨끗하게 쓸린 길과 경건한 행동들이 마치 세한도의 정경과 닮았다는 입장을 취한다. 주목되는 구절은 '수묵에서 나온 촌로'들이다. 그런데 시인이 바라보는 노인들은 늙고 추레한 안색의 중늙은이들이 아니다. 그들은 추사의 지고한 정신이 담긴 세한도에 막 나왔을 것 같은 현자의 모습을 하고 있다.

노인에 대한 박성우의 외경심이 비단 이 시에서만 엿보이는 것은 아니다. 앞에서 살펴본 「도원경」에도 노인에 대한 외경심이 드러나고 있다. 또한 박성우의 「노인」이라는 시를 보면, 더 이상 쓸모없는 존재로서의 노인이 아니라 가족들을 위해 무언가를 지키고 자신의 역할을 다하려는 능동적인 존재로서의 노인이 그려져 있다. 「필봉 굿판」의 '세한도'에 나오는 노인은 더욱 적극적인 역할을 하고 있다. 오랫동안 마을을 지키고 굿판을 지킨 터줏대감답게 굿을 준비하고 신을 맞을 준비를 하는 이들은 노인들이다. 그들은 자신의 마을과 이웃 그리고 자신들의 마음을 위해 길을 청소하고 부정한 것을 물리치며 한 판 굿을 기대하고 있다.

싸리비로 길을 쓰는 것은 '쓰는' 행위의 일종이다. 붓으로 글을 쓰는 행위처럼 마음속의 무언가를 정화하고 정리하는 일이다. 촌로들의 자세는 단순할 수 있는 청소가 어떻게 명상과 수양의 방식이 될 수 있는지 보여준다. 더 중요한 것은 그러한 성스러운 길 쓸기를 포착하는 시인의 눈이다. 시인은 필봉 굿판의 시작이 정화와 정리에 있음을 알았기에, 간결한 묘사로 그러한 깨달음을 표현할 수 있었다.

이 시의 2장과 3장도 무척 재미있다.

2. 동청마당

논배미로 트인
동청마당가에 화덕이 걸린다

늙은 아낙들은
장작불 사납게 일으켜
두부김칫국 남실남실 끓인다

큰 차 대절하여 내려 온
도회지사람이나
논마지기와 밭뙈기
죽자사자 부치는 농사꾼이나
삼색 띠 몸에 두른 풍물잽이와
익살로 굿판 달굴 허드잽이,
어중이떠중이
몰린 곁다리들까지 섞여

뜨건 국물에
밥 한 주걱씩 말아 훌훌 넘긴다

3. 기굿

동청마당에 세워놓은 깃발 속에는
발톱 날카로운 청룡이 날고 있다

깜장도포 나발수가 나발을 분다
벅적벅적 와자지껄 구경꾼 탓에
나발소리는 굿판이고 나발이고 도통 안 들린다

개갱 갱 갱 갱, 능란한 상쇠가
오진 어름굿으로 굿패 어른다
굿머리 가락 야무지게 쳐대는 굿패들,
쇠잽이 징잽이 부들상모는
까슬까슬 붙는 바람 보들보들 털어내고
장구잽이 북잽이 소고잽이 고깔은
노랑 빨강 하양 꽃 덩기덩기 터트린다
뒤따르는 채상소고잽이
종이 오리로 먼 산 휘돌아 온다

농자천하지대본이 들썩들썩 펄럭이고
긴 장대 움켜쥔 청룡은 마을 위로 치솟아
석 잔술에 삼배를 받는다

언죽번죽 깝죽깝죽 허드잽이들
거침없는 흥을 몰고 다닌다

—박성우,「필봉 굿판」부분

굿판의 분위기와 생동하는 마을 사람들의 행동이 잘 어울려 하나의 축제 분위기를 만들어내고 있다. 이러한 축제는 흥겨움과 느긋함을 전한다. 시가 절망과 슬픔의 정조를 앞세우는 것에 비한다면, 이러한 축제 분위기를 그리는 것은 분명 이질적이다. 문제는 이러한 이질적인 분위기 안에서도 시어가 살아 있다는 점이다. 이러한 흥겨움은 신경림의 「농무」와도 그 맥이 닿아 있는 듯해서, 무척 보기 좋다.

가장 역동적인 장은 4장 '당산제'이다. 옮겨보겠다.

    길굿 가락 타고
    대포수는 껀둥껀둥
    조리중은 왜틀비틀
    양반은 허청허청
    화동은 팔딱팔딱
    할미는 깐닥깐닥
    각시는 사뿐사뿐
    창부는 촐랑촐랑
    돌탑 봉긋한 당산나무에 닿았네
    당산에 문안이요, 필봉 큰 어른이
    술 올리고 축문 읊고 절 올리니
    당산가지 잔설이 녹아내렸네
    화동, 에히! 흥취한 상쇠가
    꽹맥 꽹맥, 부들상모를 돌렸네
    풍물잽이도 허드잽이도 술잔 돌리던
    잘름발이 총각도 뺑글뺑글 돌았네
    시루떡 막걸리 명태포 문어발까지

오사게도 푸지게 나눠 돌리다가

발광 난 구경꾼들 뺑글, 아주 돌았네

—박성우, 「필봉 굿판」 부분

   등장인물들의 양태가 절묘하게 수식되고 있다(부사어). 굿의 내용을 잘 알지 못해 구체적인 정합성을 따지기는 힘들지만, 시인의 수식어구는 일반적인 극(무극, 巫劇)의 보편성에 비추어 볼 때 매우 적절해 보인다.

   전통 연희에서 탈춤 혹은 무극의 등장인물은 그 인물이 속한 신분과 다른 인물들과의 역학 관계에 따라 특징적인 면모를 부여받는다. 포수는 대개 건방지고, 중은 세상과의 불화 때문인지 단정하지 못하다. 양반은 허세가 있고, 할미는 동작이 크면서 징그럽고, 각시는 상대적으로 색정적인 측면이 강하다. 이러한 정황은 시인의 눈에 간단한 수식어구로 통합되고 있다. 이러한 언어 사용은 한국어의 아름다움과 시어 구사의 정확함을 보여주는 사례로 모자람이 없다.

   더구나 시인이 사용하는 부사는 일반적인 듯하면서 해당 지역의 토속적인 느낌을 잃지 않고 있다. 시어는 분명 일상어의 변형이다. 하지만 시어가 일상어에 머물 때, 시는 그 구체성과 개성을 획득하지 못하는 경우가 많다. 최근 시인 중에 오태환이 한국어의 아름다움을 잘 사용하고 있는데, 박성우의 언어 사용도 이에 못지않다고 해야 할 것이다.

   이 시는 기본적으로 당산에 올라 제를 드리는 길놀이 과정을 보여주고 있다. 행렬들이 지나가면서 각 등장인물의 재롱 섞인 몸짓이 이어지고, 당산나무 아래에 도착하면 제례가 진행된다. 제례는 일정한 절차에 따라 진행되지만, 더 중요한 것은 제례를 통해 이웃들 간에 번져 가는 웃음과 나누어 먹는 음식이다. 그날만은 의관을 파탈해도 되고 예의를 벗어던져도 되고, 무엇보다 이웃들끼리 체면 돌보지 않고 서로 어울려도 된다.

이 시는 당산제의 흥거움과 자연스러운 어울림을 위해 전반부는 간략한 언어로, 그 이후에는 주술구조를 갖춘 언어로 구성하고 있다. 이것은 속도감을 달리하는데, 특히 뒷부분으로 갈수록 늘어지고 느려지는 효과를 거둔다. 그것은 불콰하게 취해오는 사람들의 얼굴과 달아오르는 마음의 여유 그리고 흥거워지는 굿판의 분위기와 맞물려 있음에 틀림없다.


### 7.

5연은 가장 역동적인 연으로, 하늘과 땅이 돌고 그 사이에서 사람들이 도는 풍경이 펼쳐진다. 흥은 이제 사람들을 춤의 세계로 인도했다. 6연에서 시인은 그날의 축제를 '복'이라고 칭했다. 한없이 정겹고 평화로운 그날은 시인에게 복된 날이었던가 싶다.

시 「필봉 굿판」의 마지막 장은 '7. 판굿, 달을 품다'라는 제명을 지니고 있다. 굿이 마무리될 무렵의 정경을 노래한 것으로, 시간대가 저녁(밤)으로 접어든 무렵을 묘사한 시편이다. 「필봉 굿판」의 의미적 매듭에 해당하는 시편이다.

헛간 볏단 위를 거니는 고양이와

토방에 엎드린 백구의 눈이 반짝,
달빛 굿마당으로 가는 길에는
외양간 암소가 있어
껌뻑껌뻑 보름달이 떠올랐다
필봉산과 여시밭동과
섬진강 물길로 열린 판굿 마당

판에 총총 닿은 사람들은
굿머리 채굿 호허굿
방울진 미지기영산굿 가진영산굿
뭔 굿이 뭔 굿인지 간에 환장하고 덤빈다
참굿 노래굿 춤굿 등지기굿
수박치기 도둑잽이 탈머리굿
거침새 없는 풍물패도 날뛰는 구경꾼도

대보름 굿판이 아니라 대보름 살판이다

궁따 궁따, 설장구치는 장구잽이에
시집 못 간 처녀 애간장이 녹고
채상모 쓴 소고잽이의 자반뛰기
두 발 날려 달빛을 감아 돌린다

개운한 술국에 막걸리도 넉넉하여
흥에 취해 마당 돌고 술에 취해 마당 돈다

덩실 더덩실 달집 태우다가

정월대보름, 복(福) 달을 품는다

—박성우, 「필봉 굿판」 부분

일견 평범해 보이는 시편이다. 1연에는 사람들과 함께 밤을 맞이한 동물들의 모습이 그려져 있다. 고양이와 백구의 눈빛은 달빛을 받아 반짝인다. 멀리 암소의 모습도 보인다. 모두 달빛에 취한 듯 평온한 분위기이다. 동물들도 그날의 축제에 심정적으로 동참했는지 예사롭지 않는 정경을 이루고 있다. 더 멀리 마을을 둘러싼 산과 강이 도도하게 흐르고 있고, 그 틈새로 사람들의 소리가 새어나가고 있다.

2연은 굿에 취하고 판에 취하고 노래와 연기에 취한 사람들이 흐느적거린다. 사람들은 오랜만에 맞이하는 놀이와 춤에 흥분한 기색이다. 이제 굿이 누구를 위한 것인지 그 목적을 잊었다. 신을 불러 제화초복을 강조하는 의례라기보다는, 그동안 억눌렸던 마을 사람들의 즐거움과 기쁨을 만족시키는 '살판' 나는 놀이터가 되어 있다(3연). 살판은 땅재주 놀음을 가리키기도 한다. 4연에는 설장구와 소고 등이 어우러진다. 설장구 치는 장구잡이도, 시집 못 간 처녀도 그날만큼은 마음껏 설레도 괜찮다.

어떤 시인이 '살아 있는 날들은 날마다 축제'라고 한 바 있다. 이 말은 마음에 두고두고 남는데, 판굿이 벌어진 이날은 필봉 사람들에게는 날마다 축제여야 할 삶의 모태가 되고 있는 듯하다. 문제는 이것을 받아들이는 시인이다. 시인은 그들과 함께, 그들의 삶의 원형인 축제를 만끽하고 있다. 시가 좋은 시가 되기 위해서는 여러 조건이 있는데, 기쁨 역시 그 조건이 될 수 있음을 시인은 알고 있는 듯하다. 그의 시는 따뜻함으로도, 정겨움으로도, 기쁨과 행복과 축제 같은 마음으로도, 좋은 시가 될 수 있음을 알려준다. 그런 의미에서 박성우는 더욱 큰 가치를 지니는 시인이다.

8.

박성우의 최근 시 7편을 읽으면서, 그의 미덕과 가치에 대해 다시 생각했다. 그의 시는 일단 '사람냄새'가 나는 시이다. 도시의 우울이나 욕망의 지나친 모험을 핑계 삼아 사람들이 사라진 시가 득세하고 있는 세상에서, 그의 시는 '아름다운 사람의 모습'을 되찾아주고 있다. 아니 '사람들의 아름다움'을 되찾아주고 있다.

그러면서도 그의 시는 자신이 내세우는 시적 세계를 편협하게 주장하지 않는다. 그는 자신의 자리를 지키면서도 주변의 장삼이사들을 관찰하고 그 사이에 숨어 있는 인간관계를 감동적으로 그려낼 줄 안다. 그것은 인간에 대한 이해와 이웃에 대한 사랑이 뒷받침되었기에 가능했다고 본다.

한편, 그의 시는 시어의 정련 과정이 모범적으로 나타난 경우이다. 그의 시 세계가 다채로운 마을 풍경을 그리고 있는 듯해도, 그 마을 풍경을 포착하는 언어의 조합은 대단히 간결하고 효과적이다. 그는 적은 언어로 많은 세상을 그려낼 줄 아는 시인이다. 「필봉 굿판」의 네 번째 절편에서 보여준 부사어의 활용 방식은, 그가 한국어의 어울림과 시의 적절함을 두루 사용할 줄 아는 시인임을 증빙한다.

마지막으로 박성우는 주장하거나 외치지 않는다. "우리는 주장하지 않는다. 다만 보여줄 뿐이다"라는 연극의 오랜 명제를 그는 시인의 입장에서 잘 이해하고 있다. 그가 가진 생각에 비추어 본다면 현대 사회 특히 도시 문명은 비판받아 마땅한 것이다. 하지만 그는 자신의 생각으로 타인의 삶에 폭력을 가하지 않는다. 그는 소박하게 보여줄 뿐이다. 언성을 높이지도 않고 안목을 자랑하지도 않는다.

우리 바깥에 존재할 수 있는 어떤 삶과 사람에 대해서 들려줄 뿐이다. 그의 시는 이러한 겸손을 내장하기 때문에 더욱 보기 좋다. 그가 시로 그린 사람과 세상 속에 따스함이 흐른다면, 그것은 시인이 가진 겸손함이 단단히 한 몫 했기 때문일 것이다.

# 연민의 시학
―이대흠의 시를 읽고―

1.

　이대흠의 신작시를 읽으면서, 다시 한 번 생태학의 기본적인 출발점이 '연민'이라는 점을 깨달았다. 생태학에서 '연민'의 정서를 주목한 이는 이남호가 처음이다. 이남호는 생태학적 입장, 녹색 문학에 대한 입지가 연민이라는 정서 위에 자리 잡고 있음을 명확하게 했다.
　그러나 이러한 공적과는 별도로 많은 이들이 이러한 사실을 깨닫고 있었다고 해도 과언이 아니다. 왜냐하면 생태학에 대한 관심, 그러니까 훼손된 자연과 파괴된 삶에 대한 복원 의지는 결국 훼손되고 파괴된 것에 대한 아픔과 반성에서 출발한 것이기 때문이다.
　레이첼 카슨은 봄이 되었지만 돌아오지 않는 새들을 보고 달라진 세상을 인식했다고 한다. 책을 쓰고 세상에 대해 발언하기 이전부터 레이첼 카슨의 마음에는 봄이 되었음에도 돌아와 울 수 없는 새들에 대한 연민이 먼저 자리 잡았음에 틀림없다. 모처럼 떠난 도시 바깥에서, 응당 기대했던 산과 하늘을 만날 수 없을 때, 사람들은 자신들의 삶이 피폐해졌음을 느낀다. 이러한 처음 감정이, 자신이 아닌 타인들, 약자들, 소수자들, 피해를 입고도 말할 수 없는 것들에 대한 '연민'이었을 것이다.

나무를 보호하고, 다람쥐를 보호하고, 인간에 의해 죽어가는 개들과 원숭이들을 보호하고, 그러다가 결국은 그들에 대한 보호가 자신들에 대한 보호로 변화되었을 것이다. 이러한 변화는 그 자체로 세상에 대한 하나의 정서적 대응이고, 자신에 대한 성찰이다. 따라서 '연민'은 세상과 소통하는 하나의 방식이고, 자신을 더 깊이 들여다보는 통로라 할 수 있다.

### 2.

이대흠의 최근 시 가운데, 연민의 정서가 가장 구체적으로 그리고 가장 두드러지게 드러나는 시는 「동냥치 부자」다. 근래의 시 중에서 보기 드물게 아름다운 이 시는 읽는 이들의 눈을 붉게 만들 정도로 속 깊은 감정의 여울을 담고 있다. 시를 옮겨보자.

> 아버지 동냥치와 아들 동냥치는
> 그해 겨울에 처음 나타났다 매운 눈매가 탁했다
> 두어달 전
> 우리를 윽박질러 쌀 한 되를 빼앗듯 가져간 자들이었다

들키는 날에는 또 어김없이 차또그륵을 헐어야 되리라

동냥치 부자는 토방에서 한참 동안

인기척을 하였다 나는 금방이라도 오줌을 재릴 것만 같았다

저들이 방문을 열면 소리를 치리라

호흡을 여러 번 가다듬었다 무어라 입 열려는

동생에게 꿀밤을 먹였다 그때

술 취한 아버지가 새립으로 들어섰다

우리는 사금파리에 찔린 듯이 일어섰다

그 동낭치들이라고 소리 질렀다

아버지가 호통을 쳐 그들을 혼내주리라

아들 동낭치의 눈동자가 쫓기는 고라니 눈 같아서

우리는 고함치듯 한 마디씩 더 했다

—이대흠,「동낭치 부자」부분

  위의 시는 「동낭치 부자」의 전반부이다. 동냥아치들이 아이들만 있는 집에 찾아왔다. 그들의 모습은 시에서 묘사되지 않았지만, 틀림없이 남루한 옷에 더러운 얼굴, 그리고 기묘한 쉰 냄새를 풍기고 있었을 것이다. 아직 겨울이 완전히 사라지지 않은 시점에서 동냥에 의지해서 산다는 것은 인간 이하의 고통을 강요하는 것이기에, 분명 그들은 혐오스럽고 무서운 인상이었을 것이다. 혼자 집을 보는 아이들에게는 더욱 그러했을 것이다.

  아이들은 숨죽여 그들을 지켜보았다. 숨소리조차 내지 못하고, 자신들이 거기에서 숨어서 지켜보고 있다는 사실을 알리지 않으려고 필사적이었다. 아이들에게 구세주는 아버지나 어머니 혹은 자신들의 집을

방문하는 어른이었을 것이다. 시는 그 구세주가 나타나기 전까지 아이들의 당황과 낯섦, 그리고 공포와 기다림을 상세하게 보여주고 있다. 특히 인용된 부분까지는 원한과 미움의 감정도 담겨 있다. 지난겨울, 그러니까 두어 달 전에 그들은 금쪽같은 집안의 양식을 약탈해가지 않았던가.

그러던 중에 아버지가 귀가했다. 아이들은 힘을 얻었고, 벌떡 일어나서 소리를 질렀다. 시인은 아이들의 학수고대와 의기양양을 '사금파리에 찔린 듯이 일어섰다'는 표현으로 대체했다. 이대흠의 묘사력은 정확했고 또 적절했다. 이러한 묘사는 아이들이 숨죽여 움츠렸다가 탄력 있게 살아나는 심리를 적확하게 묘사하고 있다.

동냥치들은 놀랐을 것이다. 사람들이 숨어 있었던 것도 몰랐지만, 모처럼의 휴식(혹은 동냥에 대한 기대)이 날아가는 것에 대해 적지 않게 실망했을 것이다. 아이들은 동냥치의 놀라는 모습에 더욱 의기양양해져서 더 크게 소리쳤다.

이 시의 전반부는 여기까지이다. 여기까지의 묘사만을 본다면, 그다음 상황도 어느 정도 예측된다. 아버지는 술까지 먹고 불콰해진 기분에 동냥치들을 나무랄지도 모른다. 크게 다그치지는 않는다 해도, 동냥한 지 얼마나 되었는데 다시 왔다고 핀잔 정도는 줄지도 모른다. 그런데 상황은 달리 전개되었다.

  얼굴이 붉게 단 아버지는 신 신은 채 마루에 오르더니
  이내 고방으로 향했다
  고방에서 낫이나 몽둥이를 들고 나오리라
  그러나 아버지 손에는 쌀바가지가 들려 있었다

동냥치 부자의 눈에서 한정 없이 눈물이 쏟아졌다

마당 가득 하늘 가득 별밭이었다

우리는 그날 이후 저녁부터 시래기 국만 먹고 이틀을 살았다

우리사 이제 이틀 굶제만 그 사람들은……

아버지는 어머니의 한숨 사이에 추임새를 넣었다

두어달 뒤 다시 온 아버지 동냥치는

옷차림이 달랐다 서울로 갈 거라며

엉거주춤 마루에 서 있던 아버지를 향해

토방에 엎드려 절을 하였다

아, 눈물겨운 아버지들

―이대흠, 「동냥치 부자」 부분

위의 시는 「동냥치 부자」의 나머지 후반부이다. 술 취한 아버지는 화내지도 나무라지도 핀잔주지도 않았다. 아버지는 곳간에 들어가 가족들이 먹어야 할 양식을 내주었다. 어린 날의 아이들에게도 아버지의 행동은 감동적이었던 것 같다. 시의 구절 가운데 "마당 가득 하늘 가득 별밭이었다"는 구절이 있다. 두 눈에 고인 눈물에 번져가면서 하늘에 가득했던 별들은 그 빛을 흐렸을 것이다. 이것은 그날의 상황이 얼마나 감동적이었던 것인가를 보여준다. 그날의 상황을 보지 못했던 어머니는 식사 때마다 쌀을 준 것에 대해 한숨을 쉬거나 불평을 했을지도 모른다. 아이들도 쌀밥이 먹고 싶어, 아버지가 원망스러웠을지도 모른다.

그러나 아버지는 그 한숨과 원망에 대해 답변하기보다는, 그들 동냥치들에 대한 연민을 풀어놓았다. 사람은 누군가의 도움 없이는 혼자

생존할 수 없다. 그러나 누군가의 도움 없이 살 수 있다고 가끔은 착각한다. 인용된 시에서 아버지는 누군가의 도움 없이는 살 수 없다는 사실을 기억하기 이전에, 그러한 계산된 명제를 떠나, 불쌍한 사람을 도와야 한다는 본능에 충실했다. 시에서 묘사되지는 않았지만, 두어 달 전 그해 겨울에 했던 적선도 비슷한 상황, 비슷한 방식이었을 것이다.

　이 시는 사람들 사이에 흐르는 연민의 정서, 즉 약자와 소수자를 돕고 '나'보다 못한 자를 챙기는 사람들의 심리를 자연스럽게 보여주고 있다. 어쩌면 이 시 속의 아들은 이러한 아버지를 본받았기 때문에, 가장 예민한 정서로 글을 다루는 사람, 그러니까 시인이 되었을 수도 있다. 아니, 무엇에 대해 연민을 느끼는 사람이 되었을 것이다.

　마지막으로, 이 시에서 인상적인 구절은 맨 끝의 '아버지들'이다. '아버지'가 아니라, '아버지들'이다. 동냥치 아버지와, 시인의 아버지. 그 두 사람은 겉으로는 차이점이 많지만, '눈물겨운'이라는 수식어를 동시에 떠안고 있다. 즉, 시인의 아버지도, 동냥치 아버지도 눈물겨운 삶을 살았거나, 눈물겨운 행동을 했거나, 지금의 기억 속에 '눈물겹게' 남아 있는 셈이다.

　무엇 때문일까. 혹시 시인의 아버지 역시 풍족하지 못해서 다른 아버지처럼 넉넉하게 키우지 못한 것은 아닐까. 그것이 꼭 경제적인 것은 아닐지라도, 동냥을 해야 할 정도로 극한적인 것은 아닐지라도, 어쩌면 세상의 많은 아버지처럼 자신의 아이들을 키우기 위해서 세상 어딘가에서 도움을 요청했을 것이다. 시인은 이제, 그 아버지의 심정과 세상의 심정을 이해할 수 있게 되었고, 그 마음을 담아 시를 쓸 수 있게 된 것은 아닐까. 그렇다면 이 시는 정말, 아름다운 시일 것이다.

## 3.

　이대흠의 최근 시 중에 「울 엄니」나 「어머니의 나라」와 같은 시들은 '어머니'에 대해 노래하고 있다. 이대흠이 어머니를 바라보고 부르는 방식은 이대흠의 중요한 시 경향인 생태시학과 관련이 높다.

　　울 엄니 오래 사실게다
　　콩 까투리에서 막 나온 듯
　　자잘한 새끼들
　　뿌리 잘 내리는가 보고 가시려고
　　팔순 넘어 구순 넘어도
　　눈 못 감으실게다

　　울 엄니 돌아가시면
　　저승에 못 가실게다
　　제 몸 헐어 만든 자식들
　　북 돋아 주시려고
　　쇠스랑 같은 손으로
　　흙이나 파고 계실게다

　　울 엄니 제삿날이면
　　절대 오지 않을게다
　　마침내 든 편안한 잠

깨고 싶지 않을게다

이승에서 밀린 잠 자다
저승 생일도 잊을게다

—이대흠,「울 엄니」

　시인들이 어머니를 노래하는 방식을 보면 근본적으로는 대동소이하다. 누구에게나 어머니는 소중하고 애틋한 존재이듯이, 시인들도 어머니의 한스러운 생과 헌신적인 사랑에 아낌없는 경의를 표한다. 위의 시도 마찬가지다. 근본적으로 이대흠도 어머니에 대한 주체할 수 없는 사모곡을 시로 옮겼다.
　그러나 차이점도 있다. 그것은 어머니의 죽음을 편안하게 바라보고 있다는 점이다. 세상의 어떤 자식이 어머니의 죽음을 바랄 수 있겠는가마는, 이대흠은 과감하게 어머니가 제삿날까지 저승에서 주무시기를 바란다. 말을 바꾸면, 시인은 어머니가 빨리 저승에 가서 쉬시기를 염원한다고 할 수 있다. 왜냐하면 이승에는 걱정과 노동이 지나치게 많기 때문이다. 이승은 어머니가 편히 쉴 수 없는 공간이다.
　시인의 이러한 태도는 어머니에 대한 극진한 사랑이자, 지치고 힘든 존재에 대한 연민을 담고 있다. 시인에게 어머니는 더 이상 절대적인 보호자가 아니다. 자신이 돌보아야 할 어떤 대상인데, 현실적으로 자신의 돌봄이 그다지 효과가 없기 때문에, 시인은 어머니가 쉴 수 있는 방안을 마련한다. 그것이 저승에서의 늦잠이다.
　시인의 이러한 태도는 더 발전해서 다음과 같은 시에서는 '어머니'라는 중심 제재를 과거와는 다른 방식으로 다룬다. 자세하게 말해보면, '어머니'를 다루는 방식이 '사모곡'에서 벗어나 '생태학적 입장'으로 나아가고 있다. 시를 보자.

> 어머니의 나라에서는 뜨거운 물을 땅바닥에 버리지 않는다 수채구멍에도 끓는 물을 붓지 않는다 땅 속에 살아있을 굼벵이 지렁이 더 작은 미생물들이 행여 데일까 하수구의 쥐애기나 끄시랑치나 고것들 모다 지앙신 자석들이라 지앙신이 이녘 자석들 해꼬지 한다고 노하면 그 집이 망해분단다 어머니의 나라에서는
> (중략)
> 나무 한 그루 함부로 베어내지 않는다 나무마다 신이 있어서 허락 없이 베어내면 똑같은 사람 목숨 하나가 베어지고야 만다 정히 나무 필요할 때면 막걸리 두 되쯤 바친 후
> 나무신 허락을 받아야 한다 잡초 우거진 빈 땅이라도 함부로 구덩이 만들지 않는다 파낸 자리마다 무덤 자리라 뜻 없이 파낸 자리에 사람 목숨 하나 눕게 된다고 한다 어머니의 나라에서는
> ─이대흠, 「어머니의 나라」 부분

시인의 말하는 '어머니의 나라'는 민속신앙이 통용되고 이유 없어 보이는 재래의 가치관이 살아 있는 공간이다. 언뜻 보면, 그곳은 어머니의 부질없고 대책 없는 믿음으로 가득 찬 공간이다. 옛날 같았으면 꽤 유효한 이야기였을 테지만, 요즘은 쉽게 믿기 어려운 이야기이다.

그런데 시인은 그러한 어머니의 말을 시로 옮겨 적었다. 그 안에서 어머니의 부질없고 대책 없는 믿음이 얼마나 우리들에게 깊은 신앙으로 자리 잡을 수 있는지를 보여주었다. 근대 문명과 기독교 신앙은 생

태 파괴의 일등 공신으로 꼽힌다. 자연에 대한 적개적인 세계관, 인간 중심의 가치관은 세상을 파헤치고 쓸어버리고 인간의 편익에 맞게 바꾸었다. 자연과 외계는 인간의 편의를 위해서 얼마든지 변형될 수 있는 신의 선물, 인간의 하인에 불과했다.

그런데 위의 시에서 어머니는 세상 만물에 대해 극도로 조심한다. 뜨거운 물을 함부로 버리지 않고 나무를 함부로 베지 않는다. 심지어는 구덩이도 꼭 필요하지 않으면 파지 않았다. 그것은 그것들에 대한 가해가 혹시 다른 사람들에 대한 복수로 이어지지 않을까 하는 노파심 때문이다.

다시 말하면, 어머니는 세상 만물을 다 자신처럼 다루고 있으며, 어떠한 이유를 붙여서든지 함부로 파괴하고 살생하는 행위를 중지시키고자 한다. 과연 그 믿음이 처음부터 인류 만물을 위한 것이었는지는 확실하지 않다. 생태학이나 자연보호 같은 거창한 명제에 기반하지 않았을지도 모른다.

문제는 그러한 인식이 아니라, 그러한 믿음에 따른 실천이다. 시인의 말대로 하면 '어머니의 나라'는 양심이 살아 있는 공간이고, 배려가 남아 있는 공간이다. 그것은 연민이 그 나라를 이끄는 기본 정서라는 뜻이다. 나무를 위해서 막걸리를 붓는 행위는 미신이 아니라, 세상에 대한 인간의 도리이고 미안함에 대한 예의이며 절제를 위한 자기다짐이다. 그것은 나무 자체를 위한 것이기도 하지만, 다른 한편으로 보면, 세상을 대하는 자신에 대해 일종의 금제를 가하는 것이기도 하다. 막걸리를 주는 귀찮은(?) 절차를 치루지 않고는 우리가 아무것도 얻을 수 없다는 자기암시 같은 것이다.

어머니의 나라에서는 이러한 계시가 통용되고 있다. 어떻게 해서 시인이 적개심과 이기심과 무례함을 버리고, 연민의 정서를 알게 되었는가가 나타나고 있다. 그런 의미에서 어머니의 나라는 이 세상의 이상향이 아닐 수 없다.

4.

「황룡강」은 '어머니의 나라' 혹은 '아버지의 동냥'에서 보이는 연민의 정서를 시인이 직접 깨달아가는 과정을 그리고 있다. 어떻게 하여 시인이 연민의 정서를 알아가는가를 보여주고 있다. 이 시에는 시인이 하찮게 생각하던 것들이 왜 쓸모 있고 가치 있는가를 이해해가는 과정이 고스란히 담겨 있기 때문이다.

> 누런 저 강물을 더럽다고 생각했던 적이 있었다
> 먹기는 커녕 발도 못 씻을 물이라고
>
> 물이라면
> 투명하고 맑아야 하는 것이라고
>
> 정수기 거쳐 끓인 후라야
> 먹을 물 되는 것이라고
>
> 죄송하여라
> 흐려서 깨끗한 물이여

세상 시름 다 받아주다
구부러진 어깨여 허리여

저 누런 물
논고랑 밭고랑 일일이 손 뻗어
어린 뿌린 병든 뿌린 어만져주고

고름 든 새의 다리에도
입 대었으리

─이대흠,「황룡강」

 강은 여러 물들이 합류하는 공간이다. 가정에서 온 물, 산에서 온 물, 산짐승과 들짐승이 버린 물, 공장에서 버려진 물, 바닥에서 솟은 물, 하늘에서 내린 물. 온갖 물들이 만나고 합쳐지면서 흐르는 공간이다. 그러다 보니 강이 깨끗한 경우는 거의 없다. 강은 탁하고 거칠고 그래서 일견 '더러워 보인다'.
 시인은 '황룡강'을 바라보고 있다. '황룡강'은 이름과 이미지만 보아도 상당히 탁한 강이라는 것을 알 수 있다. 시인은 이 강을 보면서 강물이 '더럽다'고 생각했다. 도저히 그냥은 마실 수 없고, 마시기 위해서는 정화해야 한다고 믿어왔던 것이다.
 그런데 4연을 보면 느닷없이 그러한 자신의 생각에 대해 '죄송하'다고 사과하면서, 자신이 알고 있었던 강이 사실은 '흐려서 깨끗한 물'이라고 정정한다. 이것은 '소리 없는 아우성'처럼 그 자체로는 말이 안 되는 문구다. 그럼에도 이 구절은 시의 전체 문맥 혹은 이대흠의 시 세계와 연관 지을 때 설득력 있는 표현이 된다.

강이 더러워진 것은 무엇 때문인가. 그것은 세상의 모든 물을 받아들였기 때문이다. 그것은 세상을 돌아다니며 그 안의 것들을 청소한 물들을 품었기 때문이다. 사람들을 깨끗하게 하고 나무들을 살아가게 하고 산짐승과 들짐승의 목을 적시고 물건을 만들고 저 지하 공동에서 세상을 향해 기지개를 켜거나 목마른 자들을 위해 이 지상에 온 물들을, 조그만 차별도 없이, 그 더러움과 깨끗함을 가리지 않고 포용했기 때문이다. 강은, 더렵혀진 물들의 무덤인 셈이다.

그래서 강은 더러워질 수밖에 없는 존재이다. 이 세상을 정화하고 사람들의 편익을 도모하기 위해서. 그래서 거꾸로, 강은 고맙고 신성하고, 그래서 깨끗한 존재이다. 자신을 희생해서, 자신의 외모를 망가뜨려서라도, 이 세상에 도움이 되는 존재이기 때문이다. 세상의 시름을 나르면서 어깨와 허리가 구부러졌으며(강이 흐르는 광경은 구불구불하다), 너무 많은 짐을 지는 바람에 그 흐름이 느릴 수밖에 없다(모든 짐 진 자들이 그러하듯이).

그 물은 '논고랑 밭고랑(을) 일일이 손 뻗어' 어루만지는 물이 될 수 있다. 그 물이 없었으면 '고름 든 새의 다리'도 낫지 못했을 것이다. 물론 이 세상의 인간과 동물과 문명과 문화 역시 제대로 자라지도, 그 숱한 병을 이겨내지도 못했을 것이다. 이대흠의 시는 강과 물의 희생, 그리고 그 위에서 성숙할 수 있었던 자연과 도시의 세상에 대해 이야기하고 있고, 또 깨달아가고 있다.

앞에서도 말한 대로, 이 시에는 시인이 하찮게 생각했던 사물의 가치를 깨달아가는 과정이 고스란히 담겨 있다. 누렇고 더럽게만 보였던 강물이 왜 가치 있고 의미 있는가를 깨닫는 것은 그 자체로 의식의 성숙이다. 또 이러한 성숙을 시로 형상화하면서, 그는 세상과 '나' 바깥의 사물에 대해 깊이 있는 시선을 갖추게 된다.

시란 세상에 대한 관찰이자 정리이며 재구성이다. 세상에 널리 사물과 공간의 질서, 인간과 생물의 조화로운 결합을 이해하고, 그 질서와 조화를 응시하며 언어로 그것을 탐색하는 일이다. 그러기 위해서 시인은 세상에 대한 관찰과 그 안에 담겨 있는 숨은 원리를 찾을 수밖에 없는데, 이대흠의 경우에는 '어울려 사는 법'과 '자신을 희생하는 법'을 그 원리로 삼은 듯하다.

학자들은 이와 비슷한 시인의 태도를 정의하는 용어 중 하나로 '생태학'을 거론하고 있다. 학자들의 용어를 따른다면, 이대흠의 시는 '언어로 그려낸 생태학적 인식 혹은 그에 따르는 반성문'이다. 인간들은 이 세상에 사는 것 자체만으로도 이 세상에 죄를 짓게 된다. 먹고 사는 모든 행위는 다른 이들을 파괴하고 억압하는 행위이기 때문이다.

하지만 그 죄는 인간들의 인식과 행동에 의해 얼마든지 달라질 수 있다. 줄어들 수 있고, 아예 감면될 수도 있으며, 어떤 경우에는 동정을 얻어 거꾸로 세상을 유익하게 할 수도 있다. 이대흠이 쓰는 시는 세상에 살아가는 인간들에게 성찰을 불러일으키고(그것도 꽤 고급스러운 방식으로), 시인 자신에게 삶의 지침을 마련한다는 점에서 도움이 되는 행위이다. 그의 시는, 그가 시를 씀으로 인해 베어져 죽어가는 나무(종이)들의 죽음을 보상하고도 남음이 있다고 하겠다.

## 5.

이대흠의 대표적인 시와 최근 시 세계를 관통하는 생태학적 상상력과의 관계를 살펴보기 위해서 그의 시 중에서 널리 알려진 시 한 편을 골라보자.

> 서울이나 광주에서는 비가 온다는 말의 뜻을
> 알 수가 없다
> 비가 온다는 말은
> 장동이나 장평 그도 아니면
> 고흥 반도쯤 가야 이해가 된다
> 내리는 비야 내리는 비이지만 비가
> 걸어서 오거나 달려오는 경우도 있다는 것을
> 어떨 때 비는 싸우러 오는 병사처럼
> 씩씩거리며 다가오기도 하고
> 또 어떨 때는 그 병사의 아내가
> 지아비를 전쟁터에 보내고 돌아서서
> 골목길을 걸어오는 그 터벅거림으로 온다
> 그리고 또 어떨 때는 새색시 기다리는 신랑처럼
> 풀 나무 입술이 보타 있을 때
> 산모롱이에 얼비치는 진달래 치마로
> 멀미나는 꽃내를
> 몰고 오시기도 하는 것이다
> ─이대흠, 「비가 오신다」

이 시의 참된 매력을 알기 위해서는 남도의 '흙내'를 이해해야 한다고, 시인은 말한 바 있다. "풍토(風土)-흙내라는 말이 있다. 사전에서는 단순히 흙의 냄새를 흙내라 하지만 남도에서는 소나기 몰려오는 냄새를 흙내라 한다. 이 흙내를 아는 사람은 남도의 풍토에 몸을 담가본 적이 있을 것이다. 더 나아가 해금내, 풀내, 군동내, 물캔내, 사근내, 설궁내 등을 구분할 수 있는 사람은 남도에 맛이 간 사람이다. 나는 남도의 풍토에서 삭아가고 싶다"고 시인은 한 자서에서 밝히고 있다.

나에게 그의 말(각종 냄새)은 남도 지방의 밑반찬처럼 하나의 이미지로만 다가온다. 그것은 일일이 구분되어야 할 것이지만, 또 어떤 사람에게는 그 자체로도 풍족하고 만족스러운 것일 수 있다. 분명 이대흠의 시는 이러한 풍족하고 다채로운 맛으로 가득하다. 다시 말해서 그의 시는 개별적이고 개성적인 맛으로 이루어져 있다.

그러나 그 이면에는 사물에 대한 존중을 담고 있다. 나에게 이 시가 매력적인 이유는 '비가 온다'고 하지 않고, '비가 오신다'고 한 점에 있다. 시는 비가 오는 상황을, 그 안에 담긴 의미를, 다양한 표현으로 바꾸어 놓고 있지만, 결국에는 비가 오는 날의 기쁨과 감사를 그 바닥에 깔고 있기 때문에 그 표현과 의미는 음미할 만한 가치를 지닐 수 있다.

시인은 노래했다. 비는 그냥 내리는 것이 아니고, 걸어서 오(시)거나 달려서 오(시)며, 병사처럼 씩씩하게 오(시)기도 하고, 그 아내처럼 터벅거리며 돌아오(시)기도 한다고. 그러나 어떤 경우에도 비는 새색시를 애타게 기다리는 신랑의 마음처럼, 반가운 그것으로 이 세상에 오신다.

비는 세상에 도움을 주는 존재이고, 비를 기다리는 이들에게 기쁨을 주는 존재이다. 우리와 함께 어울려 사는 존재이고, 세상의 질서와 변화를 주도하는 아름다운 존재이다. 설령 비가 그렇게 대단하지 않은 존재라고 해도, 시인이 그렇게 믿고 그렇게 섬김으로써 비는 세상에서 그러한 존재가 되고 있다. 그의 시는 그러한 염원에 대한 관찰이자 기원이며, 그래서 세상을 향한 이유 있는 발언이 된다.

이대흠 최근 시의 특징은 분명 연민의 정서에서 잉태되고 있다. 사물에 대한 동정과 깊은 이해, 모듬살이에 대한 이유 있는 참견이 그 안에 내재하고 있기 때문이다. 더 나아가면, 인간과 더불어 살아가는 것들에 대한 존중과 공감도 있어야 한다. 그런 면에서, 이대흠의 최근 시(혹은 시 세계)에 사물에 대한 동류의식이 함께 자리 잡은 점은 고무적이라 할 수 있다. 이것은 함께 살아야 하고, 개별적으로 존중받아야 한다는 생태학의 입장과도 닿아 있다. 아니, 생태학의 입장을 따랐다기보다는, 인간의 기본적인 양심과 도리 그리고 본성에 충실했다고 할 수 있다. 이러한 정서가 더욱 넓게 그의 시 세계에 확산된다면, 그의 시는 세상 앞에 겸손하고 살아있는 것 앞에 더욱 당당해질 수 있을 것이다. 만물에 대한 연민이 우리를 자유롭게 하는 셈이다.

# 세 시인이 살아가는 방식
―허형만, 노향림, 장석주의 시―

## 1. 세 사람의 길을 따라서

 허형만, 노향림, 장석주 세 시인의 시집을 읽으면서, 그들 시의 기저를 이루는 그들의 삶의 방식이 무척 궁금해졌다. 개인적으로 나는 그들을 만나본 적이 없고, 그들이 어떻게 사는지 들어본 적도 없다. 다만 그들의 시 속에 녹아 있는 삶의 인상과 생활의 체취를 그들의 시와 함께 바라보고 싶었다. 그들의 시가 그들의 삶에 대한 감각과 믿음에서 나온다는 느낌이 강하게 들었기 때문이다.
 아마도 많이 틀렸을 것이다. 그들을 만나보고 개인적으로 이야기를 나누면 달라질 글을 내가 썼을 것이라는 뜻이다. 그럼에도 그들의 시집과 그들의 시선을 묶어 그들이 살아가는 방법을 구경해보겠다. 이왕이면 그들이 바라보는 세상도 함께. 시가 삶의 속내이고 삶의 지도라는 생각을 그들의 시를 보면서 다시 하게 된 것이 너무 반가웠기 때문이다.

## 2. 산중일기(山中日記) : 장석주가 사는 방식

장석주의 『붉디 붉은 호랑이』를 읽다가, 그의 90년대 시집 『붕붕거리는 추억의 한때』를 떠올렸다. 더 거슬러 올라가면 『완전주의자의 꿈』도 거론할 수 있겠지만, 일단 「붕붕거리는 추억의 한때」만 다루기로 하자.

세상에서 내가 본 것은 아픈 사람과 아프지 않은 사람들,
살아있는 것들의 끝없는 괴로움과
죽은 것들의 단단한 침묵들,
새벽 하늘에 떠가는 회색의 찢긴 구름 몇 장,
공복과 쓰라린 위,
어느 날 찾아오는 죽음뿐이다.

말하라 붕붕거리는 추억이여.
왜 어떤 여자는 웃고,
어떤 여자는 울고 있는가.
왜 햇빛은 그렇게도 쏟아져내리고
흰 길에 검은 개는 어슬렁거리고 있는가
구두 뒷굽은 왜 빨리 닳는가.
아무 말도 않고 끊는 전화는 왜 자주 걸려오는가.

왜 늙은 사람들은 배드민턴을 치고
공원의 비둘기떼들은 한꺼번에 공중으로 날아오르는가.
―장석주, 「붕붕거리는 추억의 한때」

흥미로운 시인데, 현재 시집(『붉디 붉은 호랑이』)과 상징적인 비교가 가능하다는 점에서 더욱 흥미롭다. 먼저 1연을 보자. 1연에서 시인이 바라보고 있는 것은 아픈 사람 / 아프지 않은 사람들, 살아 있는 것들의 괴로움 / 죽은 것들의 단단함이다. 시인은 세상을 바라보는 기준을, 아프냐 / 아프지 않느냐, 혹은 살아 있느냐 / 살아 있지 않느냐에 두고 있다. 이러한 기준은 은근히 아픈 쪽, 죽은 쪽을 지향하는 듯한데, 이로 인해 특유의 절망이 도사리게 된다.

하지만 『붉디 붉은 호랑이』에서는 살아 있는 것들, 아프지 않은 것들에 더욱 신경을 쓰고 있다. 아니, 시인은 세상을 보는 기준을 '살아 있느냐 / 아니냐'가 아니라, '살아 있되 무엇이 살아 있느냐'로 전환하고 있다.

가령 「박새둥지」를 보면, 초겨울이 되자 매화나무 사이로 보이는 박새둥지를 발견하고, 크게 감탄한다. 박새가 살고 있었다는 사실에 감격하는 눈치이다. 「땅 속에서 누가 보일러를 돌리고 있다」에서는, 봄이 되어 땅 속에서 뱀이 나오고 산수유가 노란 꽃을 피우는 것을 보고 마냥 즐거워한다. 마당에 꾸몄다는 수련 연못에서 뛰어 놀고 있는 개구리의 움직임을 감지할 뿐만 아니라, 그 개구리가 작년 개구리에 비해 크기가 작다는 사실도 기억하고 있다. 시인은 과거와는 달리 죽은 것들 혹은 아픈 것들이 아니라, 소생하고 성장하고 달라지고 그래서 감동을 주는 것들을 뒤쫓고 있다.

그 중에서 시인의 생명력을 잘 보여주는 시가 있다. 시「초산」의 1연은 이러하다. "산통이 오는지 개가 운다 / 호소하는 듯 긴 울음이 / 딱딱한 내 몸통 속으로 / 밀려들어온다" 개가 초산(初産)을 치루고 있다. 이 개는 시인의 집에서 기르는 개로 보이는데, 시인의 시에서 함께 성장하고 있다. 강아지를 낳고, 그 강아지를 기르며, 시인과 함께 저녁을 먹는 이른 바 가구(家口)인 셈이다.

다시,「붕붕거리는 추억의 한때」를 보자. 그 시에도 개는 나오고 있다. "흰 길 위에 어슬렁거리는 개". 이 개는 시인의 시선에 들어오지만, 시인의 삶과는 아무런 관련도 없는 개일 뿐이었다. 그런데 지금 시인의 삶에는 개가 가구로 들어와 있다. 개는 무심한 시선에 의해 걸러지는 오브제가 아니라, 시인의 삶의 일부이며 시인과 함께 살아가는 친구이다.

장석주의 시가 달라진 점은 우선 여기에 있다. 장석주의 시는 주변의 사물 혹은 환경과 친화되었다. 특히 그가 살고 있는 안성(가협)은 예부터 산자수명하고 물자가 풍부한 곳이기에, 시인은 삶을 넉넉한 여유로 무장할 수 있게 만들 것이다. 시인은 세상을 보되, 아프고 병들고 죽어가는 것의 편에서 보는 것이 아니라, 살아가고 소생하고 움직이는 것들을 주시하게 된 셈이다. 이러한 변화는 일단 긍정적이다. 시인이 말하고 있는 은자의 풍모를 닮았는지는 모르겠지만, 일단 생명력을 고양시키고 삶의 다른 면을 볼 수 있다는 점에서 고무적이다.

다시,「붕붕거리는 추억의 한때」를 보자. 2연에서 시인은 묻고 있다. 세상에 대한 질문을 던지고 있는데, 가만히 보면 그 대답은 미리 정해놓고 있는 것 같다. 아니 처음부터 답변을 바라지 않은 것 같다. 시인은 절망하고 있다. 그 이유는 좌절된 사랑 혹은 떠나간 여자 때문으로 보인다. 이 시에서 시인은 감추지도 않았지만, 깊게 천착하지도 않았다. 시인은 절망적으로 묻고, 그 대답이 당연하다는 듯 행동했다.

하지만 『붉디 붉은 호랑이』에서는 다소 달라진다. 오연하게 묻기보다 침착하게 반성한다. 가령 "참말로 한 사람만을 / 나는 사랑하게 되길 바랐던 것이다"(「무당벌레」), "다림질 잘하는 여자 하나를 / 가슴에 품고 / 잘 늙어갈 것이다"(「가협시편」), "땅이 젖고 싹이 돋는 동안 / 우리가 사랑을 못할 까닭이 없다"(「사랑」) 등에서 보이는 시인의 태도는, 사랑에 대해 불필요하게, 무분별하지 않다. 아마도 그것은 세월의 연륜과 상관이 있겠지만, 더 중요한 영향은 그를 둘러싸고 있는 자연 환경과 자연의 기품일 것이다. 비교하건대, 사랑에 대한 태도 역시 그의 시(세계)에서 바뀌어 있다.

마지막으로 달라진 변화를 보자. 이 변화는 『붉디 붉은 호랑이』에서 문제로 지적될 수 있다. 시인은 지금 산중이나 다름없는 곳에 산다. 시인의 집 근처에 38번 국도가 있고, 그 너머에는 사람들이 살고 있는 것으로 보인다. 하지만 시인은 근처에 살고 있는 사람들에게 관심이 없다. 인적이 드문 곳에 외롭게 살아야 한다면 이웃에 대한 정이 남다를 수 있는데, 시인은 그렇지 않은 듯하다. 『붉디 붉은 호랑이』를 통독해도, 시인이 '사람'에 대해 언급하는 대목은 몇 군데 되지 않는다.

더욱 중대한 문제는 앞에서 말한 자연에의 탐닉과 관련된다. 이 시집은 분명 은자풍의 기품을 풍기고 있지만, 그로 인해 우리가 가져야 할 중요한 몇 가지 요소를 놓치고 있다. 그것은 인간에 대한 애정 혹은 사람과 어울려 사는 기쁨이다. 시인은 개, 고양이, 박새, 개구리, 수련, 모란 심지어는 모기에게도 관심을 가지고 있으나, 인간에게는, 이웃에게는, 그의 옆에서 숨 쉬고 살아가는 사람들에게는, 정작 관심을 끊고 있다.

  시「38번 국도」를 보자. 들고양이가 국도 변에 납작하게 깔려 있고, 수소가 뱀의 교미를 보고 있고, 숲 속에는 새들의 소리가 들리고 있고, 빗방울의 소리까지 들리고 있지만, 38번 국도 저편에 남아 있다는 "건너편 집 밥상에는 먹다 남긴 밥과 이빨자국 남은 총각무가 그대로 있다"고 말하고 있을 뿐, 왜 밥상이 거기에 있는지, 총각무를 먹던 사람들이 어디로 갔는지는 말하지 않는다.

  팀룩은 자연을 보호하고 환경을 보호하자는 사람들에 맞서, 과연 인간이 자연을 보호하고 환경을 보호하려는 처사가 얼마나 진정한 것인지 묻는다. 그는 일주일에 6일을 도시에서 지내던 사람이, 주말에 등산을 하고 자연을 논한다는 것 자체가 어불성설이라고 비꼰 적이 있다. 장석주 시인이야 그렇지 않겠지만, 나에게는 장석주 시인의 시가 어딘지 장식적인 측면이 강한 것으로 보인다. 내가 장식이라고 말하는 것은, 시인의 삶이 과연 개와 고양이와 나무와 자연 풍광만으로 충족될 수 있느냐는 우문에서 출발한다. 나는 그의 삶 또한 인간(이웃)의 삶과 관련이 있다고 믿는데, 그의 시에서는 그런 것들이 의도적으로 지워진 것이 아니냐는 뜻이다.「붕붕거리는 추억의 한때」에서는 어설프지만, 인간살이에 대한 물음이 있었다. 이러한 물음이 사라진 것은 권장할 만한 사항은 아닌 것 같다. 나는 그의 시가 더욱 강건하고 내실 있게 변하기 위해서는, 개나 고양이의 삶 못지않게 이웃과 타인에 대한 관심도 깊어져야 한다고 믿는다. 그가 말했던 사랑도 그래야 더욱 견실해지지 않을까.

## 3. 소리 수첩 : 노향림이 듣는 방식

　노향림의 새 시집을 읽다가 '작은 혼란'에 빠졌다. 노향림의 시집은 일정한 경향이나 개성을 구현하기보다는, 발표된 시들을 그냥 엮어놓은 형태가 아닌가 싶었다. 사실 세상에는 그러한 책 혹은 시집이 얼마든지 있으며, 그렇다고 해서 반드시 저작(시집)의 가치가 떨어지는 것은 아니다. 그러나 나에게 하나의 시집은 하나의 관점이고, 하나의 입장이어야 한다는 선입견이 있어, 이러한 체제와 구성에 동의하기 힘들었다.
　더구나 노향림의 시는 추구하는 바가 일정하지 않다. 그녀의 시를 읽는다는 것은 소위 말하는 내용이나 주제 혹은 의미를 읽는다는 행위는 아닌 것 같다. 또 명상이나 성찰 혹은 마음을 구하는 행위도 아닌 것 같다. 그렇다면 그녀의 시집을 읽는다는 것은 어떤 의의가 있을까. 처음에는 쉽지 않았다. 그러나 차츰 알게 되었는데, 그것은 그녀의 감각을 읽는다는 것이다.
　노향림의 시집에는 특이한 감각이 나타나고 있다. 그것은 시각 속에 묻혀 있는 청각, 즉 영상 속에 빛나고 있는 소리의 모습이다. 노향림의 다른 시집에도 그러한 특성이 나타나는 지는 확실히 모르겠다. 다만 『해에게선 깨진 종소리가 난다』에는 그러한 특성이 두드러지고 있다. 일단 시집의 제명을 만들어 준 표제시에도 역시 이러한 특징이 나타나고 있다.

　해에게서는

언제부턴가 종소리가 난다
은은히 울려 퍼지는 소리 앞에
무릎 꿇고 한데 모으는 헌 손들
배고픈 영혼들을 위한 한끼의 양식이오니
고개 숙이고 낮은 데로 임하소서
하늘이 지상의 빈 터에다 간판을 내걸었다.
무료 급식소,
무성한 생명력의 소리 받아먹으려고
고적함을 견디며 서 있는 길고 긴 행렬
깃털처럼 야윈 몸들을 데리고
될 수 있는 한 웅크린다
스스로를 쳐서 소리 낸 적 없는 몸짓이다.
바람이 조금만 불어도 파동치는
해에게서는
수세기의 깨진 종소리가 난다.

―노향림, 「해에게선 깨진 종소리가 난다」

    흥미로운 제목이고, 흥미로운 이미지의 치환이다. 시인은 집 없고 돈 없는 사람들에게 점심을 나누어주는 무료급식소를 바라보고 있다. 해가 정오에 도달하면 사람들이 모여든다. 점심을 먹기 위해서인데, 그때 배급을 알리는 종소리가 울려 퍼진 것이 아닌가 싶다. 사람들은 종소리와 함께 해가 떠 있는 공터, 그러니까 해를 볼 수 있는 빈터로 와서 잠시 기도를 하고 점심을 배급받아 먹는다.

    이러한 풍경은 시인에게 깊은 여운을 준 듯하다. 시인은 마치 가청

주파수 바깥의 소리를 들은 것처럼 새로운 목격담을 시로 옮기고 싶어 한다. 가령 노숙자들의 몸을 하나의 종으로 치환하면서 그들이 움직이며 줄을 서고 밥을 먹는 일련의 행위를 '스스로를 쳐서 소리 낸 적 없는 몸짓'이라고 이해했다. 그들이 무료급식소의 음식을 받아먹으려고 하는 행위를, '무성한 생명력의 소리(를) 받아먹으려고' 하는 몸짓으로 이해했다.

다시 정리하자. 시인은 움직일 것 같지 않던 이들이 움직이고, 빈 것 같았던 공터에 활력이 넘치는 풍경을, 시각으로 받아들이지 않고, 청각으로 받아들였다. 수십 만 년 동안 우리에게 빛이라는 시각의 원천을 제공했던 해마저도, 시인에게는 빛이 아닌 소리의 원천으로 간주되고 있다. 거꾸로 말하면, 시인은 시각 바깥의 어떤 풍경을 받아들일 때 빛이 아닌, 모양이 아닌, 음파와 소리의 결합으로 묘사하고자 한 셈이다.

이 시집에서 대충 아무 시나 살펴보아도 인상적인 '소리 감각'이 하나 혹은 그러한 문장이 한 줄씩 포함되어 있는 것을 발견할 수 있다. 일부러 그런다 싶을 정도로 시인은 꼼꼼하게 소리 감각을 챙기고 있다. 일단 이러한 태도는 기존의 시들에 대해 다시 생각하게 만든다. 기존의 시들이 소리 감각을 쓰지 않는 것이 아니고, 노향림보다 더 소리에 민감한 시인이 없는 것도 아니지만, 이러한 노향림의 태도는 우리가 함부로 감금해버린 어떤 것들을 사면 복권시킨다는 점에서 소중하지 않을 수 없다. 우리는 시각 위주의 세계에 살고 있다. 우리는 보는 것이 아는 것이며, 보일 수 있는 것이 믿게 만드는 것이라는 생각에 사로잡혀 있다. 예술은 특정한 몇몇 장르를 제외하고는 어떻게 하면 시각을 확장하거나 시각과 결합될 수 있을까를 고민하고 있다. 연극은 이제 듣는 예술이 아니며, 영화는 어떻게 하면 더욱 많은 장면을 더욱 빠르게 결합할 수 있을까를 고민한다. 심지어는 음악과 같은 장르도 빛의 이미지와 색채를 결합하려고 하고 있다.

  세상이 빛으로, 모양으로, 색채로, 그것을 지칭하는 언어와 이미지로 뒤덮이고 있을 때, 이에 대해 은근히 비토하는 이러한 태도는 반갑고 또 신선하다. 그녀의 시 역시 절대적으로 시각의 영향력 아래 있으면서도, 애써 이러한 지배에서 벗어나려고 한다는 점에서 친근한 애정을 갖게 만든다. 다음과 같은 시는 소리 감각의 효과가 잘 살아난 경우다.

> 곰소항 선창가
> 곰삭은 젓갈 내음이 밴
> 비는 흘러내리고
> 새벽 어시장 열리려면
> 한참을 기다려야 하는 기여,
> 멍하니 서 있던 한 사내가 양철 지붕을
> 때리는 빗소리에 화답하듯 중얼거린다.
>
> (…2연 중략…)
>
> 즐비한 횟집에선 우동 국물 끓는 내음
> 벌써 비를 피하는 사람들로 만원이다.
> 외지인들의 고단한 하루의 시작을
> 가늘게 채 써는 소리

> 탁탁탁 칼도마 치는 소리
> 이따금 개펄로 흘러든다
>
> 멀리 경매인의 요령 소리에
> 동그랗게 몸 웅크린 빗방울이
> 투명한 내부를 터뜨리며 무너진다
> 흐느낌인지 흐득흐득 빗소리는
> 무너져서 개펄을 지나
> 변산바다로 흘러든다
>
> ―노향림,「곰소항」

 아직 야음이 다 가시지 않은 새벽, 시인은 사람들이 모여드는 어시장 초입에 있다. 곰소항은 곧 문을 열 준비로 부산한데, 때마침 비가 추적추적 내리고 있다. 사람들은 시름에 잠긴다. 그 시름은 '멍하니 서 있는 사내'(시각)가 아니라, 사내가 내뱉는 소리 그러니까 "새벽 어시장이 열리려면, 한참을 기다려야 하는 기여"(소리)에 의해 촉발되고, 시의 구절로 바뀌어 문면에 녹음된 소리처럼 입혀진다. 또 그 위에 얹히는 소리 하나. 빗소리의 연주를 되울리는 양철 지붕의 소리는 배경음처럼 시를 휘돌아 나가고 있다.
 한 곁에는 우동이 끓고 있고, 사람들이 북적거리며 몰려드는 소리가 있으며, 그 사이로 고감도의 박자 감각을 자랑하는 채 써는 소리와 칼도마 소리가 비집고 흘러들고 있다. 포장마차 바깥으로는 경매인들의 요령 소리가 들릴 듯 말 듯 이어지고 있다. 소리의 천국이고, 집합장이다. 그러나 시각 위주의 세상에서 보면 그 소리들은 불협화음이고, 박자 없는 난장에 불과하다. 어지러운 새벽시장을 더욱 어지럽히는 주범일 뿐이다. 그 소리의 무질서를 시인은 질서로 바꾸고 있다.

　노향림의 시집 『해에게선 깨진 종소리가 난다』를 읽는다는 것은, 시각 속에 묻힌 소리 감각을 되살린다는 뜻이다. 솔직히 말해서 그녀의 시 모두에 동의할 수 없었으며, 이 시집이 갖추고 있는 위상이나 의미에 대해서도 확신할 수 없었지만, 소리 감각을 구성하고, 어떤 면에서는 보존하며, 그러면서 시로 윤색해내는 능력에는 크게 감탄했다. 이것은 보기 드문 능력이며, 기억할 만한 심미안이다. 그녀의 시가 이러한 능력을 확대하고, 심미안을 심화하는 장이 되기를 바라마지 않는다.

　그러면서 지금까지 한 이야기와는 반대되지만, 소리 한 점 없이 쓰여진, 그러나 이 시집에서 가장 잘 쓰여진 작품을 읽어보겠다. 지금까지의 논의와는 상반된다는 점에서 이 시는 굳이 거론할 필요가 없겠지만, 이상하리만큼 큰 울림을 주는 시이기에 모순을 무릅쓰고 여기에 옮겨둔다. 아름다운 것들이 거의 모두 그렇듯이, 논리나 체계에 휩쓸리지 않는 힘을 또한 가지고 있기 때문이 아닐까 싶다.

　　　고만고만한 살붙이들과 함께 개울가에 살았네.
　　　가난한 시절 마당가 개집 앞에
　　　찌그러진 양푼 하나 덩그라니 놓여 있네.
　　　오늘 그 속에 가득히 뜨는 별을 보네.
　　　바람 한점 없이 놀 꺼진 서녘 하늘
　　　이팝꽃 핀 사이 불쑥 얼굴 내민 고봉밥별
　　　그 흰 쌀밥 푸려고 깨금발을 내딛었다가 그만

돌부리에 걸려 넘어지고 말았네.
허공에서 거적 같은 어둠 한잎 툭 지고
아직도 마른하늘에서 굴러 떨어지는 아픈 별 하나
그 별 받으려고 나는 두 손 높이 받쳐들고 서 있네
어머니가 차려놓아준 하늘 밥상에
먹지 않아도 배가 부른 흰 고봉 쌀밥 한그릇.

―노향림,「개밥바라기별」

## 4. 8백만 년 동안의 사랑 : 허형만이 살아가는 방식

　나는 시(집)를 빨리 읽는 편이다. 시(집)를 잡은 자리에서 다 읽고, 비교적 시간의 터울을 두었다가 기억에 남는 시편을 중심으로 재독하는 습관을 가지고 있다. 그리 좋은 습관이라고 할 수는 없지만, 그 책임이 전적으로 내게 있는 것만은 아니다. 그런데 허형만의 시집 『첫차』를 꺼내는 순간 더 이상 그럴 수 없었다. 그의 시집은 첫 시부터 강렬한 매혹을 뿜어내고 있었고, 그 다음 시로 재빨리 옮겨가기 힘들게 만들었다. 오래 머물면서 생각해야 했고, 그러면서 그 다음 시에 대한 호기심과 열망으로 마음이 부풀어 오르는 듯 했다. 그리고 오랜 시간이 걸려 시집을 통독하고 난 이후에, 어떻게 그의 시를 정리해야 할지 막막해졌다. 그래서 정직하게 그의 좋은 시를 읽기로 했다. 그의 좋은 시만 해도 상당한 지면을 요할 테지만, 『첫차』는 그럴 자격이 충분하다.
　첫 시부터 보자.「첫차」는 표제시이자, 대표시이다.

조숙조숙 조으는 사람들

눈송이와 개똥벌레처럼 아름다운

난쟁이 은하의 푸른 별들이여

―허형만, 「첫차」

짧은 시이다. 요즘은 좀처럼 쓰지 않는 간결함으로 빚어진 시. 그러나 그 안에는 보통 깊은 아름다움이 담겨 있는 것이 아니다. 사람들이 보인다. 곧추세워진 의자 너머로 졸고 있는 사람들. 시인은 '조숙조숙'이라는 특이한, 그러나 감칠맛 나는 어사를 사용했다. '조숙조숙'은 의태어 바깥의 의미마저 유추시키며, 창백한 불빛 아래에서 차가운 바깥 날씨와 싸우는 긴장된 몸들의 움직임을 보여준다. 바깥에는 눈송이가 날리고 있었던 것일까, 아니면 개똥벌레가 자지 않고 날고 있었던 것일까. 시인은 첫차 안에서 졸고 있는 가난한 사람들의 모습을 눈송이처럼 반갑고 개똥벌레처럼 환하게 바라보고 있다. 그들의 차림새는 꾀죄죄할 테지만, 그들의 마음과 삶을 대하는 태도는 새벽하늘의 별들처럼 찬란하다. 시인은 과장하지 않고, '난쟁이 은하'라고 했다. 의자 사이로 목만 내밀고 졸고 있는 모습이 키 작은 사람들을 연상시켰는지도 모른다. 하지만 그들의 첫차를 타는 새벽은 청명하고 아름답다.

이 작품은 간결하다. 시의 전후 상황에 대한 설명이 대거 빠졌기 때문이다. 왜 첫차를 타게 되었고, 시인은 지금 어디로 가려고 하고 있고, 어떻게 첫차에 올라탔고, 어디에 도착해야 하는지에 대한 사전 정보를 차단하고 있다. 그것들을 차단함으로써 이 시를 둘러싼 상황에 온갖 상상력과 감식안을 가미하도록 유도한다.

사실 첫차 탄 풍경은 그렇게 낭만적이지 않다. 많은 사람들이 첫차를 타면서 쌀쌀해진 바깥 날씨에 당황하고, 그러면서도 그 안에서 조금이나마 편안한 자리를 확보하고 가급적이면 방해받지 않으면서(혹은 잠들면서) 조용히 그리고 신속하게 자신의 목적지에 도달하기를 바라며 은근히 신경을 곤두세운다. 여행에 대한 설렘보다는 삶의 간난신고에서 오는 피곤함이 훨씬 크게 묻어 있는 공간이다(오죽하면 두 번째 차도 아니고 첫차를 타야 하겠는가).

그런데 시인은 그러한 비루할 수도 있는 공간을 단어 몇 개와 비유 몇 개로 아름답게 축조하고 있다. 아름답게 만든다고 해서 좋은 시가 되는 것은 물론 아니다. 그 안에 세상을 관조하는 따스함이 있고, 포용이 있고, 너그러운 사랑이 있기 때문이다. 그러한 마음은 시 안에, 적지만 유효적절한 단어 사이에 스며있다. 그 마음을 이해할 수 있다면, 이 시는 세상에 대한 상당한 이해와 관용 그리고 정직함의 언어로 이루어져 있음을 확인할 수 있다. 무엇보다 그러한 시인의 마음을 요란한 어사로 포장하지 않는다는 점이 이러한 믿음을 확고하게 한다고 하겠다.

시인이 가지고 있는 마음과 닮아 있는 정서는 '연민'이다. 시인은 첫차 탄 승객들에게 폭넓은, 그러나 겸손한 연민을 드러내고 있다. 그 연민은 그의 시 곳곳에서 보이는데, 편의상 그 다음 시를 보자.「석양」이다.

바닷가 횟집 유리창 너머
하루의 노동을 마친 태양이
키 작은 소나무 가지에
걸터앉아 잠시 쉬고 있다
그 모습을 본 한 사람이
'솔광이다!'
큰 소리를 지르는 바람에
좌중은 박장대소가 터졌다.

더는 늙지 말자고
'이대로!'를 외치며 부딪치는
술잔 몇 순배 돈 후
다시 쳐다본 그 자리
키 작은 소나무도 벌겋게 취해 있었다
바닷물도 눈자위가 볼그족족했다.

—허형만,「석양」

  이 시는 바닷가 횟집에서 술을 마시다가 서해로 지는 해와, 지는 해와 취객들 사이에 있는 소나무를 조합시켜 쓴 시이다. 해가 소나무에 걸려 있을 때는 '솔광'이 되고, 시간이 지나 소나무 아래 바다 근처로 가라앉을 때는 붉은 취기가 된다. 시인은 붉은 노을에 '키 작은 소나무도 벌겋게 취해 있었다'고 노래했다.
  이 시는 소나무나 해와 같은 주변 사물에 대해 예민한 감각을 드러내기도 하지만, 더욱 중요한 것은 그러한 모습을 보면서 함께 해지는 노을을 보고, 같이 취해가는 사람들에 대한 관심이다. 시인이 합석한 자리에는 시종일관 화기애애한 분위기가 넘치고 있고, 서로에 대한 정다운 마음이 넘실대고 있다. 이 시에는 쓸쓸함이 아닌 단란함이 주조를 이루고 있는 셈인데, 시인이 사람들에 대해, 그들의 삶이 지는 것에 대해, 쉽게 비관하지 않기 때문이다. 넓게 생각해서 세상에 대한 불만이 아니라 포용을 보여주는 셈이다.

허형만의 시집에는 포근하고 안락하고 따뜻한 시편들이 상당히 넓게 배치되어 있다. 비관적인 정서로 무장되는 경향이 강한 근래의 시와는 다르다. 세상을 쓸데없이 적대시하지 않는다는 점에서 유연함이 돋보인다. 그의 시 「사랑論」은 대표적이다.

> 사랑이란 생각의 분량이다. 출렁이되 넘치지 않는 생각의 바다. 눈부신 생각의 산맥. 슬플 때 한 없이 깊어지는 생각의 우물. 행복할 땐 꽃잎처럼 전율하는 생각의 나무. 사랑이란 비어 있는 영혼을 채우는 것이다. 오늘도 저물녘 창가에 앉아 새 별을 기다리는 사람아. 새 별이 반짝이면 조용히 꿈꾸는 사람아.
>
> ─허형만, 「사랑論」

'생각의 분량', '생각의 바다', '생각의 산맥', '생각의 나무' 등의 비유는 낱낱으로는 신기할 게 없는 비유라고 할 수 있다. 어디선가 한 번쯤 들어보았을 표현들인데, 허형만은 상투적일 수 있는 표현에 적당한 수식어(가령 출렁이되 넘치지 않는)를 결합하고, 재치 있게 배치하여 한곳에 집결시킴으로써 간결하지만 의미 있는 비유로 재생성해 낸다. 그리고 이러한 비유들이 모이면서 '사랑'의 본질에 대해 여러모로 생각하게 만든다.

앞으로 시가 나아갈 방향이 여러 갈래겠지만, 시는 근본적으로 명상과 자아 성찰의 도구여야 한다는 것이 나의 지론이다. 그런 측면에서 근본적으로 새로울 것은 없지만 새롭게 단장되면서, 이 시는 사랑에 대한 그리고 사랑을 바라보는 자신에 대한 생각을 재고하게 만든다. 좋은 시란 생각이 머무는 시간이 많을 수밖에 없지 않겠는가.

또, 이 시는 허형만 시(세계)에 대한 몇 가지 단서도 알려준다. 일단 별에 대한 언급이 눈에 띤다. 허형만 시집을 통어하는 시어 중에 별은 상당히 중요하다. 별은 '저물녘'에 빛나는 것으로, 세상이 고요하게 가라앉을 때 나타난다. 세상의 불빛이 너무 요란하면 보이지 않는다는 점에서 고고하다는 특징도 있다. 허형만은 별을 '청명함'의 이미지로 이해한다. 그의 비유들이 명쾌하고 청신한 것은 이러한 별들의 관념과 생태를 닮아서가 아닐까 싶다.

또 별은 사람과 사랑으로 이어진다. 이 시에서도 나타나지만, 시인은 '사랑'에서 '별'로, '별'에서 '사람'으로, 시적 관념을 이어가고 있다. 이러한 시가 하나 더 있다. 「운석(隕石)을 어루만지며」.

함께 있다는 것. 길림성(吉林省) 운석박물관에서 8백 만 년 전에 길을 잃은 별 하나 어루만지며, 함께 있다는 것이 이토록 짜릿한 걸 잊고 살았다. 사랑하는 당신, 지금 나의 손바닥에 신호를 보내고 있는 이 우주의 박동소리처럼 나도 당신의 심장 속에 별로 박히고 싶다.

— 허형만, 「운석(隕石)을 어루만지며」

시인은 운석박물관에서 8백년 전에 지구를 방문한 운석 하나를 만지작거리고 있다. 시인은 그 운석을 마치 연인처럼, 친구처럼 여기며, 마음으로 말을 걸고 있다. '길을 잃' 은 별과 함께 있다는 것이 무척 짜릿하다고 말하면서. 그리고 시인은 다시 누군가를 떠올린다. 시인은 그 사람을 '당신' 이라고 했다. 여자일 수도 있고, 남자일 수도 있지만, 뭉뚱그려 말한다면 나의 심장 속에 맥동을 부풀리는 소중한 사람들이면 누구나 가능할 것이다. 운석 하나와 자신의 운명이 8백만 년의 인연을 거쳐 만나게 된 것처럼, 자신의 곁에 있었던 그리고 있을 누군가도 8백만 년이라는 천문학적인 인연의 다리를 건너온 사람일 것이다. 그런데 곁에 있으면, 함께 있으면, 그 인연과 운명의 힘을 제대로 인식하지 못한다. 멀리 떠나온 뒤에야 비로소 알 수 있으며, 그 소중함을 깨달을 수 있다. 시인은 그 사람에게 '마음의 신호' 를 보내고 싶어 하는 것 같다. 그 신호가 아마 '시' 일 것이다.

시인에게는 자연도 소중하고, 개구리도 소중하고, 나비도, 산행도, 살아 있음의 징표인 깃털도 소중하다. 그래서 그의 시 속에는 자연에 대한 완상도 들어가고, 개구리의 버릇없는 움직임도 포착되고, 나비의 펄럭임과, 떨어지는 깃털의 의미도 해독된다. 그러면서 시인은 산행을 다니고, 아름다운 나무와 그림을 감상한다. 시는 그러한 아름다운 것들에 대한 의미 축적이고, 언어적 해독이고, 누군가에게 보내는 신호다.

그 신호의 끝에 사람이 있다. 허형만의 이 시집이 아름다운 이유는 여러 가지이다. 아름다운 의태어와 적절한 어사가 있어 아름답고, 간결하지만 의미 있는 짜임새가 있어 아름답다. 산을 이해하고 있고, 살아 있는 것들의 가치를 귀하게 여길 줄 알고 있으며, 유머와 따뜻한 마음이 있어 또한 보기 좋다. 그러나 최종적이고 가장 중요한 아름다움은 사람에 대한 이해이다.

허형만의 시 중에서 「사람도 풍경이다」를 보면 첫 구절(연)과 마지막 구절(연)이 정말 마음에 든다. 실례를 감수하고 첫 연과 마지막 연만 옮겨보겠다. 그러면 이 시인이 세상을 거쳐, 자연을 거쳐, 시를 통해, 아름다움을 통해, 결국 인간들 사이로 귀의하려 하고 있음을 알게 될 것이다. 그의 마음과 행로와 선택과 언어적 형상화에 깊이 공감한다.

세상은 풍경으로 가득차 있다. 다만 풍경의 깊이와 넓이를 헤아리지 못할 뿐. 그 깊이가 슬픔이고 그 넓이가 그리움이라는 걸 깨닫지 못할 뿐.

(중략)

주막의 막걸리 한 잔 두부 한 점에 목이 메이는 이유를 물안개는 안다. 사람도 풍경이기 때문이다.
―허형만, 「사람도 풍경이다」 부분


## 5. 유행가와 명상록 사이에서, 세속과 관조의 중간에서

시의 미래는 무엇일까. 내 생각으로는 '유행가'가 아니면 '명상록'일 것이다. 대중들이 일상에서 흥겹게 혹은 가슴 아프게 읊조릴 수 있는 친숙한 노래가 되거나, 혹은 삶에 대한 통찰이나 깊은 여유를 구할 때 손쉽게 찾을 수 있는 명상의 집적물이 되어야 하지 않을까. 시의 운명은 이것보다 복잡하고 더욱 다양해야 할 테지만, 나의 눈에는 두 갈래 길이, 삶의 안과 밖, 일상의 앞과 뒤에 해당되고 있다는 점에서 가장 선명하게 들어온다.

허형만의 시는 깊은 인상을 남긴다. 그의 시는 두 가지 모두 될 수 있다는 생각이 들기 때문이다. 그것은 그의 시가 삶과 유리되지도, 그렇다고 삶에 매몰되지도 않았기 때문이다. 세 시인은 모두 다른 방식으로 산다. 장석주는 은둔자의 삶을, 노향림은 속세의 곁에서 그들을 관찰하는 삶을, 그리고 허형만은 그 어디에서나 인간들의 삶을 가깝게 느끼려는 삶을 산다.

모두 유연하고 아름다운 선택이다. 그 선택들이 삶의 내부를 더 깊게 돌아 삶의 외부로 틈입할 수 있을 때 좋은 시가 나올 것이다. 어떤 시인의 말대로 천왕봉을 보기 위해서는 천왕봉 주변의 봉우리에 올라야 하는 것처럼. 그러나 멀리서 본 천왕봉이 진짜 천왕봉이 되기 위해서는 천왕봉을 직접 오르는 노력도 필요하리라. 북적거리는 세상의 한가운데를 돌아 세상 바깥의 어떤 생각의 지점에 도달할 수 있다면, 그리고 그곳에서 시를 쓸 수 있다면, 그 시는 세상의 속된 정서인 유행가의 친숙함과 세상을 관조하는 고고한 기품인 명상의 의미를 함께 담아낼 것이다. 세 시인은, 아마, 모르긴 몰라도, 그러한 융합과 조화의 길을 감지했음에 틀림없다. 그러니 혹 모자란 부분이 있다고 느낀다면, 두 가지 척도 중에 맞은편 어귀를 눈어림하고 그곳의 삶을 뒤적이면 아마도 해답을 구할 것이다. 시 역시 그 안에 해답이 있다. 그들이 살아가고 눈어림하는 반대편 지점에.

# 시선(視線)들의 미묘한 차이
―문인수, 최춘희, 정우영의 시―

## 1. 시선이 만든 개성

　문인수, 최춘희, 정우영의 시(집)들을 읽으면서 언어와 그 언어들을 골라내는 시적 시선에 대해 생각하게 되었다. 이들의 시가 처음부터 이러한 시적 의도를 의식하고 쓰여진 것은 아닐지 모른다. 어떤 면에서는 세 시인의 시(집)를 통어하기 위한 읽는 이의 전략적인 토대에 불과할지도 모른다.

　그러나 세 시인의 언어 사용과 시적 조합이 특수한 것도 분명하다. 세 시인은 나름대로의 시적 시선을 선택함으로써 그에 해당하는 언어들을 조직하였고, 그렇게 조직된 언어의 조합은 시인의 개성을 강화시켜 그들이 바라보는 세상의 모습을 부각시켰다.

　물론 세 사람의 시적 성과가 모두 고르게 빼어나고, 또 빼어난 시들 모두가 이러한 성향을 지녀야 한다고 주장하는 것은 아니다. 다만 세 시인의 시가 개별적으로 이러한 성향을 개성으로 삼고 있으며, 이러한 개성이 세 시인을 두루 통독할 때 두드러지기 때문에 일종의 비평적 출발점으로 삼아도 좋을 듯 하다.

## 2. 무거운 것, 어두운 것, 조용한 것

 문인수의 시는 색감으로 따지면 어둡고, 무게감으로 따지면 육중하며, 청각으로 따지면 조용한 것들을 주목한다. 그는 고인돌을 바라보면서, "죽음은 참 엄청 무겁겠다 / 깜깜하겠다"라고 표현했다. 고인돌을 묘비로 삼은 사람의 심정이 되어 노래한 것으로 보이는데, 이러한 표현이 주목되는 것은 유독 무겁고 어둡고 침묵하는 그의 시세계를 압축적으로 웅변하기 때문이다.

 저것들은 큰 웅변이다.
 시꺼먼 바윗덩어리들이 그렇게
 낮은 산자락
 완만한 경사 위에 무겁게 눌러앉아 있다. 그러나
 인부들은 느릿느릿 풀밭을 다듬다가 가장 널찍한
 바위 그늘로 들어가 점심을 먹고 쉰다. 쉬는 것이 아니라
 나비 발 아래마다 노오란 민들레
 낮별 같은 꽃이 연신 피어나느라, 반짝이느라
 바쁘다. 지금 아무것도 죽지 않고
 죽음에 대해 허퍼 귀 기울이지 않으니 머쓱한

어른들처럼
군데군데 입 꼭 다문 바위들,
오래 흘러왔겠다. 어느덧
신록 위에 잘 어울린다.

—문인수,「고인돌 공원」

　시의 도입부에 무게감이 강하게 느껴진다. '시꺼먼 바윗덩어리'들의 중량감과 '무겁게 눌러앉아 있'는 형상은 고인돌이 가지고 있는 육중함을 묘사한다. 시인은 이러한 육중함을 '큰 웅변'이라고 말했다. 고인돌은 말하지 않음으로써 더 무겁게 말하는 존재가 된다.
　문인수 시의 요체는 말하지 않는 것의 더 큰 웅변에 있다. 문인수의 시는 대체로 거칠고 담담하게 기술되고 있다. 어느 시를 살펴보아도, 기교가 승하거나 수사가 화려하거나 고의로 다듬어 아름답게 보이려 하는 흔적이 적다. 평이한 문장을 서술하듯, 담담하게 시적 상황을 기술하는 데에 역점을 두고 있다.
　이러한 시작 태도는 시어가 되는 말의 무게를 늘리고, 말의 침묵을 높이고, 말의 색감을 진하게 만들려는 의도로 여겨진다. 그는 말의 무게와 농도와 침묵의 정도를 높이는 것을 시어의 본질로 삼고 있다. 이러한 시인의 태도는 그 자체로 존중받을 만한 것이라고 판단된다.
　위의 시를 다시 살펴보면, 시의 중반부는 거꾸로 가벼운 것들에 대한 기술로 이어지고 있다. 나비가 날고, 노오란 민들레가 피어 있고, 낮별 같은 꽃들이 약동하고 있다. 이러한 배경과 움직임은 가벼운 그리고 생동감 넘치는 느낌을 준다. 색감으로 따지면 밝은 색에 해당하고, 무게감으로 따지면 경쾌한 상승감에 해당하며, 농도로 따지면 파스텔 톤의 맑은 느낌을 자아낸다고나 할까.

　문인수 시의 본령은 무거움과 침묵에 있지만, 이러한 무거움과 침묵을 더욱 부각시키고 강조하기 위한 전략으로 가벼움과 경쾌함을 가미시킨다. 많은 시들이 이러한 구조를 따르고 있다. 가령 「나비」를 보자.

　　저 긴 수평선, 당신도 입 꽉 다물고
　　오래 독대한 흔적이 있다.
　　바람 아래 모래 위 우묵한 엉덩이 자국이여
　　온몸을 실어 힘껏 눌러앉았던
　　이 뚜렷한 부재야말로 날개 아니냐
　　저 일몰 속 어디 어둑, 어둑,
　　훨 훨 훨 깔리는 활주로가 있다.

　　　　　　　　　　　　　　　―문인수, 「나비」

　시의 도입부는 수평선이다. 수평선은 막막함과 거리감으로 인해 위압감을 느끼게 하는 존재이다. 그러한 수평선 앞에서 침묵을 지키며 힘겹게 독대한 존재가 있다. 그 존재는 수평선의 장구함에 비하면 지나치게 미미한 존재인 나비이다. 어쩌면 그 나비는 바닷가 모래밭에 찍힌 엉덩이 자국에 의해 유추된 것일 수도 있다. 중요한 것은 시인은 수평선과 나비를 대비해서 연상한 점이다. 시인의 연상 속에서, 나비는 바람을 맞고 모래 위를 날면서 세상에 자신의 족적을 남기기 위해 노력하는 존재이다.

　시인은 '온몸을 실어 힘껏 눌러앉았'음에도 불구하고 '부재' 만 뚜렷했다고 말한다. 나비는 세상에 흔적을 남길 수 없는 가벼운 존재임에도, 시를 통해 나비는 온몸의 무게 감각으로 노래하는 존재가 되고, 그로 인해 어둑한 일몰 속에서 긴 침묵을 내뿜는 존재가 된다. 수평선과 나비의 대비는 처음에 무거운 것과 가벼운 것의 대립을 불러왔다가, 결국에는 나비의 힘겨운 투쟁을 부각시키는 방향으로 매듭지어진다.

문인수의 시는 나비가 펼치는 힘겨운 부재와의 투쟁을 가벼운 날갯짓과 구분해내기 위해서 수평선도 필요했고, 온몸으로의 날갯짓도 필요했다. 거꾸로 말하면 문인수의 시는 가벼운 나비의 날개를 무거운 날갯짓으로 인식했을 때 쓰여질 수 있고, 필요해질 수 있는 시어의 무게 저울이었던 것이다.

### 3. 죽음의 상자에도 희망은 들어 있다

최춘희의 시집을 읽으면, 죽음에 대해 생각하지 않을 수 없다. 그것은 시집 전체를 지배하는 죽음에 대한 상념 때문이기도 하지만, 시집의 초입부터 배치된 불길한 상황 때문이기도 하다.『늑대의 발톱』1부는 시인의 경험으로 생각되는 병원 체험과 죽음에 대한 암시로 빼곡하다. 특히「소리 깊은 집」연작은 그러한 생각들을 잘 모아둔 시편에 해당한다. 인상 깊은 시 한 편을 뽑아보겠다.

산꼭대기 바위 위 우뚝 선 시멘트 비석이 있다 처음 보았을 때 상투 모양 돌덩이가 신기했다 가까이 가서보니 낭떠러지 떨어진 젊은 한 사내 넋을 기린 묘비였다 가슴 한 쪽 구멍 뚫려 바람소리 몰아쳤다 햇빛 따스한 산기슭대신 사나운 바람잡이 터 집을 세운 심사라니, 그 옆에 쪼그리고 앉아 내가 올라온 길 내려다본다 안개에 가려 끊어졌다 이어지는 굽은 길 따라 나도 흠집 많은 육신 버리고 왔다 밤낮없이 비 새던 지붕 아래 눈물인지 빗물인지 흘려보낸 날들 부질없고 누덕누덕 기운 욕망의 겉옷 걸레뭉치처럼 나뒹군다 외줄에 몸 매달고 암벽 오르듯 한 세상 살아내고 싶었다 해찰하며 보내버린 길 위의 시절 비바람에 찢겨진 나뭇잎같이 썩어 간다 값싸게 팔아치운 저잣거리 영혼 너무 헐겁다 바위틈 비집고 악착같이 생을 칭칭 동여맨 저 소나무, 짙푸른 땀방울 떨어지는 거기, 솔향기 밟힌다 바람이 세운 바람무덤 가르고 새 한 마리 솟구친다 나도 솟구치고 싶다
　　　　　　　　　　　　　─최춘희,「소리 깊은 집 10-바람무덤」

이 시가 인상 깊은 까닭은 죽음에 대한 상념이 직접적이지 않기 때문이다. 다른 시편들에서 최춘희가 보여준 아픈 언어는 그 나름대로 공감하는 바가 적지 않지만, 지나치게 과장되었다는 느낌을 지우기 힘들다. 시인이 남들이 상상할 수 없는 고통을 겪었다는 것에는 이의가 없지만, 그 고통을 생경하게 드러내는 것이 바람직한 시(혹은 시작 태도)냐는 점에서 의혹이 제기될 수 있기 때문이다. 시는 쓰는 이의 마음을 먼저 정화하고 다독일 수 있을 때, 다른 이들에게도 그 고통의 깊이와 인내의 미덕을 알려줄 수 있다고 생각한다.

그러한 측면에서 최춘희의 시는 고통에 대한 탐닉이 지나치게 강했다. 그런데 인용된 시는 그러한 고통이 대폭 줄어들어 있다. 시인은 역시 죽음의 정서에 천착하고 있지만, 그것을 자신에게서 한 발 떨어진 것으로 본다. 산에 올라갔고, 그 위에서 떨어져 죽은 누군가를 위해 세운 추모비를 보았고, 그 추모비를 보면서 자신의 지난날과 고통에 대

해 생각하게 되었다. 이러한 형식은 다른 시들에서도 드물지 않게 찾아낼 수 있다.

문제는 시인의 태도가 의연하다는 점이다. 시인이 산에 있기 때문일까. 아니면 시인보다 더 짧게 산 사람에 대한 예의 때문일까. 고통의 언어들을 쏟아내고 지쳤기 때문일까. 어쨌든 이 시는 시인의 담담한 태도가 담겨 있어, 시가 넋두리가 되지 않도록 지켜내고 있다. 그러면서 시인은 한 가지 반전을 꾀한다. 그것은 이 시를 다른 시들과 다르게 만드는 결정적인 요인이다.

시인은 생에 대한 의지를 표출하고 있다. 솟구침. "바람이 세운 바람 무덤 가르고 새 한 마리가 솟구" 침을 바라본 시인은, 설령 자신의 무덤이 만들어진다고 해도, 이 세상 바깥으로 솟구치는 존재가 되고 싶어 한다. 이러한 의지는 그녀의 다른 시들에서는 좀처럼 찾기 힘든 생에 대한 긍정이다.

만일 생에 대한 긍정이 그토록 중요하다면, 어디에 배치해야 할까. 최춘희는 긍정의 시편을 시집의 맨 앞에 두었다. 그것은 아마도 자신의 시가 지닌 세상에 대한 어둠을 희석시키고 싶은 욕망 때문이었을 것이다. 그 시를 읽어보자.

> 사자골 약수터 나무의자에 배낭 하나 던져놓고 동네 꼬마들 와와, 웃음폭탄 터뜨리며 산길로 달음박질치고 그 모습 쳐다보며 할머니 할아버지 소주잔 건네다 오징어다리 찢어 사이좋게 입에다 넣어주시고 아저씨 아줌마 철철 넘치는 샘물에 입가 적시며 슬그머니 바가지 내려놓는 사월의 하룻날
>
> ―최춘희, 「올챙이가 쓴 책 한 권」 부분

이 시는 1부 시편들의 초입이자, 시집 전체의 입구에 위치한다. 그래서 언뜻 이 시를 읽으면 그 이후에 나오는 죽음이 시편들에 묻혀 그 의미와 가치를 제대로 파악하기 힘들다. 그러나 시인은 평화로운 약수터의 풍경을 옮겨놓으면서, 죽음 이후에 다가올 어떤 삶에 대한 자신의 비전을 제시하려는 것 같다.

시인은 일상적이고 안온한 삶을 꿈꾸고 있다. 그녀의 시가 그렇지 못한 것은 기본적으로 그녀의 몸속을 잠식하는 병 때문이고, 그러한 병을 키우는 생각의 상념 때문이며, 그 상념에 기대고 있는 시 때문이지만, 마음 깊은 곳 어딘가에서는 병과 상념과 부정의 시를 넘어서는 활력과 생기를 간절히 원하고 있음에 틀림없다.

섣부른 충고일지는 모르지만, 최춘희의 시는 더 밝아질 필요가 있다. 불필요하게 어둠을 파고들 필요가 없다는 뜻이다. 그것은 시의 본령과도 맞지 않는 일이다. 시는 사람의 마음을 치유하는 일종의 위안이다. 생각의 어둠에 맞서 시의 어둠으로 치료할 수도 있겠지만, 어둠에 맞서 평화로운 빛을 추구할 수도 있다. 인용한 두 개의 시는 최춘희가 시가 나아가야 할 방향에 대한 일정한 참조사항은 될 수 있다고 생각한다.


## 4. 작은 것들을 내려다보며

정우영의 시집 『집이 떠나갔다』에서 주목되는 것은 '내려다보는 시선(부감, 俯瞰)'이다. 정우영의 시들은 작은 것들을 소중히 다루는 태도에서 특장을 보이는데, 그러다 보니 작은 것들을 시인의 시선 높이에서 내려다보지 않을 수 없게 된다. 거꾸로 말하면, 시인은 작은 것들을 내려다보면서 사랑과 관심을 쏟는 것에 시의 본질 혹은 역할을 두고 있는 것 같다.

> 오랜만에 고향집 뒤꼍으로 가서
> 한 이십년 족히 닫혀 있던 우물 뚜껑을 열었더니
> 늙은 개구리 한 마리 엉금엉금 기어나오고
> 반쯤 쥐에 뜯긴 붕어도 한 마리 슬슬 헤엄쳐 나온다.
> 꽃다운 나이 열둘에 우물 속으로 사라진 누이도 나올까 싶어
> 한참 동안 쭈글치고 앉아 기다린다.
> 영 기미가 없어 윗몸 우물에 거꾸로 들이밀고 소리친다.
> 우리 누이는 언제 나온다냐?
> 내 말 메아리 되어 우물 속을 웅웅 떠다니더니
> 마술인 듯 우물에서 하늘길 열리고
> 누이 닮은 하얀 연꽃 하나 다소곳이 걸어나온다.
> 아하, 나는 불현듯 깨닫는다.
> 누이는 선녀처럼 두레박 타고 내려가 승천했음을.
> 우리 집 우물이 하늘로 되돌아가는 자궁이었음을.
> ─정우영,「우물 승천」

시인의 옛집에는 폐정(廢井)이 하나 있었다. 시인은 문득 그 우물 속이 궁금했고, 그래서 오래된 뚜껑을 열고 그 내부를 엿보았다. 우물 안에는 늙은 개구리와 반쯤 쥐에 뜯긴 붕어가 있었다고 했는데, 이것은 우물이 제 역할을 하지 못함을 비유적으로 일컫는 표현일 것이다.

중요한 것은 우물에 빠져 죽은 것으로 생각되는 누이의 기억이다. 누이의 죽음이 이 우물과 어떻게 연관되는지는 시에서 구체적으로 말해지지 않지만, 정황으로 보건대 누이는 꽤 오래 전에 이 우물에서 죽었던 것 같다. 아마도 이 우물이 폐쇄된 것도 그 죽음과 관련이 있을 듯하다. 시인은 그 기억을 중심으로 상상력을 가미한다. 우물 속에서 죽은 누이가 하늘로 승천했다고. 요즘 세상의 말로 하면, 우물길을 따라 유토피아를 찾아간 것이라고.

고대 동양의 상상력에서는 모든 우물은 바다와 통하고 있다. 이것은 곧 우물이 길이자 입구임을 뜻하다. 이 시 역시 그러한 상상력을 통해, 오래된 우물을 아름다운 장례를 집전하는 제의 공간으로 탈바꿈시키고 있다. 흥미로운 점은 시인이 폐정을 내려다보면서 시를 구상하고, 시적 구성을 통해 하강의 시선을 상승의 시선으로 돌려놓고 있는 점이다. 부감의 시선이 상승(앙각, 仰角)의 시선으로 치환되는 경우이다. 비슷한 경우가 「토란잎 그늘」이다.

화분 속 토란이 매끈매끈하다.
무더위에도 아랑곳없이 생글거린다.
출근하다 말고 눈으로 가만가만 토란잎 쓰다듬는다.
(중략)
나는 무람없이 넥타이 풀고 양말 벗고
토란잎 무릎 베고 눕는다.
개운한 눈 떠보니
배냇저고리에 싸인 내가 토란 젖 빨고 있다.
빙긋 웃는 얼굴로 토란이 나를 내려다본다.

> 참 아늑하고 또 아늑하다.
>
> —정우영, 「토란잎 그늘」 부분

시인은 집에서 토란을 키웠던 것 같다. 어느 날 출근하다가 매끈거리고 생글거리는 토란을 발견하고 사랑스러운 마음에 잎을 쓰다듬어 주었다. 시인은 아마도 허리를 굽히고 고개를 숙이고 평소 보지 않았던 지상의 낮은 식물을 일부로 들여다보았을 것이다(부감). 그러다가 작은 것 속에 담겨 있는 아름다움과 정겨움을 느꼈고, 그만 마음이 편안해지는 것을 느꼈다.

인용된 시에서 중략 이후에 옮겨진 것은 시인의 상상력이다. 시인은 그만 출근을 포기하고 넥타이 풀고 양말 벗고 주저앉는다. 아마 상상력의 잠일 터이다. 흥미로운 것은 시인이 잠을 깨고, 어느 새 목전(目前)에 다가와 있는 거대한 토란을 젖처럼 빨고 있는 자신을 발견하는 대목이다. 시인은 시인보다 더 커진 토란 밑에서 잠들어 있었다. 토란은 시인을 내려다보며, 아늑하게 잠들도록 보호하고 있었던 셈이다.

정리하면 시인은 처음에는 토란을 내려다보았다. 그러나 자고 일어난 이후에는 토란을 올려다보고 있다. 부감의 시선이 앙각의 시선으로 치환된 경우이다. 정우영의 시는 시선의 깊이와 방향에 따라 감정의 밀도와 색깔이 달라진다. 내려다보는 시선은 일상에서의 작은 발견, 그리고 그 발견이 가져오는 감정의 변화를 뜻한다. 그러나 시선이 앙각으로 전도되는 순간, 시인의 눈앞에 나타난 대상이 외경스럽게 변하는 느낌을 받게 된다. 우물 속에서 죽은 누이는 하늘 위로 승천하고, 자신이 사랑스러워했던 토란(잎)은 어느새 커져 자신을 보호하는 존재가 되어 있다.

누군가는 작은 것이 아름답다고 했다. 재미있고 적절한 말이다. 큰 것이 각광받는 사회에서 작은 것이 아름답다는 말은 작은 것들의 가치를 제고시키는 데에 유효적절하다. 그러나 작은 것이 작기 때문에 아름다운 것은 아니다. 작은 것은 그 안에 큰 것 못지않게 아름다운 우주의 질서와 사물의 이치를 담고 있기 때문에 경이로운 것이다. 작은 것 속에도 큰 것 못지않게 세상의 섭리가 담겨 있다고 한다면 어찌 놀랍지 않겠는가.

정우영의 시가 지닌 또 하나의 특징은 죽은 자들에 대한 경외심과 친근감이다. 가령 「어머니 등불」과 같은 시나 「집이 떠나갔다」와 같은 시를 보면, 오래된 친인(가족)이 죽은 것을 기화로 시를 구성하고 있다. 시는 어머니가 죽은 정황, 아버지가 죽은 정황을 전하되, 격정과 비탄에 휩쓸리지 않으려 하고 있다.

「어머니 등불」에서는 죽은 어머니의 관이 들어오는 장면을 마치 어머니가 실제 외출을 하는 것처럼 표현했다. 시인은 어머니와 무언의 대화를 나누지만, 언뜻 읽으면 동반 외출하는 듯한 인상도 받는다. 「집이 떠나갔다」 역시 비슷하다. 이 시도 집을 떠나는 상황보다는 집이 떠난다는 전도된 상황을 통해, 객관화된 슬픔을 전달하려고 하고 있다.

정우영의 시는 세상을 읽은 자들에 대한 추도와 애정에서 시작된다. 그러나 그것만 가지고는 시가 될 수 없다. 따라서 정우영은 그러한 슬픔을 희석시킬 방법을 찾을 수밖에 없었고, 그로 인해 그의 시는 작은 것들의 아름다움을 표면에 내세우는 시적 경향을 추구하게 된 것이 아닌가 싶다.

## 5. 미묘한 시선들의 차이

　시인은 자신의 시선으로 바라본 세상을, 자신의 언어로 환원하는 사람들이다. 시인이라는 칭호 속에는 이미, 일반인과 차별화되는 시선의 차이가 담겨 있기 마련이다. 일반인들이 대다수가 동의할 수 있는 시점으로 세상을 바라보고 만사를 이해한다면, 시인들은 그 대다수가 동의하는 시점을 거부하는 이들이다. 그들은 나름대로의 시선을 통해, 대다수가 견지하는 시선에서 빠져버린, 그러나 의외로 중요할 수 있는 세상의 모습과 정감의 기울기를 낚아 올리는 이들이다.
　문인수의 시는 어둡고 무겁고 침착한 것들에 시선을 두고 있다. 그것은 아마도 문인수의 시선이 그런 것들에 집중되기 때문일 것이다. 최춘희 역시 죽음 쪽으로 시선이 향하고 있다. 최춘희에게 죽음은 늘 가까이 있는 '오래된 친구' 같은 존재이며 동시에, 감정의 거리를 조절하지 못해 '애먹는 친구' 같은 존재이기도 하다. 그런 측면에서 최춘희에게 죽음은 가깝지만 조금 더 멀리 떨어져야 할 '위험한 애인' 같은 존재이다.
　정우영의 시는 내려다보는 것들과 올려다보는 것들이 교차하면서 만들어진다. 정우영의 시는 부감에서 앙각으로 교차하면서 세상에 대한 이해에서 존경으로, 작은 것들에 대한 보살핌에서 우러르고 싶은 것들에 대한 경외심으로 변화된다. 이러한 변화는 시의 역동감과 반전을 가져온다는 측면에서 긍정적이다.
　어차피 시인이 된다는 것은 자신만의 시선을 갖는다는 것을 뜻한다. 그러한 측면에서 시를 시선의 방향과 깊이 그리고 각도로 재단한다는 것은 어불성설일 수 있다. 왜냐하면 이것들은 시와 시인이 구가해야 할 기본 조건이기 때문이다.

　그럼에도 세 시집은 그러한 기본기를 잘 구현하고 있다는 점에서 다시 한 번 우리들에게 시가 가진 시선의 미묘한 차이를 보여주는 좋은 사례가 될 수 있다. 바람이 하나 더 있다면 그들의 시에서, 시선의 미묘한 차이가 더욱 깊게 드리워지고 더 색다르게 구현되었으면 하는 것이다.

# 세상으로 난 편지길

## 1. 편지에 대한 명상

정숙자의 일곱 번째 시집 『열매보다 강한 잎』을 이해하기 위해서는 정숙자가 생각하는 시에 대해 먼저 알아둘 필요가 있다.

    편지는 내 징검다리 첫 돌이었다
    어릴 적엔 동네 할머니들 대필로 편지를 썼고
    고향 떠난 뒤로는 아버님께 용돈 부쳐드리며 "제 걱정은 마세요"
편지를 썼다
    (중략)
    셀 수 없이 많은 편지를 쓰며 나는 오늘까지 건너왔노라
    희망이 꺾일 때마다 하느님께 편지를 썼고
    춥고 외로울 때는 언젠가 묻어준 고양이 무덤 앞에서 우울을 누르

며 편지를 썼다
　어찌어찌 발표된 몇 줄 시조차도 한 눈금만 들여다보면 모습을 바
꾼 편지에 다름 아니다
　편지는 내 초라한 삶을 세상으로 이어준 외나무다리, 혹은
　맑고 따뜻한 돌다리였다
　편지가 있어 내 하루하루는 식지 않았다
　한 가닥 화려함 잃지 않았다
　편지봉투 만들고, 편지지 접고, 우표를 붙일 때마다
　시간과 나는 서로를 사랑하고 용서하고 또 믿었다
　그리고 그 조그만 빛이 다음 번 징검돌이 되고는 했다
　　　　　　　　　　　　　─정숙자, 「내 오십의 부록」 부분

　시인은 담담하게 자신이 생각했던 편지에 대해 말하고 있다. 옛날부터 써왔고, 지금도 쓰고 있으며, 어떨 때는 다른 이들의 요구에 의해 쓰기도 했지만, 지금은 자신을 위해 쓰고 있다는, 솔직한 고백도 하고 있다. 그 고백 속에는 시가 어쩌면 자신이 오래 전부터 써왔던 편지의 또 다른 얼굴일지도 모른다는 감회도 포함되어 있다.
　편지는 다른 세상, 다른 사람과의 소통이다. 시인의 말대로 하면 이쪽 세상에서 저쪽 세상으로 건너가기 위한 '징검다리'이다. 시인은 그 다리가 튼튼한 돌다리거나, 넓은 신작로가 아니라, 외나무다리라고 했다. 이 말을 확대하면 시인은 시인의 이쪽 세상에서, 타인들의 저쪽 세상으로 가는 길을 아주 좁게만 만들어 놓고 있는 셈이다.
　편지에 얽힌 다른 사연도 있다. 읽어보자.

편지는 늘 시보다 따뜻하다

허공으로 띄워 보내는 꿈이 아니라

포근히 가 닿을 주소와 그 주소의

주인이 있다

편지는 한 사람이면 모든 독자다

길이 살아남아야 할 부채도 짐지지 않는다

그가 한 번 읽어주는 것으로

생명을 마쳐도 좋다

편지는 내가 아는 한 어떤 행위보다도

고매한 발명이다

어느새 고전이 되어버린 손편지—

그러나 나는 오늘도 편지를 쓴다

땅 위에선 시를 짓고

하늘에선 책을 읽고, 삼십삼천(三十三天) 바깥에서도

도솔천에서는 편지를 쓴다

이슬 한 방울이 증발하는 시간보다도 빠르게

읽히고 잊혀질지라도, 벗이여

나는 내 소유의 모든 잉크 중에서

가장 슬픈 채도를 아껴

그대의 이름을 적는 데 쓴다

그 속으로 몇 줄의 시가 지나갈지라도

벗이여, 나는 그대의 이름이 한없고 곱다

—정숙자, 「네 번째 하늘에서」

시인의 말을 그대로 믿어도 좋을지 모르겠지만, 시인은 편지가 시보다 따뜻하다고 말하고 있다. 수많은 독자를 가질 수 있지만, 정작 한 명의 독자를 가진 편지보다 덜 행복한 것이 시라고 말하고 있다. 시가 읽히지 않는 세상의 풍경을 대입하면 이 말은, 문학이 버려지고 있는 현실에 대한 말로도 읽을 수 있다.

그러나 정숙자 시인의 다른 시들을 고려하면, 이 말은 오히려 순도가 떨어지는 시보다는 편지가 더욱 깊은 공감을 준다는 말로 들린다. 이 말을 거꾸로 풀면 지금보다 더욱 순도가 높고 감정의 진폭이 강렬한 시를 써야 한다는 말로도 읽을 수 있다.

이러한 시인의 생각은 이 시집 전체에 널리 퍼져 있다. 시인은 시가 감정의 절제가 되고, 언어의 절약이 되기를 바라지 않는 것 같다. 정숙자 시인의 시는 대체로 길고, 시인의 감정이 짙게 묻어나오도록 축조되어 있다. 마치 격정에 싸인 사람이 다른 사람에게 편지를 보내는 듯한 느낌을 주는 것도 그 때문이다.

사실 우리 시사에서 감정의 절제나 언어의 절약은 시 창작의 기본 명제로 받들어져왔다. 시를 잘 모르는 일반 사람들도, 시는 속 감정을 에둘러서 드러내고 일상적인 언어를 축약해서 사용하는 것이라고 배워왔고, 또 그렇게 인정하고 있다. 그런 측면에서 감정의 폭과 깊이를 진하게 노출하는 정숙자의 시는 달라 보일 것이다.

그러나 정숙자의 생각은 다른 것 같다. 시인은 익명의 다수를 향한 냉정한 절약과 절제보다는, 단 한 명의 독자를 위해서라도 솔직한 그래서 감정의 결이 진하게 묻어나는 시를 선호한다고 할까. 세상 어떠한 행위보다도(이 안에는 아마 일반적인 의미의 시도 포함되어 있을 것이다) 고매한 발명인 편지가 그녀에게 소중한 까닭은, 편지 속의 사연이 단 한 명의 독자일망정 그에게 시인의 '가장 슬픈 (감정의) 채도'를 전할 수 있기 때문이다.

## 2. 세상과의 거리

시가 곧 편지라고 믿는 시인에게 요구되는 것은 세상과의 거리(距離)이다. 세상에 밀착해 있다면 편지가 건너야 할 공간은 사라질 것이다. 다시 말해서 시인은 세상과 일정한 거리를 두고, 약간 떨어진 공간에 위치하며, 그 시선과 폭으로 세상을 향해 편지를 쓴다.

정숙자의 시「무인도」를 보면, 누군가에게 무인도로 서 있어주겠다는 시인의 다짐이 나온다. "서푼짜리 한 친구로서 언제라도 찾을 수 있는 / 거리에 서 있어줄게 / 동글동글 수너리진 잎새 사이로 / 가끔은 삐친 꽃도 보여줄게 / 그 투박한 층층 그늘에 / 까치 소리도 양떼구름도 가시 돋친 풋별들로 / 바구니껏 멍석껏 널어놓을께"라고 말을 건네고 있다. 시적 주체는 자신이 바닷가에서 멀리 바라보이는 무인도가 되고 싶어 한다. 찾아올 수 있을 만큼 가깝고 믿음직한 친구가 되겠지만, 평소에는 그 거리만큼 떨어져 있고 싶다는 속내가 담겨 있는 말이다.

이러한 표현들과 시어들을 모아보면 시인은 세상과 떨어진 공간에서 조용히 칩거하기를 즐겨하는 것 같다. 옛 시인들은 고고한 품성으로 정숙자와 같은 태도를 취하는 경우가 많았다. 시정의 삶 속으로 살 섞어 들어가기보다는 그들의 삶과 거리를 취하면서 그들의 삶을 내려다보는 자세를 취하곤 했다. 이러한 태도는 후대의 사람들에게 문인(시인)의 귀감이 되기도 했지만, 한편에서는 현실과 유리된 그들의 삶과 시작 태도로 인해 상당한 반감을 사기도 했다.

정신의 고고한 그림자를 거느린 이들이야 풍류와 멋과 여유를 이해할 수 있지만, 발에 진흙을 묻히고 진창길을 걸어야 하는 일반 사람들의 의식 속에서 이러한 시적 태도가 얼마만큼 공감대를 일으킬 수 있느냐는 반문이 일어나는 것은 어찌 보면 당연하기 때문이다.

그렇다면 정숙자의 경우는 어떠한가. 일단 정숙자의 시는 세상과 거리를 두고 있지만, 시인의 자세를 높이지는 않고 있다. 가령 「김나현」과 같은 시를 보면 정숙자가 세상과 그 안에서 살아가는 사람들에 대해 외경심을 지니고 있음을 확인할 수 있다.

　　김나현은 2003년 7월 어느 날 태어났다
　　그리고 오늘은 2005년 6월 어느 날이다

나현 엄마의 부탁으로 나현을 봐주러 갔다. 나현 엄마는 수박이 배달되거든 잘 받아놓으라는 당부를 남기고 외출하였다. 얼마 안 있어 초인종이 울렸다. 나는 재빨리 일어나 현관문을 열고 수박을 들여놨다. 신장 87㎝의 나현, ─종종종 달려와 수박을 바라보더니 "안녕?" 하고는 대뜸 뽀뽀를 했다. 감동에 싸이는 수박의 표정을, 촉촉해지는 줄무늬를 나는 보았다. 나현도 나도 수박도 기분 대박이었다. 나현과 수박과 나는 아무 노래나 막 불렀다. 산토끼 토끼야 어디를 가느냐. 반짝반짝 작은 별 아름답게 비치네. 따르릉 따르릉 비켜나세요. 나현은 말이 좀 이른 편이다. 아기 발음이지만 멜로디도 거의 들리지 않는다. 나비야 나비야 이리 날아오너라. 나는 김나현을 통해 흙과 덩굴을 떠나온 수박일지라도 행복할 수 있다는 걸 알았다. 수박이 입속 말고도 마음을 즐겁게 해줄 수 있다는 걸 알았다. 체중이 12.5kg밖에 안 되는 김나현이 요정이라는 것도 알았다. 비로소 나는 나현을 안아 올릴 때 그 투명한 날개가 다칠까봐 조심하였다. 나현과 수박과 나는 한 덩어리의 환희였으며 한 덩어리의 별이었다.

>  나현 엄마가 돌아와 수박을 쪼갰을 때
>  수박에서는 빠알간 장미꽃 냄새가 났다.
>
>  —정숙자, 「김나현」

시인은 2003년 7월에 태어난 '김나현'을 2005년 6월에 돌보러 가게 된다. 그러니까 김나현은 우리 나이로 3살 정도 된 아이였던 셈이다. 시인과 김나현은, '나현 엄마'가 집을 비운 사이에 즐거운 한때를 보내게 된다.

아이는 그 자체로 어른을 놀라게 하는 존재인데, 시인 역시 아이의 천진난만한 수박 사랑에 놀라고 만다. 시인은 아이가 수박에게 말을 거는 광경을 보고, 수박을 하나의 사물이 아니라 생명체로 취급할 수 있다는 사실을 새삼 깨닫게 된다. 세상 속의 아이가 세상을 떠나 있으려는 시인에게 다소 놀라운 가르침을 베푼 셈이다.

또한 정숙자는 세상으로 난 길을 잊지 않으려고 노력한다. 은자(隱者)들은 세상과 절연하는 것에 큰 가치를 두었다. 큰 눈이 와서 사립문까지 이어졌던 세상과의 길이 문득 끊어진 것을 보고 정신적 해방과 고절함을 노래한 선조 시인의 모습은, 세상의 일각에서 당당하게 자신만의 독자적인 삶을 꾸려가겠다는 의지로 충만한 경우가 아닐 수 없었다.

하지만 정숙자는 편지라는 외나무다리일망정, 세상으로 가는 길을 잃지 않으려 한다. 시 「길에 대한 리서치」를 보면, 그녀는 세상으로 향하는 길을 차곡차곡 모아두었다. 언젠가는 밟으려는 뜻일까?

> 정다운 오솔길, 얼었다 풀린 진흙길, 예기치 않은 빙판길, 돌아나온 골목길, 땡볕 깔린 자갈길, 툭 터진 바람길, 별 쏟는 난바닷길, 앞뒤 모를 굽이길, 구름 고운 뒤안길, 하늘만 믿는 비탈길…자! 당신은 타인에게 어떤 길인가?
>
> ―정숙자, 「길에 대한 리서치」

맨 마지막 문장은 없었으면 더욱 좋았겠지만, 그 문장으로 인해 시인의 의도는 분명해진다. 우리는 많은 길을 만나게 된다. 사실 그 길은 하나의 통로이지만, 그 통로를 둘러싼 세상과 배경 그리고 주변 환경의 변화에 의해 아름다운 오솔길도 되었다가 험난한 진흙길이 되기도 한다. 그 길은 때로는 돌아 나와야 하고, 때로는 무작정 가야 하는 위험한 길이기도 하다.

정숙자는 이러한 길들을 보면서 묻고 있다. 타인에게 자신들은 어떤 길인가, 라고. 정숙자에게도 물을 수 있다. 시인은 타인에게 어떤 길이고 싶으냐고? 시인은 타인에게 건네질 자신의 길이 시라고 대답할 것 같다. 그녀가 세상에 보내고 싶다는 편지는 바로 길을 찾는 사람들에게, 그 길을 건네주고 깔아주는 행위와 다르지 않다. 적어도 편지에 대한 명상을 보면, 그녀의 태도는 그러하다.

### 3. 시정(市井)의 삶 속으로

  한편, 일군의 시들을 중심으로 정숙자 시를 다른 각도에서 접근할 수도 있다. 그것은 정숙자 시가 놓인 지점에 대한 반대 방향에서의 불만이다. 정숙자 시는 노련하고 침착하다. 중견 시인답게 시적 안정도가 높으며, 시어의 조탁이나 묘사의 형태도 불필요한 객기를 배제하고 있다. 그래서 읽는 이의 마음을 차분하게 만든다.
  그럼에도 그녀의 시가 더 생기 있게 만들어질 필요가 있다는 욕구를 끊임없이 불러일으킨다. 그것은 기본적으로 시가 지닌 관조의 시선 때문일 것이다. 정숙자는 세상 바깥의 위치를 견지하고 있기 때문에, 삶의 신산을 품고 있지 않다. 아름다운 것들에 대한 묘사와 찬사는 빛을 발하지만, 시가 마냥 아름다울 수만 있느냐는 생각에 맞서면 다소 의기소침해질 수 있다.

    우리 집 살림살이 여행보다 책이 알맞다
    초원이나 내뻗은 강 눈앞에 없을지라도 책 속에는 한 그루 보리수가 자란다
    가지를 따라 하늘이 넓어지고 새들이 날고 잎새를 달랑달랑 바람을 닦는다
    오래된 책들은 어느 갈피에서도 등을 보이지 않는다
    귀 시린 누옥에 군불 지필 몇 마디 말씀 잊지 않는다
    세월 거느린 보리수는 어떤 고비에서는 상큼상큼 아침을 연다
    총총히 매어단 이슬방울들 산이나 바다보다도 맑고 따뜻하고 또

의젓하다
　마음 둘러보는 여행 말고는 한눈팔 수 없는 우리 집 살림
　바깥이야 봄 햇살 난난난 분분분인데 나는 맨발인 채로 추녀 밑 그늘을 산다
　날개가 한쪽뿐인 낮달과 보리수와 대작(對酌)을 한다

―정숙자,「지구여행권」

　이 시의 제목으로 보았을 때, 시인은 지금 지구의 풍경을 책으로 보고 있는 듯하다. 정확하게 시적 정황이 파악되지는 않지만, 시인은 실제로 걸어 다니는 여행보다 책 속에서의 여행을 선호하는 것 같고, 이 시에서 그러한 책 속의 지구 여행이 주는 기쁨을 노래하고 있다.

　그러나 여기서 '책'이란 반드시 종이로 이루어진 물건으로서의 책은 아니다. 그녀가 생각하는 책은, 이차적 세상이며 정신의 영역에 해당한다. 일차적 물질로 만들어진 세상에 대해 말과 지혜와 깨달음으로 달아놓은 일종의 주석이다. 따라서 굳이 종이 책을 보면서 세상 여행을 한다는 식으로 이 시를 해석할 필요는 없다.

　실제로 이 시에서 다루고 있는 보리수나 누옥 등은 어떨지 몰라도, 이슬방울, 산, 바다, 그리고 무엇보다 봄 햇살 같은 풍경 등은 우리 곁에 있는 것이다. 마당을 열고 나갔을 때 볼 수 있는 것들인 셈이다. 시인은 형편을 핑계 삼아 실제로 떠나는 여행을 거부하고, 편안한 차림으로 자신의 집에서 세상을 돌아보기를 희망한다. 자신이 머무는 공간을 추녀 밑으로 한정한 것이다.

　앞에서도 거듭 말했지만, 시인은 세상에 직접 발 딛기를 그다지 좋아하지 않는다. 그 거리로 인해 그녀의 시는 품격을 생성하지만, 또한

그 거리로 인해 그녀의 시는 한쪽으로 갇히는 순간을 맞이하기도 한다. 마찬가지로 인용된 시에서 시인이 그려내는 풍경은 아름답고 조화롭다. 하지만 그 아름다움에는 비루함이 배제되어 있고, 조화로움에는 난장(亂場)과 무질서가 대비되어 있지 않다. 내가 아쉬워하는 것은 시정의 비루한 삶이, 일상사의 무질서와 난장이, 그러한 아름다움 속에 대비되거나 삽입되어 있어야 하지 않겠느냐는 점이다. 너무 맑은 물에는 고기가 살 수 없듯이, 아름다운 풍경과 거리만으로는 우리 삶의 다른 측면, 어두운 뒷면을 제대로 보여주지 못할지도 모른다.

### 4. 비릿한 삶의 냄새

정숙자의 시「간장병과 식초병」은 읽으면 읽을수록 괜찮은 시라는 생각이 든다. 처음에는 그냥 지나쳤지만, 두 번째는 눈길을 머물게 되었고, 세 번째는 기억 속에 자리를 잡았다. 그 이유는 고아한 품성 옆에 나란히 놓인 삶의 냄새 때문이다.

나에게는 요즘 새로운 손짭손 하나가 생겼다
신문이나 전단 등에서 하루살이로는 아까운 그림을 솎아 엽서로 만드는 일이다
반듯하게 마름질한 아트지에 풍경들을 앉혀놓으면 웬만한 시보다 따뜻하다
맑아지는 하늘이 세상 밖이다
그 살붙이들 곁에 두는 시간 길어지지만 어쩌다 남풍이 불면 선뜻

띄워보내기도 한다
　엊그제 태어난 엽서 가운데 간장병과 식초병 사진이 있다
　자그마한 유리병 두 개가 어찌나 다정하게 서 있는지 대할 때마다 저절로 행복해진다
　나는 그들이 언제까지나 깨어지지 않기를 바란다
　다른 식탁으로 나뉘는 고통이 없기를 바란다
　세월과 함께 색이 바래고 흠집이 생기더라도 오늘 이대로 한자리에 서 있기를 바란다
　그들이 소화기관과 두뇌를 갖지 않은 몸일지라도 어울리는 짝을 이루었을 때는 타의에 의해 헤어지는 일이 없기를 바란다
　시간이 누구에게나 길지 않다
　나는 구름 속 꿈에서나마 연리지(連理枝) 이상을 구현한다
　　　　　　　―정숙자,「간장병과 식초병―無爲集 1」

　시인은 간장병과 식초병이 헤어지지 않기를 바란다고 했지만, 이것은 어디까지나 바람에 불과할 것이다. 두 병은 쓰임새가 다르기 때문에 서로 다른 용도로 식탁과 부엌 여기저기를 옮겨 다닐 것이다. 그럼에도 두 개의 병은 다시 만날 수 있을 것이다. 설령 만나지 못한다 해도, 정숙자 시인의 용법을 빌려 말하면, 두 병이 만났던 길과 그때 나누었던 사연을 기억할 것이다. 누군가에 의해 조화롭고 아름답게 놓여 있었던 한때를 기억하게 될 것이다. 어쩌면 햇빛에 반짝이며 흘러가는 물결의 비늘을 '물별'이라는 이름을 지어주었던 것처럼, 두 병의 '한때'에 이름이 붙었을지도 모른다. 아니 그 이름은 이미 붙었다. 이 시의 제명 '간장병과 식초병'이 그것이다.

정숙자 시인으로부터 이 시에서 말했던 것처럼 아름답게 재활용된 엽서를 받은 적이 있다. 손수 쓴 손편지처럼 감동적이고 따뜻한 엽서였고, 내 기억 속에는 편지를 넘어 시로 남아 있다. 정숙자 시인이 그토록 갈망하는 소통, 즉 타인에게 이르는 길은 그러한 기억들의 집합일 것이다. 위의 시가 정숙자 시인의 소통에 대한 열망을 잊지 않으면서도—시인의 위치를 그녀가 견지하기를 바라마지 않던 세상 저쪽에 그대로 놓아두면서도—동시에 삶의 비릿한 냄새를 함부로 버리지 않았기에 더욱 의미 있을 수 있었음을 또한 기억하겠다.

제4부

# 찬란한 가능성들

# 파열된 기억의 핵

1.

윤지영 시인에게서 방금 나온 시집 한 권을 선물 받은 적이 있었다. 그날 나는 광주에서 하루를 묵고 그 다음날 부산으로 돌아와야 했는데, 평소 같으면 3시간 반이 걸릴 거리를 그만 8시간이나 소요해야 했다. 나에게는 낯모르는 승객들과 손에 들린 시집 한 권뿐이었다. 나는 버스 안에서 윤지영의 첫 번째 시집 『물고기의 방』을 읽고 또 읽었다. 결론부터 말하자면 나는 윤지영의 시를 잘 읽어낼 수 있는 적격의 평론가는 아니다. 그녀의 시와 나의 비평관 사이에는 꽤나 먼 거리가 존재하고 있다. 그럼에도 나는 『시인시각』의 원고 청탁을 받아들였다. 어쩌면 나는 다른 원고를 쓸 수도 있었지만, 마음속으로는 윤지영의 시평이 걸리기를 희망했다. 왜냐하면 그녀의 시를 다시 한 번 읽어보고(정리하고) 싶었기 때문이다.

윤지영 시인은 섭섭하게 생각할 수도 있겠지만, 나는 이 글에서 그녀의 시에 대해 무한한 칭찬만 하지는 않을 작정이다. 그녀 자신이 이미 정평이 난 평론가라는 사실을 위안으로 삼아, 그녀의 시와 그녀의 시집 그리고 요즘 젊은 시인들이 보여주는 몇 가지 특징과 그 특징에 대한 나의 생각을 두서없이 늘어놓을 생각이다. 그녀의 시집은 요즘 시단의 젊은 시인들을 바라보기에 적당한 '바로미터'가 될 수 있다고 생각되기 때문이다.

## 2.

윤지영의 시적 특징은 '여린 속살'이다. 그녀의 시는 마음이 여린 어떤 사람의 기록이자 관찰이며, 고백이자 자기 방어 같다는 생각이 든다. 가장 마음에 드는 시부터 살펴보도록 하겠다.

> 비바람이 빗금을 그리며 부는
> 거리를 하루 종일 헤매다 돌아온 날은
> 바람맞은 나를 먼지 나게 털어 옷장에 건다.
> 다시는 방황하지 못하게 문을 꼭 닫는다.
>
> 옷장 문 사이로 삐죽이 나온 소매 자락
> 떠나려는 너의 소매 같기도 하고
> 잡으려는 나의 소매 같기도 하고
> 너와 나 사이에 비 맞으며 서 있는 고무나무, 검게 번들거리는 잎사

귀 같기도 하고

　　너를 찾아 옷장으로 들어간다. 동그란 등을 보이며 어둠에 젖은 갈기를 쓰다듬고 있는 너. 밤이 오고 빗줄기가 거세지면 나는 천천히 나를 벗어 옷걸이에 건다. 그리고 너를, 젖은 너를, 우주 속으로 떨어지는 깃털보다 가볍게 천천히 벗긴다. 고무나무 잎사귀에 떨어지는 열대우림의 비냄새를 맡으며, 너의 가장 연약한 살에 입을 맞춘다. 너와 나의 허물 위에 떨어지는 빗방울 소리, 그리고 영원히 문 닫히는 소리

　　옷장 속에는 아직도 등돌린 채 얌전히 걸려 있는 너와 나.
　　시간이 기화되는 동안에도
　　옷장 문에 끼인 소매 자락은 들어가지도 나오지도 못하고
　　　　　　　　　　　　　—윤지영, 「옷장 속으로 들어가다」

　이 시를 읽으면서 '너'에 대해 생각하지 않을 수 없다. 시인이 호명하고 있는 '너'는 누구일까. 시인은 거리를 방황하다가 방금 집에 돌아왔다. 1연에서 털어놓는 상황을 볼 때, 시인은 지금 마음이 편안하지 않은 상태이다. 길에는 비가 내렸고 바람도 몹시 불었던 것 같다. 더욱 심란한 것은 시인이 누군가를 만나지 못했거나, 일을 제대로 하지 못했던 것이다. 이것은 추측이지만 시인은 거리에서 하지 못했거나 미완성인 채로 돌아올 수밖에 없었던 상황에 대해, 지금, 갈등하고 있다.
　하지만 시인은 마음을 다잡아먹고 옷을 벗어 옷장에 건다. 이제는 외출하지 않겠다는 의사를 분명히 한 셈이다. 문을 닫고 돌아섰을 것

이다. 그때 미련 때문인지 우연인지 돌아본 옷장 밖으로 잘못 닫아 삐죽 튀어나온 소매 자락을 보았다. 시인은 생각한다. 거리에 좀 더 있었어야 하지 않았나? 아니 너무 일찍 매몰차게 돌아온 것은 아닌가? 시인은 더욱 대담한 어사를 쓰고 있다. 누군가와 헤어지기라도 한 듯, 시인은 삐죽 나온 소매를 보며 떠남과 집착에 대해 이야기한다.

'너'는 그냥 옷일 수도 있다. '너'는 자기가 걸어둔 옷에 대한 의인법일 수도 있다. 한걸음 더 나아가서 너에 담긴 시인의 마음일 수도 있다. 갈팡질팡하는 시인의 방황과 갈등의 한 축일 수도 있다. 그러나 그 이상일 수도 있다. 시인에게 '너'는 거리를 방황하게 만들었던 '누군가'일 수도 있다. 비가 쏟아지고 바람이 부는 거리에서 헤매게 만들고, 지금 돌아와서도 내내 후회하게 만드는 누구일 수도 있다. 시인은 말하지 않았던가. 연가풍의 시에 대해서.

일단 지나친 추측은 금하기로 하고, 그 다음을 보자. 시인은 옷을 찾아 옷장으로 들어간다. 그곳에는 지치고 힘든 빛이 역력한 시인의 옷이 등을 보이며 후줄근하게 걸려 있다. 시인은 그 옷을 쓰다듬으며 한편으로는 위로하려 한다.

어릴 적 아이들은 힘든 일이 있으면 벽장으로 찾아들곤 한다(물론 벽장이 있던 시절의 이야기이겠지만). 그래서 엄마에게 혼난 딸이 벽장에 들어갔다가 잠이 들고, 그 아이를 잃어버린 줄 알게 된 집안사람들이 찾아 헤맨다는 식의 사연은 낯설지 않다. 영화「나니아 연대기」에서도 아이들은 옷장을 통해 다른 세상으로 갈 수 있었다. 아이들에게 벽장(옷장)은 도피처이자 위안의 공간이다. 시인 역시 마찬가지 아닐까. 시인은 지치고 힘든 마음을 달래기 위해, 엄마의 자궁 같은 옷장에 웅크리고 들어가 지치고 힘들어 보이는 '나'와 대면한 것은 아닐까. 그런 의미에서 보면 '너'는 '나'이다.

　내가 윤지영 시에서 여린 속살을 발견한 것은 이 대목이다. 시인은 아이처럼 옷장 안으로 피신했고, 그 안에서 상상의 세계를 열었다. 젖은 옷에서 나는 비 냄새를 열대 우림의 비 냄새로 바꾸었고, 눅눅해진 옷을 부드러운 풀잎으로 치환했다. 옷장 안에서 빗방울 소리를 듣고, '너'와 '나'의 한때를 기억했다. 그리고 그 안에서 모든 슬픔과 안 좋은 기억을 묻고자 했다.

　나는 그녀의 시가, 그녀가 세상에서 겪은 슬픈 기억과 안 좋은 느낌을 묻는 또 하나의 옷장이라는 생각이 든다. 그래서 그녀가 가지고 있던 '기억의 창고'는 즐겨 그녀 시의 제재나 모티프가 된다.

### 3.

　신작시 「마술시간」은 숨는 시인의 모습을 잘 보여주고 있다.

　　마술에 걸린 듯 밤만 되면 잠에 빠져드는 사람들. 저마다의 관을 열고 얌전히 눕는다. 좁지만 아늑한 자리.

　　관 뚜껑에 붙어 있는 야광별을 바라본다.
　　별들은 저마다 소리를 내며 흘러간다.

　　마술에 걸린 사람들은 관속에서 잠을 잔다. 쉽게 마술에 걸리지 않는 나는 관 속에서 생각한다. 그의 관 뚜껑에도 야광별이 붙어 있을까? 창틀 위에 놓아둔 물병처럼 뚜껑에 붙은 야광별이 촉촉하다. 하늘이 두 쪽 나면 그때도 너만 사랑해, 어느 날 하늘이 두 쪽 나도 그는 행복한 미소를 지으며 관에서 나올까? 마술사가 그의 관을 톱질한다. 여자는 한 달에 한 번씩 마술에 걸려요? 시시껄렁한 생각의 꼬리를 물고 반짝! 언덕 너머 사라지는 야광별.

—윤지영,「마술 시간」

이 시의 상상력에서 '관'은 앞에서 인용된 시의 '옷장'과 같은 기능을 한다. 시인은 관을 상정하고 그 안에서 세상을 바라보는 자세를 취한다. 진짜 별을 보기보다는 '야광별'을 보고, 또 '야광별'을 상정한다. 마치 옷장 속에서, 옷을 입고 걸었을 거리와 '너'와의 대화를 생각하듯 말이다.

이 시에는 '그'가 나온다. 그는 시인과는 친밀한 사이인 것 같다. 그러나 두 사람은 아직 관을 나오지 못했으며, 각자의 관을 넘어서지도 못한 것 같다. 두 사람은 서로 분리된 채 각자의 관을 지고 잠들기를 기다리고 있다. 옷장 속에 웅크리고 있듯 그들은 나름대로의 세계에 웅크리고 있는 것이다.

윤지영의 시에서 시인을 둘러싼 작은 공간은 매우 솔직하게 그려져 있다. 옷장의 상상력이나 관의 상상력은 거창하지 않다. 매우 소박하고 진솔한 느낌을 준다. 그러나 다른 한편으로는 이러한 옷장과 관의 둘레를 벗어나지 못하는 시인의 태도에 대해 할 말이 생기기도 한다. 시인은 솔직하지만 대담하지 못하다. 그녀의 시가 여린 이유가 여기에 있다. 그녀는 더 대담하게 옷장 바깥의 세계에 대해서, 관 밖의 세상에 대해서 말하고 항의하고 표현해야 한다. 돌아와서 머무는 공간이 지니는 정적인 이미지 말고, 세상 바깥에서 비바람을 맞으며 거리를 헤매고 낯선 이들에 가까워진 '그' 혹은 '그들'과 맞서야 하지 않을까.

요즘 젊은 시인들은 세상을 지나치게 단순화해서 자신들의 입맛에 맞게 바꾸어버린다는 혐의가 짙다. 세상에서 자신이 한 일을 시로 만들기보다는, 세상에 대한 자신의 재단된 생각을 시로 만드는 것에 더욱 능숙하다고 해야 하는데, 윤지영은 이러한 풍조에서는 한걸음 비켜서 있다. 그의 시는 추상적이거나 쓸데없이 거창하지 않다. 언어의 사용에서도 상례와 비유 사이를 온건하게 내걷고 있다. 한 마디로 침착하고 고전적이다.

그럼에도 그녀의 시가 좁은 공간 속으로 회귀하듯 움츠러드는 것에 대해서는 분명하게 재고할 필요가 있다. 그녀의 시는 더 활달해질 필요가 있고, 더 용감하게 세상 바깥으로 나갈 필요가 있다. 기억의 언저리를 지나치게 맴도는 것은 그녀의 시 세계를 좁은 공간에 수감시키는 좋지 못한 결과를 낳을 수도 있다. 나는 그러한 위험성을 다음의 시에서 본다.

호, 민, 석 같은 이름의 남자를 안다.
그 이름의 세로획이 들판에 꽂혀 있다. 일정한 간격으로 말뚝처럼 박혀, 잔가지 돋은 말뚝, 새순 돋은 말뚝, 어느덧 꽃을 피운 말뚝, 말라 뒤틀린 말뚝, 마다 염소가 묶여 있다. 풀을 따라 걸음을 옮기며 풀을 뜯다 똥을 싸며 음매 울다 걸음을 옮길 뿐, 염소는 호, 민, 석 같은 이름의 남자처럼 무표정하다. 능선에서 피어오른 하얀 구름이 아무 일도 없는 들판의 한 모퉁이를 평면적으로 점령한다. 무표정한 나비 두어 마리가 염소 뿔에 앉았다가 생각난 듯 등으로 옮겨 앉는 사이

염소는 호, 민, 석 같은 이름의 세로획을 뱅뱅 돈다. 더 이상 뜯어먹을 풀이 없다. 염소 목에 멘 줄이 점점 짧아지고, 염소가 점점 말뚝에 가까워지는 사이, 해가 들판으로 한 뼘 내려앉고, 쇠똥구리가 염소 똥을 굴리며 들판의 반을 가로지르는 사이, 호, 민, 석 같은 이름의 염소는 검붉은 해를 뿔에 꽂고 목에 줄을 감는다. 그러고도 호, 민, 석 같은 이름의 남자처럼 무표정하게 되새김질 한다. 얼굴만 봐서는 불행하다고 말할 수 없다.

—윤지영, 「이름에 관하여」

남자 이름 중에, '~호', '~민', '~석' 같은 조어 방식은 흔하다. 시인 역시 그러한 남자들의 이름에 익숙하고, 또한 그러한 작명법의 남자들을 알고 있는 듯하다. 시인은 지금 염소가 묶인 들판을 바라보고 있다. 염소들은 말뚝에 묶여 있고, 시인은 염소와 '호', '민', '석'의 이름을 가진 누군가를 연계하고 있다.

솔직히 시적 정황을 정확히 파악하지 못하겠는데, 염소가 묶인 말뚝에 주인의 이름이 적혀 있다는 것인지, 아니면 염소가 먹고 있는 풀밭에 그 이름이 써 있다는 것인지, 아니면 시인이 염소가 먹는 풀의 모양을 통해 그러한 글자를 상상한다는 것인지, 분명하지 않다. 어쨌든 시인은 염소와 풀과 이름 사이의 어떤 관계를 상상하며 이 시를 썼다.

그런데 우리는 이 시를 다 읽고 나서도 그토록 궁금하던 '호', '민', '석'에 대한 정보를 얻어 들을 수 없다. '그 사람들', 아니 어쩌면 '그 사람'은 무표정했다는 정도만 알 수 있을 뿐이다. 나는 시인의 마음속에 있는 이야기가 아직 시가 되어 나오지 못했다고 판단하고 있다. 마음이 여린 시는 세상 바깥에 대담하게 던져져야 할 이야기를 시어 안에 품고만 있다. 시인이 옷장 속에서 거리의 상황을 생각하듯이 말이다.

윤지영의 시는 여리고 예민하고 정직하다는 미덕을 지니고 있다. 이것은 젊은 시인들의 시 치고는 그녀의 시를 안정적이고 차분하게 만들어준다. 그러나 지나치게 활기가 떨어질 경우에는, 그러한 미덕이 심리적 장벽이 될 수 있다. 그 장벽을 어떻게 넘어 우리에게 그 안의 세상과 생각을 공개해줄 수 있는가가 윤지영 시인에게 남은 숙제가 아닐까 싶다.

4.

시각을 바꿔보자. 신작시 네 편 중에서 두 편은 '아버지'에 대한 시이다. 그 중에 농도가 더욱 짙은 「가계(家系), 가계(家戒)」를 보자.

어느 날 아버지가 바다에서 걸어 나오셨다. 아버지를 따라, 따치, 뒤치, 모치가 걸어 나왔다. 물고기의 투명한 등뼈가 곧게 서 있었다.

아버지를 따라 시푸른 바다가 오고 있었다. 일렁이는 등을 타고 젖은 햇살이 흘러내리고 있었다.

아버지는 꽃이 피었다 질 때까지 우리가 먹을 따치, 뒤치, 모치를 빨간 다라 가득 풀어놓고, 한 칼에 바다의 목을 치셨다. 푸른 피가 솟구쳐 마당가의 하얀 봉숭아 꽃잎에 튀었다. 어머니는 이불 호청을 널고 계셨다. 하늘이 울컥 펄럭거렸다.

　아버지는 다른 형제들 몰래 나를 우물가로 불러내 입에 바다 한 점을 넣어 주셨다. 처음으로 맛보는 바다의 살점이었다.

　그날, 아버지는 산으로 들어 가셨다. 어머니는 이불 호청에 풀을 먹이고 밤새 다듬이질을 하셨다. 바다는 두 번 다시 뭍으로 올라오지 않았다.
　　　　　　　　　　　　─윤지영, 「가계(家系), 가계(家戒)」

　시인은 어릴 때 한동안 제주도에 산 적이 있었다. 이 시는 그때의 기억으로 쓴 것이 아닌가 한다. 아버지는 바다에서 고기를 잡아 왔는데, 시인의 눈에는 아버지가 물에서 현신이라도 한 듯이 비춰졌다. 마치 포세이돈이 의기양양하게 물 바같으로 걸어 나오듯, 윤지영의 시에서 아버지가 그렇게 걸어 나왔다.
　아버지는 물고기를 한아름 잡았다. 시인은 그 고기들의 이름을 따치, 뒤치, 모치라고 호명했다. 더욱 중요한 것은 아버지를 물고기처럼 취급한 점이다. 그녀가 보기에 아버지는 곧게 선 등뼈로 서 있는 자랑스러운 물고기의 왕이었다(1연). 2연에서 시인은 아버지를 시퍼런 바다와 동격으로 놓고 있다. 이 역시 아버지에 대한 무한한 존경과 찬사로 보인다.
　3연은 화려한 연이다. 아버지는 잡아 온 고기를 횟감으로 만들었는데, 그때 시인은 물고기를 단순한 식량으로 취급한 것이 아니라 바다의 이미지와 동격으로 놓고 있다. 아버지가 목을 치는 것은 물고기이지만, 동시에 시인의 눈에는 바다이기도 했다.

그렇다면 시인에게 아버지는 물고기였고, 바다였으며, 따라서 바다와 물고기는 동격으로 아버지의 잔영이었다고 할 수 있다. 아버지가 잡은 고기는 그래서 파란 피를 흘렸고, 그 피의 인상은 본래 색인 붉은 색과 그 피가 튀었을 하얀 봉숭아 잎과 어우러져 현란한 현기증을 몰고 왔다.

시인은 하늘이 울컥 했다고 말했다. 물고기를 잡는 순간 진동했을 피비린내, 충격적인 광경, 색깔들의 혼합, 살아 있는 것들의 파닥거림, 그리고 그 모든 것이 뒤범벅이 된 어떤 아우라 때문이었을 것이다. 그 아우라는 곧 아버지였다. 그리고 그 아버지는 바다와 물고기의 기억을 그녀에게 먹여주었다.

이러한 감각과 자극은 놀라운 데가 있다. 윤지영은 얌전한 언어와 침착한 비유로 바다와 아버지와 물고기를 얽고 그 안에 충격적인 영상과 기억을 가두었다. 그리고 그녀의 시를 읽는 이로 하여금 그 기억 속에 담겨 있는 전율과 현기증을 느끼게 했다.

그러나 마지막 연은 다소 의아하다. 시인은 그러한 아버지가 산으로 들어갔다고 했다. 어머니가 이불 호청을 풀을 먹이고 밤새 다듬이질을 한 것은 아버지의 일 때문일 것이고, 시행의 비약으로 보았을 때 그 일은 시인의 가정에 좋은 일은 아니었을 것이다.

문제는 시인이 아버지를 바다로 만드는 데에는 성공했지만, 그 바다가 왜 산으로 가는 것이 안타까운지는 알려주지 않았다는 점이다. 시가 소설이 아니고 이야기가 아니니, 반드시 그 연유가 소개되어야 한다고는 할 수 없다. 하지만 시인은 어렵게 만들어 놓은 아버지와 바다의 이미지를 한순간에 다른 차원으로 바꿔버렸기 때문에 묻지 않을 수 없다. 아버지가 바다를 떠나 산으로 간다는 것이 무엇을 뜻하는 것이냐고. 바다가 두 번 다시 뭍으로 올라오지 않았다는 것이, 아버지의 어떤 점이 사라진 것이냐고.

이러한 의문점은 「그리고 아무 말도 하지 않았다」에서도 공통적으로 발견된다. 시인은 한 상황을 압축해서 전달했지만, 정작 그 안에서 확대되어야 할 것까지 압축하고 말았다. "그 안에는 간밤 아버지가 박살 낸 것과 똑같은 무늬의 접시와 두부 한 모가 들어있었다"는 구절이 그것이다. 아버지는 간밤 식구들에게 모진 짓을 한 것일까. 그렇다면 그 이유는 무엇일까.

시인은 마음속의 고통과 상처를 언어로 키우고 해결하고 때로는 달래는 사람들이다. 마음속의 상처와 아픔이 심해야만 시인이 된다고는 말할 수 없지만, 많은 시인들이 일반인과는 다르게 그러한 상처와 아픔 앞에서 특수한 반응을 보이곤 한다. 즉, 시인들은 감수성이 여리고 상황에 민감한 '종족'(?)인 셈이다.

윤지영의 시도 그런 면에서 예외가 아닌 것 같다. 그녀의 시를 읽고 있으면 그녀의 여린 속살을 보호하는 마지막 하나의 껍질에 도달하는 느낌을 받는다. 그 껍질 너머에는 그녀가 말하고 싶은 무언가가 도사리고 있을 것이며, 그 껍질이 매우 얇기 때문에 어쩌면 당장이라도 뚫고 들어갈 수 있을 것 같다는 생각이 든다. 하지만 막상 그 껍질을 넘는 것은 힘든 일이며, 시인 역시 좀처럼 그 한 겹의 껍질을 열지 않는다.

윤지영의 시는 내면의 속살을 민감하게 드러내는 미덕이 있지만, 그 마지막 한 겹을 철저히 고수하는 고집도 분명 함께 가지고 있다. 좋은 시인이란 그 마지막 한 겹도, 어떤 때는 벗어던질 수 있어야 하지 않을까. 함부로 그 껍질을 공개하는 것도 문제이지만, 그 껍질 안의 세상을 절대 보이지 않겠다고 머뭇거리는 것도 재고되어야 하지는 않을까.

　70년대 전후 출생의 젊은 시인들 중에는 자신의 상처를 지나치게 과장하는 경우가 적지 않다. 그들은 자신들이 느낀 정서를 직설적으로 내뱉거나 혹은 다른 차원의 언어로 환원하여 감추어버렸다. 그런 측면에서 윤지영의 언어는 '감정 과잉'이나 '현학'이라는 위험한 길을 피해낸 셈이다. 지나친 차별화를 위한 '형식 탐닉'의 오류에서도 비켜서 있는 셈이다. 그러나 그 다음의 문제도 살펴야 한다. 긴장감과 호기심을 담지하고 시적 의미를 더욱 섬세하게 조각할 어떤 방도를 찾아야 한다는 숙제가 남겨진 셈이다.

### 5.

　윤지영의 신작시 가운데 「마음」을 읽어보자. 그녀의 시치고는 어려운 시인데, 제법 상징적인 의의를 읽어낼 수 있는 시이다.

　　여기 있는 것은 아무것도 아니다.
　　여기 없는 것만 있는 것이다.
　　여기 없는 석류를 본다.
　　여기 없는 외할머니의 흰 고무신으로 기차놀이를 하며
　　석류 알맹이 같은 햇살이 댓돌 위에 쏟아지는 소리를 듣는다.
　　그때 사랑에서 외할아버지는 퉁소 가락으로 대 한 죽을 곧게 치시고
　　젊으신 아버지는 푸르스름한 어깨를 낮추어 구두끈을 매신다.

독한 마음으로 대숲으로 보내 버린다.

그때, 여기 있는 것은
아무것도 아니라는 것을 알게 되었다.

—윤지영, 「마음」

시인은 '여기 있다는 것'과 '여기 없다는 것'을 애매하게 사용했다. 일단 시인의 뜻을 존중해서 여기 없는 것들의 목록을 만들어보자. 석류, 외할머니 흰 고무신으로 하던 기차놀이, 햇살이 댓돌에 쏟아지던 소리, 외할아버지가 치던 대 한 죽, 아버지가 매던 구두끈 등. 이런 것들은 어릴 적 시인이 목격했던 기억의 한 대목인 것 같다.

시인은 안채와 사랑채가 나뉜 고전적인 집에서 살았고, 마당 한구석에서 고무신으로 장난을 치고 있었다. 마당에는 석류가 있었고, 햇살이 쏟아지고 있었으며, 외할아버지는 사랑에서 대나무를 치고(그리고) 있었다. 그때 아버지는 출타를 하려고 했다.

시인이 열거한 상황은 단순 기억일 수 있다. 백일몽처럼 느닷없이 떠오르는 기억일 수 있다는 말이다. 그러나 어쩌면 중요한 기억일 수도 있다. 만일 아버지의 출타가 여느 출타와는 달랐다면, 그래서 할아버지가 사랑에서 대나무를 치고 할머니는 안방에서 나오지 않고 있었다면 상황은 달라진다.

하지만 윤지영은 더 이상 설명하지 않았다. 그날이 어떠했다는 것인지, 그래서 그것을 바라보았고 기억해야 했던 자신의 심정(마음)이 어떠하다는 것인지, 더 나아가서는 그 기억들은 분명 '여기(현재)에 없는 것이지만' 왜 '여기(그 당시)'에 자신이 묶여 있는지 말해주지 않는다.

　시인의 설명은 '독한 마음' 하나뿐이다. 그날은 어쩌면 시인에게 특별한 날일 수 있다. 독한 마음을 품었던 날일 수도 있고, 훗날 독한 마음을 품게 했던 날일 수도 있다. 아니 자신도 모르게 품었던 독한 마음의 원천일 수도 있고, 그래서 그날로 돌아가 그 독한 마음을 버려야 할 날일 수도 있다. 그리고 그곳(여기)에 있었던 풍경이 곧 아무것도 아닌 것이 되어야 한다고 다짐한 날일 수도 있다.

　내가 생각하기에 이 시는 아버지와 밀접하게 관련되어 있는데, 그 중요한 가닥은 읽지 못하겠다. 다만 시인이 직접 정리했던 시집 '연보'에서 비슷한 대목을 찾아 유추해볼 수는 있다.

　　1975년 할머니와 할아버지, 3명의 삼촌과 2명의 고모의 사랑을 받으며 자라다. 정작 부모님은 기억나지 않는다. 어머니는 엄하셨고 아버지는 낯설었으며 두 분 모두 부재중이었다. (…) 젖을 떼고는 밭으로 기어가는 푸성귀와 고추장을 주식 삼아 건강하게 자라다. 너무 높은 툇마루, 햇빛에 따뜻하게 달구어진 댓돌, 할아버지가 나를 위해 심으셨다는 은행나무, 서까래를 타고 서서히 어둠 속으로 미끄러져 종적을 감춰버린 구렁이, 산마루 고구마밭두렁에 놓아둔 보리밥과 그 위를 줄지어 지나가던 왕개미들, 멀리 반짝이는 저수지, 그리고 그 모든 것을 지그시 내리 누르던 하얀 정적.
　　　　　　　　　　　　　　　　　ㅡ윤지영, 「연보」(밑줄:인용자)

　시인은 1974년생인데도 1975년의 기억을 확신에 차 열거하고 있으며, 2살의 나이로는 믿기지 않는 발언들을 하고 있다. 그 기억을 일단 신용하고, 앞의 시와의 공통점을 찾아보았다. 밑줄 친 부분에 해당하는 할아버지, 할머니, 댓돌, 기는 행위, 아버지와 그 낯섦 등이 그것이다. 시인은 시에서 구체적으로 말하지 않았지만, 마당에 있었을 법한 식물들이나 높았을 법한 툇마루도 비슷한 정황으로 찾아낼 수 있다.

시인은 이러한 기억(사물)들을 열거하면서 두 가지 인상적인 서술을 하고 있다. 하나는 아버지가 몹시 낯설었으며, 이러한 기억은 일종의 파열된 정적으로 느껴진다는 것이 그것이다. 시에서 아버지는 구두끈을 매고 있다. 어디론가 가려는 모습이고, 그 광경은 시인에게 하얀 몽상이 폭발하는 듯한 충격을 주지 않았을까. 시인이 연보에서 밝힌 '하얀 정적'이란 누군가와 떨어지는 아픔 혹은 형언할 수 없는 부재감이 아니었을까.

윤지영의 시는 근원을 알 수 없는, 아니 근원을 제대로 파악하지 못하도록 하는 부재의 핵을 가지고 있는 것 같다. 그 핵은 유년 혹은 평생의 어떤 기억이고, 그 기억은 아버지나 전통적인 삶과 관련이 많은 것으로 생각된다. 시인의 자서를 보면 1977년에 서울로 유학을 왔고, 그 이후에 다시 제주도로 가기는 하지만, 소꿉놀이를 하거나 막연한 기억의 둘레를 지닐 나이가 넘었기 때문에, 아무래도 그녀의 근원적인 기억들은 1975년 언저리에서 찾아야 할 것으로 보인다. 그렇다면 위의 시는 그녀의 시적 행보, 그녀의 근원적인 시심(시의 마음)이 어디로 가는지 알려주는 단서라 할 수 있다.

과장된 해석이나 추측은 그만하기로 하자. 내가 지금 할 수 있는 말은 윤지영의 시가 더 명징하고 웅숭깊어지기 위해서는 기억의 우물로 내려가 그 지점을 다시 점검해야 한다는 점이다. 그 기억을 정리하고 난 이후 그것을 감추기 위해서 시를 쓰고 있다면, 그것을 감추는 것이 과연 바람직하고 효과적인가를 확인해야 할 것이고, 만일 그렇지 않다면 기억의 샘에 기대어 자신의 시의 본류를 찾아내는 일이 필요할 것이다. 그녀의 행보에 행운이 깃들기를 기원한다.

# 80년대를 바라보는 방식에 대하여

## 1. 80년대를 회고하는 방식

"80년대를 회고하는 방식"이라는 테마로 글을 의뢰받았을 때, 솔직히 거절하고 싶었다. 나는 80년대를 대학생이 아닌, 중·고등학교생으로 거쳐 왔으므로 80년대를 회고한다는 것에 대해서 그다지 할 말이 없었기 때문이다. 누구처럼 80년대에 부정한 정권을 위해 돌을 던지고, 사상 무장을 통해 이 세상이 나아갈 바를 고민한 바 없었고, 시위라고 하면 흘러 들어온 최루탄으로 인해 유달리 코가 매웠고, 시내 가던 길에서 난데없이 당한 봉변 정도로만 이해하던 시절이었기 때문이다.

물론 90년대를 겪으면서 80년대 내가 체험했던 일들의 진위를 뒤늦게나마 이해할 수 있었고, 그러한 운동과 자각이 얼마나 큰 역할을 할 수 있고 또 해왔는지를 역시 이해하게 되었지만, 막연히 80년대 시절만 놓고 따진다면 나 역시 코흘리개 어린아이에 불과하지 않을 수 없었다.

이런 말을 서두부터 늘어놓고 있는 것은 이 글에 대한 변명을 하고 싶었기 때문이다. 나에게 청탁된 시인은 '이기인' 이었다. 잡지 청탁자로부터 이기인 시인의 이름을 들었을 때, 그와 80년대를 연관시킬 것이 있을까 하고 의아해 하지 않을 수 없었다. 그때 내가 드는 생각은 그와 80년대는 거의 관계가 없으며, 설령 있다고 해도 그것은 다른 시인들이 갖는 관계만큼 정도가 아닐까였다. 이러한 내 생각은 일부 수정되기는 하지만, 지금도 변함없이 이기인과 80년대를 연관 짓는 것에 대해서는 그다지 확신을 갖지 못한다.

그러면서도 내가 이기인 시를 읽게 된 것은 어떤 면에서 중요하다. 나는 그의 시를 이해하는 기존 방식을 다시 접하면서 일정 부분 동의하면서도, 일정 부분은 동의하지 않는 측면을 읽어낼 수 있었다. 이번 기회를 통해 이기인의 시를 정확히 읽고 그의 시가 지니는 의미를 과대평가하지 않게 되었기 때문이다. 이기인 시인이 들으면 섭섭해 하겠지만, 반드시 과대평가만이 그의 시를 빛나게 하지 않는다는 점에서 나의 시각도 그의 시세계를 건설하는 데에 적지 않은 도움이 되지 않을까 싶다.

## 2. 우리에게 80년대란 무엇인가.

이기인 시집 『알쏭달쏭 소녀백과사전』의 1부에는 책 제명과 동명의 제명을 붙인 시 14편이 수록되어 있다. 큰 제목은 "알쏭달쏭 소녀백과사전"이고, 그 부제로 '오래된 삽', '비둘기', '연탄', '상처 디자이너' 등이 차례로 달려 있다. 시인은 "알쏭달쏭 소녀백과사전"이라는 제명을 사용하여 일련의 연작시 혹은 관련시를 구성하고 싶었고, 각 시마다 그 시적 초점을 하나씩 외부로 돌출시켜 부제로 삼은 것이다. 이것은 시를 구별하기 위한 방편일 뿐, 어떤 의미에서는 14편의 시를 하나의 테마로 읽어야 하며, 나아가서는 시집 전체를 1부에 기초해서 읽어야 한다는 더 큰 암시로 읽힌다. 시인의 의도를 따라 시를 읽어보자.

  1부의 첫 번째 시의 부제는 '오래된 삽'인데, 흥미로운 것은 이 시에서 '피'를 언급하고 있다는 점이다. '피'는 1부 전체를 통어하는 중요한 키워드이다. 두 번째 시에서는 '공장'을 거론하고 있다. '사원모집'을 하고 있는 '공장'이라는 점은 이 시집의 화자들 혹은 주체들을 여공원 즉, 공장에서 일하는 하층 노동자로 삼고 있다는 기존의 주장을 뒷받침한다. 세 번째 시는 이 시의 불길함, 혹은 음란함이 생성되는 근원을 가리키고 있다.

    상처가 벌어지기 시작한 열일곱 살
    공부는 파산하고 남해를 종단하는 새로운 지도가 만들어졌다

    숙제는 오래전에 떨어진 솔방울처럼 무시되었다
    볼펜에서 쏟아져나온 것은 나의 최초, 일기보다 못한 낙서들

    (중략)

일기엔 점점 기이한 기록만 쌓이고 온종일 거리를 헤매어도 좋았다
비참한 날들이 빠끔빠끔 타들어갔다

그 무렵 몸에서 튀어나온 사마귀, 반갑지 않은 친구
지독한 사마귀의 뿌리를 캐내고……나는 나의 장래의 직업이 조금
걱정되었다

상처를 본…… 디자이너는 말한다
(너의 상처는 세상에서 제일 이뻐, 조금만 더 벌려봐)
—이기인, 「알쏭달쏭 소녀백과사전-상처 디자이너」

'상처 디자이너'라는 말을 들어본 적이 없다. 아마도 시인이 만든 신조어일 것이다. 그렇다면 상처란 무엇인가. 첫 행을 보면 '상처'는 '벌어지기 시작' 하는 것이며, '열일곱 살'에 두드러지게 인식되는 것이다. 상처가 벌어지기 시작하면서 소녀(시적 화자로 생각되는)는 공부를 멀리하고 세상으로 떠돌기 시작한다. 열일곱 살이면 중3이거나 고1이 되어야 할 나이인데, 소녀는 종일 거리를 헤매고 일기장에는 심상치 않는 낙서와 기록만 쌓아가고 있었다. 그리고 몸의 변화가 일어나기 시작했고— '몸에서 튀어나온 사마귀'가 정확하게 무엇을 뜻하는지는 모르겠지만 그 나이 또래에 발생하는 몸의 이상 징후로 일단 이해된다—자신의 처지에 대해 불안해하기 시작한다.

그리고 상처 디자이너. 그는—이것은 아마도 추측이지만 이 디자이너는 소녀와는 성별이 다른 노련한 남자로 여겨진다—소녀의 상처에 대해 언급한다. 소녀의 상처가 가장 예쁘며, 그렇기 때문에 자신에게

조금 더 보여 달라는 주문을 하는 것이다.

　이기인 시인의 시적 의도가 어떠했는지는 정확하게 모르겠지만, 이 대목에서 나는 이 시에서 젊은 소녀―가출하여 거리를 떠돌거나 공부를 멀리하고 방황하는 소녀―를 유혹하는 노련한 남자의 말을 엿들을 수 있었다. 그 유혹의 말은 음란함을 담고 있고, 소녀 역시 그 음란함에 대해서 알고 있다. 문제는 그 나이 또래에는 그 음란함을 확실하게 이겨낼 힘이 없다는 점이다. 어떤 의미에서는 그 음란함에 가슴 두근거리며 다가가고 싶은 욕구를 느낄 수도 있다.

　이 시는 해석의 가능성이 열린 시이고, 그다지 정밀하게 쓰여진 시로도 보이지 않는다. 하지만 이 시는 「알쏭달쏭 소녀백과사전」 연작시(1부)와 그것과 관련된 시를 이해하는 해석의 밑받침이 될 수 있고, 그와 함께 이기인 시의 시적 전략이 젊은 소녀와 일탈의 음란함을 동반하고 있음을 전제로 납득시키는 시이다.

　다섯 번째 시 「알쏭달쏭 소녀백과사전―꿀단지」에는 상처 디자이너의 신분이 한층 분명하게 제시되고 있다. 이 시에는 "나와 함께 잠을 자고 싶어 하는 곰 같은 사람"이라는 표현이 나온다. '나'를 소녀라고 볼 때, 그는 소녀를 성적인 대상으로 삼고 있는 남자, 그것도 곰처럼 덩치가 크고 벌통의 꿀을 딸 수 있는 노회한 남자로 여겨진다. 여기서 덩치는 비단 신체적인 크기만을 뜻하지는 않는다. 지위와 신분에서 벌통을 관리하는, 소녀를 억누를 수 있고 회유할 수 있는 노련함이나 상당한 사회적 지위를 뜻하는 것으로도 볼 수 있다.

　　나와 함께 잠을 자고 싶어하는 곰 같은 사람이 한 마리 있었다
　　그 곰은 꿀을 찾아서 나에게까지 왔다

내 꿀단지는 원통형의 주름치마 속에 감춰져 있었다,
무릎을 굽힐 때는 조심스럽게 주름을 잡아당겨서 꿀단지를 숨겼다

하지만, 끈적끈적한 꿀냄새는 무릎과 무릎 사이로 흘러나와서
깊은 산속의 꿀벌을 끌어 모으고 있었다

곰 같은 사람은 언제 꿀맛을 보았는지
나를 만날 때마다 원통형의 주름을 펴는 데 열중하였다

나의 꿀단지를 더듬으면서, 긴 겨울잠을 자자고 옛날 옛적의 이야기를
꺼낸 곰이 얼마나 많은가
　　　　　　　　　　—이기인,「알쏭달쏭 소녀백과사전-꿀단지」

　속단이라는 핀잔을 각오하고 말하지만, 나는 이 시를 소녀를 유혹하는 남자의 행위를 묘사한 시로 읽을 수밖에 없었다. 소녀의 주름치마 속에 감추었다는 꿀단지, 꿀단지에서 흘러나오는 냄새가 무릎과 무릎 사이를 지나 퍼져나간다는 표현, 그 꿀단지를 더듬으면서 잠을 자자고 말하는 곰, 그리고 앞 시와의 시적 연계성 등을 고려하면 이 시는 소녀를 유혹하는 남자의 모습을 그리고 있다.
　여기서 80년대적 상황과 연관 지어보자. 이 시가「알쏭달쏭 소녀백과사전」의 연작이라는 점에서, 공장 직공이 시적 화자라고 연관 지을 수 있을 것이다. 그렇게 본다면, 이 시에서 말하는 '곰'은 권력을 이용

해서 소녀 직공을 유혹하는 관리자 혹은 사장이 될 수도 있을 것이다. 하지만 만일 이 시를 그러한 연관성이 해체된 상태에서 파악한다면, 원조교제를 행하고 있는 소녀와 남자의 이야기로 읽어낼 수도 있을 것이다.

2000년대의 시가 지나치게 주관적인 감성, 그것도 시인의 개인적인 사생활로 흘러들어가서 많은 이들이 공감하기 어려운 시로 변해가는 현상에 대해서는 나름대로의 개탄과 비판이 행해진 바 있는 것으로 알고 있다. 그런 면에서 '원조교제'라는 사회적 이슈를 다루었다면, 이 시는 개인적인 취향을 벗어나려고 했다고 볼 수 있다. 하지만 이 시에서 이러한 위험한 현실에 대한 적극적인 저항 의지나 개선 의지가 엿보이는 것은 아니다.

여기에 이 시의 문제점이 있다. 이기인 시를 이해하기 위해서는, 아니 이기인 시의 사회학적 상상력을 인정하고 그의 시가 지닌 음란성을 사회적 저항 의지로 이해하기 위해서는, 그의 시를 넘어서는 해석과 컨텍스트의 과도한 개입을 요구할 수밖에 없다. 가령 「알쏭달쏭 소녀백과사전—꿀단지」와 같은 시들은 도발적이지만 그 자체로 우리 사회가 필요로 하는 시라고 보기 어렵다. 뿐만 아니라 80년대를 새롭게 보는 시라고도 말하기 힘들다. 이러한 판단은 원조교제가 80년대만의 문제가 아니기 때문이 아니라, 이러한 원조교제를 다루는 방식에 문제가 있기 때문이다. 성적인 도발성이 돋보이지만, 그것만으로 시적 기술과 표현에 대한 진정성이 확보되는 것이 아니기 때문이다.

## 3. 이기인의 시는 과연 현장 노동자의 아픔을 담고 있을까

「알쏭달쏭 소녀백과사전」 중에서 '흰벽'이라는 부제를 달고 있는 아래의 시는 아마 공장 노동자의 현실, 즉 하층 민중의 처지와 위험을 형상화한 것에 가장 다가간 시로 일단 간주할 수 있다.

    공장과 공장 사이에 있는 화장실
    흰 문짝은 오랫동안 페인트를 벗으면서, 깨알 같은 글씨를 토해내고야 말았다

    똥을 싸면서도 뭔가를 열심히 읽고 싶었던 이 못난 필적은 필시
    쾌활한 자지를 바나나처럼 그려놓고 슬펐을 것이다

    작업복을 벗고 자지를 타고 올라가 그 바나나를 하나 따다, 미끄러졌다

    위험한 기계를 움직이는 몸에서는 주기적으로 뭉친 피가 흘러나왔을 것이다
    가려운 벽을 긁었던 소녀의 머리핀은 은밀한 필기구

    잔업이 끝나고 처음 만난 기계와 잠을 잤다
    기계의 몸은 수 천 개의 부품들로 이뤄진 성감대를 갖고 있었다

기계가 나를 핥아주었다, 나도 기계를 핥아먹었다, 쇳가루가 혀에 묻어서 참지 못하고 뱉어냈다
　　기계가 나에게 야만스럽게 사정을 한다고, 볼트와 너트를 조여달라고 했다

　　공장 후문에 모인 소녀들
　　붉은 떡볶이를 자주 사먹는 것은 뜨거운 눈물이 흐를까 싶어서이다
　　아니다, 새로 들어온 기계와 사귀면서부터이다
　　　　　　　　　　―이기인, 「알쏭달쏭 소녀백과사전-흰 벽」

　이 시의 주체는 일단 두 사람으로 여겨진다. 한 사람은 시의 전반부(4연까지)와 맨 마지막 연(7연)의 화자로 등장하고, 5연과 6연의 화자는 다른 사람으로 여겨진다. 일단 전반부와 7연의 화자를 보자. 화자는 공장 사이에 있는 허름한 화장실에서 낙서를 보았다. 아마도 낙서를 가리고자 덧칠했던 페인트가 벗겨지면서 그 아래 숨어 있던 음란성 낙서를 발견한 듯하다. 화자는 언젠가 이 화장실에서 낙서를 남겼을 누군가를 생각한다. 남자의 성기를 그리고 그 위에서 성행위를 하는 장면을 남겼을 여직공에 대한 생각이었을 것이다.
　생각은 음란함을 더하면서 그 여직공이 행했을 성적 행위에 대한 도발적 상상으로 변해간다. 그러면서 시적 화자는 상상 속의, 그러니까 머리핀으로 낙서를 남겼을 어떤 소녀의 입장으로 전이된다. 5연은 그녀의 꿈속 대화 같은 독백이다. 소녀는 '기계'와 잤다고 공언한다. 기계와 잔다는 것은 어떤 의미일까. 기계를 환유적인 측면에서 해석하면 기계를 다루는 사람, 혹은 기계와 관련 있는 사람이 될 수 있을 것이

다. 기계라는 속성으로 인접 사물(혹은 사람)을 지칭한다고 볼 수 있기 때문이다.

그렇다면 공장에서 함께 일하는 남자 직원 혹은 상사 정도가 될 것이다. 6연을 보면 그 남자와의 섹스는 그다지 유쾌한 일이 아니었던 것으로 보인다. 화자는 기름이 흐르는 기계를 핥는 상상을 섹스와 연관 지었다. 헛바늘이 돋을 것 같은 소름끼치는 표현인 셈이다. 이것은 불쾌하고 지저분한 성적 관계에 대한 암시가 아닐까 싶다. 그다지 원하지 않은 관계를 강요받는 기분이랄까.

'기계'를 은유적인 측면에서 해석할 수도 있다. '기계와 잤다'는 표현을 '기계를 녹초가 될 때까지 움직였다'는 뜻으로 해석한다면, 6연은 공장에서 강요받은 노동의 강도와 수치스러움으로 해석될 수 있다. 1~4연을 참조한다면, '기계'에 대한 후자의 해석은 일관성이 떨어지지만, 일단 시인은 두 가지 해석의 방향을 숨기고 양자 모두 해석 가능하도록 이 시를 설계했을 것이다.

문제는 이러한 해석적 매복이 결국에는 한쪽으로 수렴되고 만다는 것이다. 7연에서 화장실에서 무언가를 상상했던 화자가 재등장하여 소녀를 이야기하고, 피와 관련된 '붉은' 색을 거론하고, 남자의 성기를 연상시키는 '떡볶이' 이야기를 하면서 미약하게나마 숨어 있던 양자의 해석 가능성을 스스로 침해하는 셈이다.

이 시를 상세하게 분석하고 미약한 가능성마저 따지는 것은, 이 시가 내포하는 의도에도 불구하고 시적 기술이나 표현은 음란성에 맞추어져 있다는 점 때문이다. 혹자는 말할 것이다. 어지러운 현실에서 나약한 소녀(노동자)의 삶을 말하기 위해서는 그(녀)들의 현실과 처지를 살펴야 하고 그(녀)들의 성적 전략에 대해 이야기해야 하는 것이 아니냐고.

　기존의 평론들은 이러한 반론에 귀 기울이면서 「알쏭달쏭 소녀백과사전」의 음란성에 대해서 넓게 용인하면서 자본주의 폐해를 지적하는 시로 해석한 것으로 보인다. 하지만 과연 이러한 평가가 엄정하고 올바른 것인지 새삼 묻고 싶다. 나의 좁은 소견으로는 「알쏭달쏭 소녀백과사전」의 많은 시들은 이러한 문제의식에서 벗어나 있으며, 가장 근접했다고 하는 「알쏭달쏭 소녀백과사전―흰벽」 역시 그 진정성을 올곧게 인정하기 어렵다.

　나는 그 이유를, 아픔에 대한 피상적 관찰 때문으로 생각한다. 나도 공장 노동자 생활을 한 적이 없으므로, 어떤 것이 진정한 관찰인지는 말하지 못하겠다. 하지만 잘 쓰여진 시들을 보면 직접 체험 없이도, 그(녀)들의 삶 속에서 느껴지는 삶의 신산함과 고통이 스며있고 읽을 때마다 배어 나오는 것을 느낄 수 있다. 반면 이기인의 시는 이러한 신산함보다는 성적 야릇함, 삶의 고통보다는 가학적·피학적 자극이 더욱 우세한 것으로 여겨진다. 그래서 그의 시 속에 그려진 여공들, 혹은 소녀들의 독백과 참회는 왠지 성적 유혹 이상으로 느껴지지 않는다. 우리 사회에서 횡행하는 음란 전화나 스팸 메일처럼 성적 상상력을 자극하는 기운이 우세하게 느껴지는 것은 어쩌면 나만의 착각일까.

## 4. 「알쏭달쏭 소녀백과사전」이 닮아야 할 시들

　다음의 시는 내가 판단할 때, 『알쏭달쏭 소녀백과사전』에서 다시 돌아보아야 할 시가 아닐까 싶다. 최하림의 말대로 하면, 이기인 시의 출발점에 해당하는 시이면서 동시에, 이기인 시가 변화하기 이전의 시를 보여주는 지표와 같은 시이다.

> 목화송이처럼 눈은 내리고
> ㅎ방직공장의 어린 소녀들은 우르르
> 몰려나와 따뜻한 분식집으로 걸어가는 동안……제 가슴에 실밥
> 묻은 줄 모르고
> 공장의 긴 담벽과 가로수는 빈 화장품 그릇처럼
> 은은한 향기의 그녀들을 따라오라 하였네
> 걸음을 멈추고
> 작은 눈
> 뭉치를 하나 만들었을 뿐인데,
> 묻지도 않은 고향 이야기를 늘어놓으면서……늘어놓으면서 어느덧
> 뚱뚱한 눈사람이 하나 생겨나서
> 그
> 어린 손목을 붙잡아버렸네
> 그녀가 난생처음 박아준 눈사람의 웃음은 더없이
> 행복해 보였네
>
> ―이기인, 「ㅎ방직공장의 소녀들」

 어떤 시가 먼저 쓰여졌는지는 모르겠지만, 「ㅎ방직공장의 소녀들」은 「알쏭달쏭 소녀백과사전」 연작시의 모태가 되는 시임에 틀림없다. 거꾸로 말하면 「알쏭달쏭 소녀백과사전」의 낱낱의 시편들은 'ㅎ방직공장'에서 일하는 소녀들의 사연과 눈물을 하나하나 조명한 시라고도

할 수 있다. 문제는 앞에서도 말했지만, 그 조명 방식이다.

「ㅎ방직공장의 소녀들」을 보면 점잖고 품위 있는 표현으로도 원하던 시적 목표를 달성할 수 있음을 확인할 수 있다. 가슴에 묻은 실밥이 갖는 의미, 소녀들을 따라간다는 공장의 긴 담벽에 대한 표현, 묻지도 않은 고향 이야기를 늘어놓는 의도, 갑자기 살아 걸어왔다는 눈사람, 그리고 소녀들의 얼굴에서 읽히는 역설의 행복 등이 그것이다.

가슴에 묻은 실밥은 고된 노동의 실상을 증언할 수도 있지만 후반부의 뚱뚱한 눈사람과 연관 지을 때 공장에서 당했을지도 모르는 몹쓸 일의 비유가 될 수 있다. 뚱뚱한 눈사람은 소녀들의 꿈과 천진난만함을 의미할 수도 있지만, '어린 손목을 붙잡았다'는 표현으로 볼 때는 배신과 성적 침탈의 의미를 포함할 수 있다. 이때 '뚱뚱한 눈사람'은 '상처 디자이너'나 '곰'을 닮은 사내와 같은 이미지다. 하지만 중의적으로 이해될 수 있는 해석적 매복을 더욱 잘 설치한 표현인 것은 분명하다.

'공장의 담벽'으로 소녀들의 현재 생활 반경이 하층 노동자의 삶의 반경에 갇혀 있음을 알 수 있고, 그(녀)들이 분식집으로 몰려간다는 설정으로 굳이 '붉은 떡볶이'를 통해 환기시켜야 할 성적 상상 없이도 그녀들의 가난한 처지와 고단한 눈물을 보여주기에 충분하다.

이러한 자질구레한 비교를 통해서 알 수 있는 것은 「알쏭달쏭 소녀백과사전」의 시편들이 「ㅎ방직공장의 소녀들」의 심화가 아니라 반복에 불과하다는 점이다. 그럼에도 불구하고 「알쏭달쏭 소녀백과사전」은 지나칠 정도로 많이 쓰여졌고, 그때마다 더욱 기발한 성적 환상을 불러일으키도록 설계되었다. 과연 이것이 필요한 작업이었을까.

시인 최하림은 이기인의 시를 조세희의 연작 소설 「난장이가 쏘아올린 작은 공」이나 백무산 등의 시와 비교하고 있다. 이러한 관점을 앞세운다면 이기인의 시는 80년대, 더 넓게 보면 우리의 노동 현실과 하층 민중의 삶을 다룬 시로 볼 수도 있을 것이다. 어쩌면 이러한 테마의 글을 착상하게 만들 정도로 많은 문인들이 비슷한 생각을 하고 있을지도 모른다.

하지만 나에게 이기인의 시(특히 「알쏭달쏭 소녀백과사전」의 경우)는 품위와 점잖음을 잃은 시로 여겨진다. 80년대를 새롭게 조명하는 차별화된 시각 이전에, 지나친 시적 전략이 시의 위상과 본질을 훼손했을 가능성이 큰 사례로 여겨진다. 그 치유 방안은 언제나 그렇듯, 시인의 시 속에 있다. 「ㅎ방직공장의 소녀들」이 일으키는 품위 있고 격조 있는 시적 울림과 의미를 다시 되찾아야 할 것이다. 모든 시가 같은 형식으로 쓰여질 수 없을 것이며, 모든 시가 단아함만으로 뜻한 바 효과를 거둘 수는 없을 것이다. 그럼에도 시가 지니는 위의(威儀)와 품위를 생각한다면, 새로움과 차별성을 강조하면서도 시의 책략을 과도하게 사용하지 않는 방식에 대해서 깊게 고민해야 할 것이다. 이기인 시의 무궁한 발전은 아마도 그 고민에서 잉태된다고 볼 수 있다.

# 사라지는 것들
## ─이영광의 신작시─

### 1.

　이영광의 시는 난해하다. 사람마다 시를 보는 눈이 다르니 '난해하다'는 나의 판단도 다른 사람에게는 납득되지 않을 수도 있다. 하지만 솔직히 말해서, 나는 그의 시를 제대로 이해할 수 없었다. 더구나 이 글은 그의 전체 시 세계가 아닌, 한정된 시 5편을 대상으로 하고 있기 때문에 부족한 이해의 틈이 커질 수밖에 없다.

　그럼에도 나는 그의 시가 흥미롭다고 생각한다. 그의 시는 전체적으로 생략이 많은 편이다. 다른 말로 하면 시적 상황을 기술하는 데에 친절하지 않다. 비약과 여백을 통해 듬성듬성 자신이 바라본 세계와 느낀 감정을 드러내고 있다. 그런 면에서 그의 시는 채워 읽어야 할 공간이 많은 성근 텍스트라고 할 수 있다(오해를 피하고자 말한다면, 성글다는 표현이 가치 절하를 의미하는 것은 아니다). 그것은 사라진 것들이 많기 때문이다.

## 2.

시 「사라진다」는 이영광 시의 '사라지는 것들'을 잘 보여주는 예이다. 시의 전문을 보자.

> 지워지기 위해 잠깐 나타나는 것들
>
> 눈보라가 사람 마을과 방풍림을 쓸어안고
> 고요히 눈보라 속으로 사라진다
> 너의 神은 너에게
> 뭐라고 속삭이니
> 사라지기 위해 한순간을,
>
> 그러니까 갈 봄 여름을
> 한 마디도 못 알아들으면서
> 개근하러 왔던 것들이 있다
>
> ―이영광, 「사라진다」

시인은 누군가와 말하고 있다. 시인은 그 누군가를 '너'라고 지칭했다. 하지만 '너'가 누구인지는 쉽게 파악되지 않는다. 시를 보면서 그 정체를 밝혀보자. 1연은 직각적으로 이해되지 않으니 일단 넘어가자.

2연에서 첫 행과 둘째 행은 '눈보라'를 다루고 있다. 흥미로운 것은 '눈보라가' 주어인데, 그 눈보라는 '눈보라 속으로 사라진다'는 것이다. 풀어 말해보면, 눈보라가 불어 사람들이 사는 마을과 방풍림을 쓸어안고 눈보라 속으로 사라진다. 시인은 지금 눈보라가 치는 계절에 눈보라에 휩싸인 마을 풍경을 보고 있다. 그런데 왜 휩쓸려 사라지는 풍경을 '고요히'라고 표현했을까.

　시인은 아무래도 눈보라 치는 현장에 있기보다는, 그 공간에서 한 발 떨어져 눈보라를 감상하고 있었던 것 같다. 현장에 있지 않았기 때문에 그는 눈보라가 저 멀리 눈보라를 동반하면서 사라지는 광경을 목격할 수 있었고, 그래서 고요히 사라졌다고 말할 수 있었다. 일단 2연을 통해 알 수 있는 것은 사라지는 것들 목록 중에 눈보라가 포함된다는 것이다.

　시인은 묻는다. '너의 신'은 '너'에게 뭐라고 속삭였냐고. 앞에서도 말했지만, '너'가 누구인지는 확실하지 않다. 하지만 '너의 신'은 '속삭인'다고 했으니, 시에서 소리를 내며 몰아치는 눈보라의 속성과 상통한다고 해야겠다. 일반적으로 눈보라가 몰아치는 광경을 속삭인다고 할 수는 없으나, 시인은 이미 '고요히'라는 수식어를 쓴 바 있다. 즉, 시인은 옆에 있는 누군가에게, 그 누군가의 신인 '눈보라'가 지나간 후의 풍경을 묻는 셈이다.

　너는 대답한다. "갈 봄 여름을 한마디도 못 알아들으면서 개근하러 온 것들이 있다"고, 눈보라가 말했다고 대답한다. 여기서 '갈'은 가다(去)의 뜻이기 보다는 '가을'의 뜻으로 보아야 할 것이다. 봄, 여름, 가을에 그 의미를 알지 못하면서 나타났던(개근한다) 것들이 있었는데, 그것들은 지금 이 순간 사라지기 위해, 사라지는 한순간을 위해 나타났던 것이라는 설명이다.

  이러한 설명은 심오하다. 그렇다면 이러한 심오한 설명을 해줄 수 있는 존재는 인간은 아닐 것 같다. 혹 '너'란 그 모든 것을 존재하게 만들었던 자연 혹은 섭리가 아닐까. 하지만 확신할 수는 없다. 그 이상의 근거도 없다. 시인은 어쩌면 '너'라는 존재를 밝히는 것을 중요하게 여기지 않을 수도 있다. 왜냐하면 시를 통해 '너'라는 정체가 명확하게 드러나기보다는, 적당한 혼란과 함께 감추어져 있기를 바라는 것처럼 보이기 때문이다. 시인은 '너'를 지워 시의 의미를 감추었다고 해도 과언이 아니다.

  내가 읽기로는, 이 시는 소멸에 대한 견해와 의미 부여의 소산이다. 시인은 봄, 여름, 가을에 풍성했던 모든 것들이 눈보라 속에 파묻히는 광경을 지켜보았는데, 시인의 눈에는 그 광경이 조용히 그리고 당연히 일어나야 할 하나의 필연적 귀결로 비쳐졌다. 시인에게는 이 세상에 존재하러 온 많은 것들이 소멸의 시간을 위해 남아 있었던 것으로 인식되었고, 그 사라짐을 통해서 이 세상에 존재하게 된 이유가 완성되는 것으로 간주되었다.

  앞에서도 말했지만, 이러한 해석은 상당히 넓은 의미망들을 건너 도달한 것이라, 좀처럼 확신을 품기 힘들다. 이것은 해석자의 문제라기보다는 창작자의 문제라고 생각된다. 다른 말로 바꾸면 시인은 사물과 언어의 관계를 차분하게 설명하는 스타일의 시를 쓰지 않는다. 그는 그 사이에 존재하는 거리를 최대한 멀리 하여, 한 번에 이해하기 힘든 시적 의미체계를 구축한다. 이러한 작업은 기본적으로 개성이지만, 이 개성에 대한 평가는 차후로 미루어야 할 것 같다.

## 2.

다음과 같은 시는 줄글로 되어 있어, 이해하기 쉬울 것 같지만, 의외로 그 의미 맥락을 파악하기 어렵게 되어 있다. 실례를 무릅쓰고 시인이 시에 빗금(/)을 첨가해서, 대화의 간격을 구획해보겠다.

현대문학이죠? / 예? / 애 시험 땜에 겨를이 없어서. / 아닌데요. / 오일류에 삼칠칠공 아니예요? / 공삼일 오일류에 삼칠칠공인데요.

현대문학입니까? 주간님 계십니까? / 주간님 안 계십니다. 경기도 사시죠? / 어떻게 아셨어요? / 다 아는 수가 있죠. 경기도 사는데 경기도 사는 것 같지 않죠? / 어떻게 아셨어요?

계간 현대문학이죠? / 월간인데요. / 아, 맞다. 호호호. 신인상 원고, 마감 날 소인 유효하죠? / 글쎄요. 아마……. / 고마워요. / 아, 잠깐. 이런.

월간 현대문학이요? / 계간 현대문학이요. / 월간 아녔나. / 인터뷰 담당 선생 계시오? / 안게심다. / 내가 오늘 못 들를 것 같아서 그런데. / 그냥 서울 나들이 한 번 하지 그러세요. / 전화 받는 분은…… 거기 어디요?

현대문학이죠? / 고전문학인데요. / 네? 아, 아유……. / 잠깐! 뭐 쓰세요? 소설? 소설 좋지. 나도 옛날에 문학 한 적 있는데. 우리 술이나 한 잔 할까요? 수목원 조와요.

한 달에 한두 번은 현대문학 묻는 길 잃은 呪文들이 날아온다. 현대

익스프레스도 현대 비뇨기과도 현대 유니콘스도 아니고, 개도 안 쳐다보는 현대 문학을 SOS처럼, 원고 독촉 전화처럼, 어떻게 알고 찾아온 거냐 백만 년을 날아온 별들이, 그러나 잘못 날아와 깜빡이는 경기도 하늘.

현대문학이죠 현대문학 아니에요 현대문학입니까 현대문학이요
말라죽은 나무들이 絶筆처럼 선 베란다
눈 내리는 창을 두드리는 언 손을

—이영광, 「현대문학」

이 시는 상당히 유머러스하다. 특히 1연은 정말 우습다. 처음에 시인은 '현대문학'을 찾는 전화를 받는다. 시인은 낯선 이의 전화에 놀라, 그만 '예?'라고 반문하고 만다. 전화를 건 상대는 주부로 보이는데, 무슨 이유인지는 모르겠으나 자식 시험을 핑계로 현대문학을 찾고 있다. 여기서 다소 혼란이 일어나는데, 우리는 이 시가 현대문학을 전공하는 시인이 쓴 시이기 때문에 시어 '현대문학'을 잡지 『현대문학』으로 생각하고 싶어진다. 하지만 이 주부는 '현대문학'을 '국어'의 한 영역인 현대문학으로 생각하는지도 모르겠다.

어쨌든 시인은 이러한 착오의 원인이 전화번호 때문임을 알게 된다. 경기도에 사는 사람들이 지역번호를 누르지 않고, 습관적으로 전화번호만을 누르기 때문에 반복적으로 생기는 일이었다. 02를 누르지 않아 잘못 걸려온 전화였던 셈이다.

2행은 더 재미있다. 주간을 찾는 전화에, 천연덕스럽게 주간이 없다고 대답하고(시인의 집에 현대문학 주간이 없는 것은 사실이므로), 장

난까지 거는 여유를 보인다. 전화 건 상대가 경기도에 살고 있는 것을 맞추고, 어쩌면 서울에서 이주한지 얼마 안 되는 신입거주자라고 추정한 자신의 짐작으로 상대를 떠본다. 02 지역 번호를 누르는 습관이 아직 붙지 않은 사람이라면, 최근까지 서울에서 살던 사람이라는 추론이 가능하기 때문이다.

3행에서, 시인은 더욱 능글능글해진다. 그는 '계간' 현대문학이냐는 물음에, '월간'이라고 질문을 고쳐주기까지 한다. 하지만 지나치게 여유를 부리다가 중대한 실책을 저지른다. 누군가에게 정말 중요한 문제일 수 있는 신인상 마감 날짜에 대해 책임질 수 없는 발언을 했기 때문이다. '아차' 하고 정정하려 했지만, 상대는 이미 전화를 끊은 후였다.

4행에서는 경기도 사람들의 습관적인 행동을 나무라는 어투를 구사한다. 경기도 거주자들은 서울 갈 일이 있을 때 일을 가급적이면 몰아서 하는 습관이 있다. 전화를 잘못 건 사람은 아무래도 현대문학 건만으로는 서울에 가고 싶지 않은 인상이다. 시인은 참견을 한다. 그러지 말고, 약속을 지키라고.

5행은 현대문학을 찾는 전화에, 더 이상 능수능란할 수 없어 보이는 시인의 태도가 나타난다. 그는 현대문학이라는 말에 고전문학이라며 농담으로 응수하고, 상대가 문학에 관심이 있는 것을 알아맞히고, 넌지시 초대까지 한다. 시인은 아마도 광릉수목원에 사는 것 같은데, 그곳의 경치가 좋다는 말도 곁들이고 있다.

1연은 희곡의 대사와 흡사하다. 행갈이를 명시적으로 하지 않았기 때문에 분절되어야 할 대사가 엉켜 그 뜻이 쉽게 파악되지 않을 수도 있지만, 1연은 분명 대화체 문장이다. 다시 말해서 대화는 대화인데,

말과 말 사이의 여백을 일부로 지운 것이다. 적당한 행갈이만(나는 이것을 /으로 부연했다) 살아난다면 주고받는 말의 묘미가 묘한 울림을 되찾을 것이다. 이것은 시인의 재치이고 말의 재미이다.

하지만 시가 시답기 위해서는 한 겹의 의미가 더 있어야 한다. 시인은 왜 이런 잘못된 전화를, 그 대답을 시로 옮긴 것일까. 문학의 위상과 관련이 있을 것이라는 것이 내 답안이다. 현대가 붙는 말 중에 가장 현대적이지 않은 것이 '현대문학'이다. 이제 '문학'은 '현대'든 '고전'이든 간에, 거의 '사양산업'(?)이다. 현대 사회에서 『현대문학』을 묻고 『현대문학』을 아는 사람들은, 혹은 '현대문학'에 매달린 사람들은 현실에서 길을 잃은 사람 정도로 취급된다.

이제 문학은 우리 주변에서, 잘못 걸린 전화와 다를 바 없는 운명이라고 말해진다. 문학은 밥과 옷을 만들지 못한 지 오래되었고, 그나마 지금은 거들떠보는 이들도 얼마 안 된다. 그런데도 한 달에 한두 번은 현대문학을 찾는 전화가 끊이지 않는 사실에 시인은 신기해한다.

사람들은 잘못된 전화처럼 별 쓸모도 없는 현대문학에 무엇이 좋다고 이렇게 기를 쓰고 매달리는 것일까. 이것은 문학을 하는 사람들이라면, 누구나 한 번쯤 하게 되는 생각일 것이다. 문학이 도대체 무엇을 할 수 있을까, 로 시작하는 대책 없는 질문들 말이다. 시인은 그 쓸쓸한 자문 앞에서 절필(絶筆)을 생각하는 것일까. 아름답다고 말했던 경기도 하늘 밑에서도, 그는 말라죽은 나무들을 보면서 허무하고 쓸쓸한 심회를 북돋우고 있으니 말이다.

## 4.

　이영광의 최근 시는 공통적으로 '물'의 이미지를 동반한다. 가령 「사라진다」의 '눈보라', 「현대문학」의 창밖으로 내리는 '눈', 「세월」의 '먹구름', 그리고 「빗길」의 '내리는 비'와 '몸을 적신 비'가 그것이다. 이러한 물의 이미지는 쓸쓸함이라는 정서를 동반하고 있고, 대체로 멀리서 지켜보는 형태로 제시된다. 「세월」에서 '먹구름'은 세상에 비를 뿌리지만, 나는 높은 창에 기대어 이력서를 쓴다. 다시 말해서 비와 분리되어 있다. 다소 차이가 있지만, 「사라진다」에서도 시인은 폭풍우로부터 비교적 안전한 거리를 취하고 있고, 「현대문학」에서 창을 통해 내리는 눈을 바라보고 있다.

　이러한 시적 상황은 시인이 세상의 바깥(집의 안쪽)에 위치하여, 세상 저쪽 공간에서 벌어지는 일을 관찰하는 것에 능하고 익숙함을 보여준다. 그런 측면에서 「빗길」은 다소 이질적이다. 왜냐하면 시인은 세상 저쪽 공간에 외출했다가 비를 맞고, 세상의 바깥 공간(집, 창으로 분리된 안온한 공간)으로 돌아와 시를 쓰기 때문이다. 시인은 세상의 흔적(물)을 끔찍하게 싫어하면서도, 그로 인해 앞의 시와는 다른 정조를 내보이게 된다.

　　물웅덩이에 여지없이 발을 빠뜨리고
　　영혼이 나간 사람처럼
　　바지 벗고
　　바지 빨고

바지저고리와 함께 창가에 걸려
내리는 비를 본다

내리는 비를
하늘의 빗줄기에 드높이 규환하는
雜木林을
한꺼번에 아픈 젊은 풀밭을,
바지를 걷어 다린다
따스하다

저기압대가 동진해오듯
다시 사람은 찾아오고
사람의 찬란도 찾아오고
사람의 수렁은 찾아오고
사람의 황홀도 찾아오고

앓으면서 화창한 빗길,
雨中에 떨어진 광릉 일원
그리하여 사람은 오래오래 찾아오고
그리하여 사람은 더 이상 사람 밖에 숨지 않고
사람 사이, 사람 사이 무섭지 않으리라

흙탕물이 맨발을 적시듯이
全力을 다해 사람은 찾아오고

全力을 다해 가는 비 내리고

대문은 집을 굳게 열고

한 지친 그리움이 더욱 지친 그리움을 알아보리라

— 「빗길」

시인은 외출을 했다가 비를 맞고 돌아왔다. 그의 집은 광릉에 있는 듯한데(「현대문학」에도 그러한 단서가 있었다), 그곳은 몹시 외진 곳으로 규정된다. 시인은 젖은 바지를 벗어 바지를 빨고, 바지를 창가에 걸어 말리면서, 바지와 함께 비를 구경했다. 시인은 내리는 빗줄기를 맞이하는 잡목림을 '규환(叫喚)' 한다고 파악했다. 규환은 울부짖음에 가까운 단어이다. 우리에게는 이 단어가 보통 '아비규환(阿鼻叫喚)' 으로 상용화되어 있는데, 이러한 이미지를 활용하면 빗줄기를 맞아 울부짖는 나무들의 모습을 그리고 있다고 볼 수 있다.

왜 울부짖을까? 지옥불의 악귀처럼, 고통에 못 이겨서? 이 시에서는 고통의 느낌을 슬쩍 흘릴 따름이다.

규환의 의미가 정확하게 파악되지는 않지만, 시인은 규환하는 풀밭(잡목림)을 따스하게 만들고 싶어 한다. 그는 젖은 바지를 다리미로 다리듯, 젖은 세상의 모습을 긍정적으로 바라보고 싶어 한다. 저기압대가 동진하듯, 사람들이 언젠가는 올 것이라고 믿는다(지금은 비가 와서 못 오지만). 찾아오는 것 중에는 '찬란' 도 있고 '황홀' 도 있지만, 그 사이에 '수렁' 도 있다. 시인은 찬란 '도' 오고, 수렁 '도' 오고, 황홀 '도' 온다고 쓰지 않았다. 시인은 찬란 '도' 오고, 수렁 '은' 오고, 황홀 '도' 온다고 쓰고 있다. 보조사 '은' 을 처음이 아닌 중간, 그러니까 '찬란' 과 '황홀' 사이에 넣고 있다. 일반적인 쓰임새는 아닌데, 이것은 '수렁'은 반드시 오며, 어떤 의미에서는 '꼭' 와야 한다는 뜻으로 이해할 수 있겠다.

비가 오듯, 인간사에는 수렁이 찾아온다. 하지만 그러한 빗길이 '앓으면서도 화창할 수 있는 것'은, 수렁과 함께 찬란도, 황홀도 오기 때문이다. 생각을 뒤집으면, 수렁이 없으면 찬란도, 황홀도 없다. 수렁은 둘과 함께 오는 것이다.

시인은 이러한 생각을 하면서 혼자 있는 외로움을 극복한다. 사람들은 지금 오지 않지만, 오래오래 찾아올 것이다. 또 시인을 비롯한 사람들은 결국에는 사람들 바깥으로 숨지 않고 당당하게 그 실체를 드러내리라. 오늘 흙탕물에 맨발을 적시듯이, 언젠가는 전력을 다해 사람들이 찾아올 것이고, 닫혀 있던 이 집의 문도 활짝 열릴 것이라고 믿게 된다. 그때는 자신의 지친 그리움이, 사실 더 지친 그리움과 자연스럽게 만나 사라질 것이라고 믿게 된다.

시인은 지금 바깥에서 환란을 당하고 돌아와 그 환란을 극복하면서 마음속 어떤 상처나 고민도 함께 치유하고 있다. 시인은 그 상처와 고민을 '아픈 젊은 풀밭'이라는 어구 속에 살짝 녹여 놓았다. 그리움이라는 단어도 지나치게 감상적으로 느껴지지 않도록 자제해서 쓰고 있다. 이 시가 명상을 가능하게 하는 것은 이러한 자제와 조율이 작동하기 때문이다.

시인은 이제까지 창안에서 창밖을 바라보면서 세상의 변화를 무심히 지켜보는 일에 능숙했다. 그는 자연의 변화를 '너'라고 부르면서, 나와는 그다지 관계없는 상대로 정의했다. 그런데 이 시에서는 흙탕물 속에 들어가 '너'와 교감하고 난 이후의 심정을 토로한다. 그는 그 교감의 경험으로 사람들과의 만남을 두려워하지 않아도 된다는 자신감과, 다른 한편으로는 상대에 대한 신뢰를 회복하고 있다. 언젠가 우리 모두 지친 그리움으로 다시 만날 수 있다는 낙관적인, 그리고 신뢰할 만한 자기 다짐에 도달한 셈이다.

## 5.

이영광의 텍스트는 나의 독법에는, 적당하지 않은 것 같다. 요즘 흔한 말로 하면, 나와는 '코드'가 제대로 맞지 않는 시들이다. 그것은 생략과 비약, 압축과 절제 때문일 것이다. 이영광의 장점은 시의 언어를 산문처럼 친절하게 늘려 쓰지 않는다는 점이다. 가장 산문체에 가까운 「현대문학」도 대화자 사이의 여백을 지워버려서, 단번에 파악하기가 용이하지 않다. 「사라진다」는 사물과 언어의 거리를 넓히려고 하고 있고, 상세하게 분석하지는 않았지만 「세월」에는 '쌍욕과 망신의 세월'이라는 가려진 공간이 들어 있다. 이 공간은 시인의 내밀한 기억과 상처의 공간으로 생각되는데, 「빗길」의 '아픈 젊은 풀밭'과 비슷한 감정의 결이 느껴진다. 두 구절은 동일한 체험일 수도 있고 아닐 수도 있지만, 중요한 것은 시인의 내면에 혼류하는 아픔을 슬쩍 내비친다는 것이다. 하지만 그 이상은 감지하기 힘들다.

이 점이 이영광 시의 답답한 점이 될 수 있다. 이영광 시는 속내를 상당히 절제하는 스타일이다. 이것 자체만으로는 대단한 미덕이다. 하지만 때로는 가려진(사라진) 것들로 인해, 시의 내밀한 통로나 언어 뒤쪽 공간을 탐험하기 힘들어질 때가 있다. 나에게 「단풍나무」나 「세월」과 같은 시는 그러한 부정적인 요인이 두드러진 경우로 파악된다.

이영광의 시는 사라진 것들, 다시 말해서 시인이 사라지게 한 것들로 인해, 한편으로 매력적이 되고, 또 같은 이유로 답답해지기도 한다. 그런 측면에서 「빗길」은 그 중도를 보여주고 있다. 「빗길」은 감추어진 세계를 어느 정도 드러내기도 했고, 또 완전히 드러내지 않기도 했다. 차단된 시인의 입장을 창을 통해 넌지시 드러내기도 했고, 어지러운 세상을 거쳐 고통의 심정을 고백하기도 했다. '그리움'이라는 직접적인 정서를 노출하기도 했고, '더욱 지친 그리움' 등의 시어로 다시 추상화하기도 했다. 「빗길」이 그의 시를 교차하는 요로처럼 보이는 이유도 여기에 있다. 이 시는 지나친 감춤과 완전한 노출 사이에 있다. 다시 말해서 사라지는 것들을 적당하게 억제하고 있어 완성도가 높아진 것으로 보인다. 어쨌든 그의 시가 '사라진 것들', 시인이 '사라지게 한 것들', 그러니까 일부러 감추고 건너뛰고 드러내지 않는 것들 속에 있다고 할 때, 문제는 어디까지 감추고 어떻게 드러낼 것인가이다. 시인의 정진과 명상이 투여되어야 할 지점도 여기이다.

# 내 안의 마녀, 그리고 남자들
―김지유의 시 세계―

## 1. 박제된 자아에 대한 절규

　김지유의 신작시들을 읽다가 유난히 눈길이 머무는 시를 만났다. 내가 생각하기에 이 시는 김지유의 다른 시들을 풀 수 있는 실마리를 품은 시로 보인다. 뿐만 아니라 김지유 시들을 관류하는 일정한 패턴을 알려주는 시라고 생각된다. 천천히 읽어보자.

　　잠이 깨면, 나는
　　그녀의 여자가 아니다, 더 이상
　　그녀의 뜨개질에 내 치수는 필요치 않다

　　눈을 감으면 일상의 낮은 숨소리가 톤을 바꾼다 까슬까슬한 털실을 한 코씩 잡아 빼내며 그녀, 침대에 내 머리를 고정시킨 채 깊숙한 박음질을 한다 그녀에게서 도망친 대가, 날카로운 고음의 털실이 자꾸만 귓바퀴에 감겨들고 그녀가 운다, 훌쩍임이 팽팽한 혈관을 관통해 끊임없이 소음을 만들어낸다, 나는 통곡하는 그녀 몰래 자아놓은 악몽을 한올, 한올 당겨 풀고 있다

눈을 뜨면, 나는
그녀의 착한 여자가 아니다, 더 이상
그녀의 뜨개질에 망자의 치수는 필요치 않다

―김지유, 「가위」

이 시는 3연으로 되어 있는데, 1연과 3연은 밀접하게 관련된다. 1연의 1행과 3연의 1행은 거의 같다. '잠이 깨면'이 '눈을 뜨면'으로 바뀐 것 이외에는 변화된 부분을 찾을 수 없다. '잠을 깬다'는 표현이 '눈을 뜬다'는 표현과 비록 의미상의 차이는 있을 수 있지만, 대체적으로 유사하다고 간주할 수 있겠다.

1연의 2행과 3연의 2행도 거의 같은 구조이다. 전체적으로 문장 구조가 동일한데, 다만 '그녀의 여자'가 '그녀의 착한 여자'로 변한 것이 유일한 차이이다. 이 시의 인물 구도를 보면 '내'가 핵심인물이다. '나'는 '그녀의 여자'였는데, 눈을 뜨기 이전의 '나'는 '그녀의 착한 여자'였다. 하지만 눈을 뜨면서 '나'는 '그녀의 착한 여자'가 되기를 거부한다. 아니 더 이상 그녀의 착한 분신이 되지 않겠다고 다짐한다. 따라서 '눈을 뜨면'에 물리적으로 '잠을 깬다'는 의미뿐만 아니라 '각성'한다는 뜻도 포함시킬 수 있겠다.

이 시에서 잠의 공간, 즉 2연은 각성 이전의 공간을 뜻한다고 하겠

다. 3연의 3행은 '각성'의 의미를 알려준다. 역시 1연의 3행과 거의 같은 구조인데, '내 치수'를 '망자의 치수'로 바꾸어 놓은 것이 유일한 차이라고 할 수 있다. 화자는 자신이 각성하면, 즉 망각의 공간에서 깨어나면, '자신의 치수'는 '망자의 치수'가 된다고 말하는 셈이다.

여기서 말하는 '망자'는 의미상의 논란을 가져올 수 있다. 일단 '망자'의 사전적 의미는 '죽은 자'일 것이다. 3연에서 화자는 '내'가 눈을 뜨면 더 이상 그녀의 착한 여자가 될 수 없다고 말하고, 덧붙여서 '망자의 치수'가 필요하지 않다고 말했다. '망자의 치수가 필요치 않다'는 두 가지 갈래로 해석된다.

하나는 잠에서 깨어나면 내가 망자가 된다는 것이다. 다른 하나는 잠에서 나는 망자였다는 것이다. 전자에 따르면 '나'는 잠에서 깨어나면, 즉 각성하면 그녀에게 망자가 된다는 뜻이 된다. 더 풀어 말하면 '나'는 잠에서 '그녀'의 착한 분신 역할을 수행했는데, 잠에서 깨어나면 그 역할을 포기할 것이기 때문에, 착한 분신을 기대했던 '그녀'에게는 죽은 자나 마찬가지라는 뜻이 된다.

후자의 해석을 풀어보면, '나'는 잠에서 '그녀'가 시키는 대로 했던 인물이기 때문에 일종의 죽은 자나 마찬가지였다는 뜻이다. 잠에서 '나'는 그녀의 뜨개질에 놀아나는 허수아비였다. 하지만 잠에서 깨어나면 동면에서 일어나는 사람처럼, '나'는 더 이상 '그녀'의 허수아비인 '망자'가 아니다.

이 두 가지 해석은 텍스트 내에서 공존하고 있어, 어느 한쪽을 일방적으로 지지하기 어렵도록 되어 있다. 그 이유는 무엇일까. 가장 우선적으로 고려할 수 있는 생각은 구문 착오다. 시인이 '망자의 치수'에 대해 세심하게 고려하지 못했기 때문에, 잠 속 상황인지 아닌지를 분명하게 정리하지 못했다는 의견이 있을 수 있겠다. 다음은 고의적인 혼란이다. 시가 하나의 해석으로 완결되지 못하도록 고의적으로 혼선을 가하고 시어의 의미를 애매하게 배치했을 수 있다는 의견이 있을 수 있겠다.

지금으로서는 두 가지 의견 중에 어느 것이 옳다고 일방적으로 단정하기는 힘들다. 어쩌면 시가 갖는 근본적인 모순이자 한계의 일각이라고도 할 수 있다. 다만 시인의 내면에 들어 있는 혼란이 상당하다는 가정은 세워볼 수 있다. 시인은 지금 잠 속에서 그녀와 함께 있는 내가 '평온한 자아'인지, 아니면 잠에서 깨어나 그녀의 뜨개질을 거부하는 나를 추구해야 하는지, 확신하지 못하는 것 같다. 이러한 혼란은 다른 시를 볼 때에도 일정 부분 관련성 있게 나타난다.

일단 이 상황을 정리해보자. 이 시에서 화자는 '그녀'의 뜨개질에 의해 착한 여자도 되었다가 허수아비도 되었다고 했다. 그러던 것이 이제는 그 망각에서 깨어나면서 더 이상 착한 여자도 되지 않을 것이며, 또한 더 이상 허수아비처럼 시키는 대로 살지도 않을 것이라고 각성하는 셈이다.

그렇다면 망각의 공간은 어디인가. 시에서 찾으면 2연이다. 2연은 '그녀'의 의해 '내'가 '착한 여자'로 뜨개질되는 공간이다. 2연의 시어로 환원하면 '내'가 '그녀'에 의해 '깊숙한 박음질'을 당하는 공간이다. 일상의 숨소리가 낮아지고 삶의 물리적 환경들이 멀어지면, '나'는 '그녀'에게 세뇌 당한다. 그녀는 '까슬까슬한 털실을 한 코씩 잡아 빼내'며, '나'를 얌전한 침대에 박음질한다. 마치 그녀는 '나'에게 훈계를 하는 것 같은데, 그 훈계를 '나'는 소음으로 받아들인다.

이러한 시적 설정은 일단 다음과 같이 이해할 수 있겠다. 시인이자 화자는 두 개의 자아로 나뉘어 있다. 하나는 망각의 공간에서 착한 여자가 되어야 하는 '나'가 그것이고, 다른 하나는 망각의 공간에서 '나'를 착한 여자로 만드는 '그녀'가 그것이다. '그녀'는 '현실원칙'에 의거하고 있고, '나'는 본래적으로 '쾌락원칙'에 의거하고 있다.

'그녀'는, 본래적 품성을 거느리고 살고 싶어 하는 '나'를 어떻게 해서든 박제하려고 한다. 반면 '나'는 '그녀'의 힘에 눌려 일시적으로 착한 여자가 되지만, 그렇게 착한 여자가 되는 것을 스스로를 죽이는 수치스러운 행위로 파악한다. 두 자아 사이의 긴장감이 결국 2연에서는 그녀의 우세로, 3연에서는 나의 반발로 나타난 것이다.

여기서 흥미로운 구절을 풀어보자. 2연의 "나는 통곡하는 그녀 몰래 자아놓은 악몽을 한올, 한올 당겨 풀고 있다"가 그것이다. 생각보다 이 구절은 해석이 용이하지 않다. 일단 주어와 술어 사이의 복합적 겹침 때문이다. 일단 악몽을 풀고 있는 주체는 '나'이다. '나'는 능동적으로 악몽이라는 망각의 그늘에서 벗어나려고 한다.

그렇다면 악몽은 누가 자아놓은 것인가. 언뜻 읽으면 '그녀 몰래 (푼다)' 때문에 '그녀'가 자아놓은 것으로 생각하기 쉽다. 그녀가 자아놓은 악몽을, 내가 그녀 몰래 푼다, 라는 식으로 이 구문은 이해될 수 있다는 것이다. 하지만 한 번 더 깊게 생각하면, 그녀가 통곡하는 사이에, 그녀가 눈치 채지 못하도록, 내가 자아놓은 악몽을 (내가) 그녀 몰래 푼다, 라는 뜻으로 해석할 수도 있다.

문장의 의미로 보면 그녀가 박음질을 했으니까, 악몽의 자아낸 사람은 그녀에 가깝다. 하지만 반드시 그렇다고 할 수 없으며, 현재의 문장 구조로 보면 그 어느 쪽이든 해석에는 지장이 없다. 이러한 혼란은 왜 발생했을까. 그것은 시인, 혹은 화자가 생각하는 것처럼, '나'와 '그녀'의 경계가 분명하지 않기 때문이다. 시인은 눈을 감으면 '그녀'가 찾아와, 또 다른 그녀인 '나'를 '착한 여자'로 만든다고 말했지만, 사실 '그녀'가 가공의 주체이고, '나'가 가공의 대상인 것만은 아니다. 위 구절의 혼란은 실은, '나'와 '그녀' 사이의 관계와 경계가 몹시 혼란스러움을 대변한다고 할 수 있다.

이 시는 한 여자의 내면에 도사린 두 주체의 문제를 다루고 있다. 앞에서 제기했던 '망자'의 혼란까지 겹쳐놓으면 더욱 복잡하게 얽힌 자아와 화자와 시인의 내면의 풍경이 된다. 언어로 이러한 풍경을 그려낼 수 있다는 것은 일종의 개성이다. 그 내면의 그물을 쉽게 풀 수 없다는 점에서 그러하다.

하지만 이것만으로 이 시가 독특하다고는 할 수 없다. 정신분석의 원리와 용례가 세상에 공개되면서, 한 인물 내의 두 자아가 있을 수 있다는 통념이 많은 시인들에게 상식 아닌 상식이 되었으며, 그러한 상식에 의거해서 쓰여진 시가 차고 넘칠 정도로 많기 때문이다. 따라서 두 자아의 이야기를 하고 있다는 점만으로, 이 시만의 독특한 차별성을 논하기는 어렵다.

그러나 순화된 영혼에 대한 간결하지만 도발적인 저항이 인상 깊고, '나'와 '그녀' 사이의 모호한 혼란 역시 시어로 다스릴 줄 안다는 점에서 이 시는 일상의 그렇고 그런 시들과 다르다고 할 수 있다. 시인은 얌전한 어투로 내면의 문제를 이야기하는 듯하지만, 실제로는 혼란과 반발 사이에서 격전을 치루고 있는 인상이며, 핏대를 세워 자신에게 그러한 아픔에 대해 경고하고 있는 인상이다. 갓 데뷔한 시인이 쓴 시치고는 대담무쌍한 시라고 하지 않을 수 없다.

## 2. 도발적인 어투로

　90년대 이후 우리 시가 보이는 난맥상 중 하나가 밋밋해진 어투이다. 80년대 정치권력이라는 거대 서사와의 전쟁 이후, 90년대 우리 시는 일상의 영역으로 급격하게 침잠했다. 이러한 침잠에 대해서 곱지 않은 시선을 던지는 이들이 적지 않지만, 그 자체로는 나무랄 일이 아니라고 생각한다. 시란 원래 정치나 이념의 소산물이 아니었으며, 시인 이상의 주체가 되기를 꿈꾸는 자들을 위한 언어도 아니었다. 따라서 일상으로의 귀환을 두고, 패퇴니 후퇴니 타락이니 하고 말할 것은 아니라고 생각한다.

　하지만 일상으로 관심을 돌린 우리 시가 밋밋해진 것은 큰 문제이다. 시는 본래 격정적인 마음의 정화된 표현이어야 했다. 여기서 정화는 언어의 순화가 아니라 형식의 순화이다. 시어가 현실과 긴장감을 일으키기 위해서는, 일상의 언어가 지니지 못한 에너지를 시어가 어떻게 해서든 담지해야 한다. 우리는 때로는 과감하고, 대담하고, 흉내 내기 어려우면서도, 상스럽다고는 할 수 없는 어투에서, 그 에너지를 본다.

　김지유의 「헤어디자이너 강」은 도발적인 어투가 돋보이는 시이다. 이 시 역시 일상의 한 부분을 언어로 조립했다는 점에서 90년대 이후 흔히 생산되는 일상시의 영역에 속한다. 다른 점이 있다면, 김지유가 시의 속살 깊이 숨겨둔 여자의 도발적인 욕망이 이 시에서 꿈틀거린다는 점이다. 일단 이 시를 살펴보자.

굳게 닫힌 대문에 여자가 기대어 있다 반짝이는 공단의 잠옷을 걸치고 방금 사내의 거센 손아귀가 움켜쥐고 뒤흔들던 머리채를 매만진다 머리카락처럼 흐트러진 마음을 가라앉히고 있다 그러다가 문득 뒤통수 아래부근에서 머리카락이 뭉텅이로 뽑힌, 동전만한 빈자리를 발견한다. 일 년이면 서너 번씩 원형탈모의 자리를 감춰주는 헤어디자이너 강에게 전화를 하는 맨발의 여자, 도망칠 때 핸드폰만 가지고 나오면 콜이라는 것을 결혼 한 지 일 년 만에 터득한 여자, 허망한 감촉이 이렇듯 섬뜩할까 사내를 향하는 마음처럼 텅 비었다 취한 사내의 주먹이 독한 데킬라처럼 뽑아내버린 구멍, 연신 스테로이드 주사를 꽂으며 재생을 시도해도 결코 깊게 뿌리내리지 못하는 그녀의 성긴 머리카락, 그래도 그녀에겐 헤어디자이너 강이 있어 아무래도 좋다 윤기나게 찰랑거리는 웨이브 머리를 만들고 그의 침대에서 잠들 수도 있으니 누가 뭐래도 좋다 사내가 골프채를 꺼내드는 사이 현관문 밖으로 내달리던 그 순간보다 어딘가 있을 원형탈모의 구멍을 찾아 손가락을 더듬는 이 순간이 더 두려워서는 안 된다고 그녀는 마음을 다잡는다 찢겨서도 빛나는 공단의 잠옷을 여미며 그녀, 보안장비가 지키는 높은 담벼락 대문 아래 기대서서 헤어디자이너 강에게 할부로 사준 사브 자동차를 기다리고 있다

—김지유, 「헤어디자이너 강」

여자는 '일 년이면 서너 번씩 원형탈모' 자리를 감추어야 하는 상황에 처한다. 흔히 원형탈모란 정신적 스트레스로 인해 생겨난다고 알려져 있다. 일시적으로, 그리고 집중적으로 머리카락이 빠지면서 두피가 드러나는 현상인데, 이 시에서는 일 년에 서너 번씩 주기적으로 일어

난다고 말하고 있다. 그 이유는 남편의 폭행 때문이다. 여자는 그때마다 핸드폰만 챙겨 나올 수 있으면 다행이라고 말한다.

아마도 남편이 여자의 머리카락을 잡아채곤 했던 것 같다. 당연히 여자는 고통스러웠을 것이고, 남편의 폭력이 계속되기 전에 도망치는 것이 상수였다고 말하는 것은 당연하다고 할 수 있다. 문제는 그렇게 도망친 여자가 찾아가는 곳이 '헤어디자이너 강'의 집이라는 것이다. 헤어디자이너 강은 뜯긴 머리카락을 감추어주는 미용사이다. 그런데 여자는 오히려 헤어디자이너 강의 집에 가는 것을 반기는 기색이다. 그 집에서 편안하게 잠들 수 있는 날을 고대한다고 할까.

여자가 뭉텅이 채 빠진 머리카락을 가리기 위해서 헤어디자이너를 찾는 것은 당연하지만, 오히려 본말이 전도되다시피 하여 남편이 아닌 남자를 만날 수 있는 기회를 얻는 것에 안도의 한숨을 내쉰다는 설정은 대단히 도발적이라고 하지 않을 수 없다. 어찌 보면 가정과 남편과 폭력에 길들여진 여자들의 내면에 은밀하게 도사린 발칙한 꿈이자, 세상의 감옥으로부터 탈출하고자 하는 반항적 욕망이라고 할 수 있다. 폐쇄된 세상 속에 감금당한 영혼의 처참한 바람일 수밖에 없다.

시적 상상력을 더 가미하면, 「헤어디자이너 강」의 '여인'은 「꽃뱀」의 '꽃뱀'이 된다. 먼저 시를 인용하겠다.

    이봐, 우리 오늘 만나지 않을래
    굽실거리는 머릿결이 어디라도 감쌀텐데
    잠시만 마주쳐 안겨보지 않을래
    걱정 마, 어디 비밀 아닌 게 있겠니
    들키고 싶어 안달하게 해줄게

올이 나간 스타킹은 벗어버리고

잠시 동면에서 깨어나 배꼽 위로

똬리를 틀어 칭칭 감아줄게, 만나주지 않을래

수십 개의 혀를 감춘 채 밤마다

이곳저곳 탐하려는 혓바닥에 독은 없으니

봉인 풀려 벌어지려는 도톰한 입술의

여자를, 혼자 두지 말래

탱글탱글한 머릿결이 자연스레 풀리고

얼굴에 분가루도 곱게 먹었는데

하루뿐인 오늘이 끝나기 전에

방금 따른 포도주를 입에 대기 전에

새로 산 코트가 구겨지기 전에

심장에 독을 품고 기지개 켜는 꽃뱀

오늘 미치도록 고운데

이봐, 지금 만나지 않을래

―김지유, 「꽃뱀」

    이 시의 화자는 이른바 '꽃뱀'이다. 하룻밤의 인연을 빌미로 남자로부터 거액의 돈을 뜯어내는 이른바 음지의 여인(들)이다. 이 여인(들)에 대한 소문은 입소문을 타고, 혹은 신문의 사회란을 통해 이 사회에 알려지곤 한다. 하지만 그녀들을 여염집 규수와 구분하기란 그리 쉽지 않다. 따라서 이 시는 익히 소문으로 들어 알고는 있되, 우리가 잘 알지 못하는 꽃뱀의 내면 심리를 투영했다는 점에서 색다르다.

    첫 행과 8행과 마지막 행은 일정한 상관성을 지니고 있다. '만나(주)

지 않을래'가 반복된다는 점이 그러하다. 전체 내용을 일관해보면, 꽃뱀은 지금 남자로 보이는 상대를 유혹하고 있다. 꽃뱀의 유혹은 노골적이다. 잠시만 마주쳐도 안길 것이라고 말하고, 올이 나간 스타킹을 거론하면서 성적 상상력을 불러일으키며, 노골적으로 자신이 남자를 뱀처럼 휘감아줄 것이라고 유혹하기도 한다.

　이러한 노골적인 유혹은 8행을 지나면서 비유적인 표현들로 바뀐다. 꽃뱀답지 않게 자신이 독이 없는 여인이라고 고백하기도 하고, 탱글탱글한 머릿결과, 분가루를 바른 얼굴과, 분위기를 돋울 요량이었던 포도주와, 잘 보이기 위해서 새로 산 코트를 언급하면서 오히려 솔직하고 조심스럽게 자신의 외로움을 내비치고 있다. 이러한 미사여구는 달콤한 유혹이 되어 남자의 마음을 흔들겠지만, 그래서 화자 자신도 심장에 독을 품고 기지개를 켜기 시작했음을 인정하고 있지만, 그럼에도 불구하고 여인의 쓸쓸함 심회가 배어 나오는 것마저 부인하기는 힘들다. 꽃뱀도 외롭고 힘들어서 누군가에게 자신의 마음을 내맡기고 싶어 한다는 점은 여타의 여인들과 다를 바 없다.

　꽃뱀이라고 하면 남(남자)에게 상처를 입히는 사악한 여인으로 취급당한다. 남자를 파멸시키는 '팜므파탈'의 이미지를 지니고 있으며, 머릿결이 온통 뱀으로 되어 있는 메두사의 외모 같은 사악한 속마음을 지닌 여인으로 취급된다. 그러나 이 시는 그러한 '메두사의 후예'에게도 진정이 있고 외로움이 있고 그래서 본래적인 욕망이 있을 수 있음을 인정하고 있다. 다시 말해서 시인은 외로운 여인의 마음속에 도사린 남자의 대한 욕망과 파괴 욕구를 터부시하지 않고, 보편적 여인과 동일하게 살펴볼 여지가 있음을 이 시를 통해 강조한 셈이다.

　「헤어디자이너 강」에서도 그러했지만, 남성에 대한 여성의 솔직한 욕망은 서정시의 아름다운 감정의 결에 길들인 독자들을 당황하게 만들기 일쑤이다. 이른바 '착한 시'나 '얌전한 시'가 될 수 없는 것이다. 시란 일상적 정서의 아름다운 표출이라고 믿는 이들에게, 아니 믿어왔던 이들에게 이러한 정서는 기형적 정서로밖에 받아들여지지 않을 것이기 때문이다.

그러나 김지유는 이러한 보편적 정서, 일상적 감각을 물리치고 자신만의 독자적인 욕망을 드러내는 데에 머뭇거리지 않는다. 이 도발적인 어투는 밋밋해진 우리 시의 현재 상황에서는 적지 않은 신선함이다. 조금 앞선 세대의 김선우가 그러한 역할을 했고, 그 이전으로 올라가면 김혜순이 그러한 역할을 해온 바 있지만, 이제 다시 김지유가 '착한 시'를 넘어 '마녀의 어법'에 들어서고 있음은 밋밋해진 우리 시단에 싫지 않은 자극제가 되지 않을까 싶다. 앞으로 지금보다 더 대담하게 써보라고 권해보고 싶다.

## 3. 고개 숙인 남자들

김지유 시에서 여인의 대척점에 선 사람들은 남자들이다. 그런데 그들은 대개 고개 숙인 모습들이다. 대표적인 작품이 「걸음마 하는 사내」이다.

> 펭귄걸음의 한 사내가
> 온몸을 흔들며 출입구를 향해
> 길을 오른다, 쏟아지는 눈을

피하려는데, 손에 걸린

지팡이마저 사내의 걸음을

지탱시켜주지 못한 채

공중의 추처럼 흔들거린다

몸으로도 말하기조차 힘겨운 사내

눈송이가 텅 빈 목덜미로 감아드는데

종종거리는 걸음이 애처로워

길이 끙끙대며 온몸을 끌어당긴다

눈이 지나온 길을 다 덮고서야

아파트 입구에 다다른 사내

열아홉의 첫 경험도 잊고

중년에 찾아든 젊은 애인도 잊고

처음으로 돌아와 걸음마를 배우고 있다

사내의 머리며 어깨며 목덜미에

희디흰 가제 손수건이

어머니의 손길로 덮여있다

쌕쌕거리며 잠시 숨을 몰아쉬는 동안

차가운 눈송이가 천천히 녹아내리며

사내의 등줄기를 쓰다듬는다

―김지유,「걸음마 하는 사내」

쉽게 이해되는 시이다. 화자는 사내를 보고 있다. 사내는 눈이 덮인 비탈길을 오르려고 애쓰고 있는데, 쉽지 않은 모양이다. 길은 미끄럽고 정신은 몽롱해서, 늘 다니던 길임에도 불구하고 한 발자국 전진하는 데 제법 긴 시간이 소요된다. 아마 남자는 술을 마셨을 것이고, 그가 가려는 길은 저 멀리 보이는 자신의 아파트(집)가 아닐까 싶다.

남자는 가뜩이나 미끄러운 길 위에서 취기로 흐트러지는 정신을 간신히 붙잡고 느린 걸음마를 하고 있다. 길이 온몸을 끌어당긴다는 표현을 보면, 가다가 넘어지기라도 한 모양이다. 간신히 아파트 입구에 도달했을 때는, 내린 눈(눈 위를 뒹굴어서)과 쌓인 눈으로 온몸 여기저기에 눈 자국이 홍건하다. 마치 어린 날 국민학교(옛날에는 초등학교가 아니었다) 입학식에 매달고 갔던 하얀 가제수건처럼 옷 여기저기에 '나는 초보입니다' 라는 눈(雪) 딱지를 붙이고 있다.

이 시가 흥미로운 것이 비틀거리는 남자 때문만은 아니다. 오히려 이 남자를 바라보는 시선이 더욱 흥미롭다. 가정을 해보자. 남편이 늦게까지 귀가하지 않자, 아내가 남편을 마중 나왔다고. 저 멀리 택시에서 내린 남편이 언덕길을 오르며 아파트로 접근하는 모습이 보인다. 한눈에도 술에 취한 모습이다. 아내는 걱정한다. 하지만 쉽사리 마중 나가지 못한다. 무언가 사연 많은 사람처럼 남편이 기필코 자신에게 주어진 길을 오르려고 하는 모습을 보아버렸기 때문이다.

김지유의 시에서 남자들은 힘없는 모습으로 자주 등장한다. 「고도를 기다리며, 그대를」 같은 시를 보면, 여자를 하염없이 기다리는 남자의 모습이 선명하게 부각되어 있다. 여자를 기다린다고 하여 힘없는 남자라고는 단정할 수 없지만, 주어진 상황에서 기다림으로밖에 일관할 수 없다는 것은 외부의 상황에 대해 대처할 힘을 가지고 있지 못하다는 표식으로 볼 수 있기 때문이다. 「아내는 출장 중」의 남편도 비슷하다. 그 역시 아내가 설계한 삶에 종속되는 것밖에, 지금으로서는 아무 것도 할 수 없는 처지이다.

그들 모두는 마치 무가치한 동전처럼 버려진 존재로 그려진다. 그나마 「걸음마 하는 사내」의 남자는 자신에게 주어진 길을 갈 힘이라도 남아 있는 상태여서, 언급한 두 시의 남자들보다는 덜 무기력하다고 해야 할 것이다.

다시 제기한 문제로 돌아가자. 술 취해서 비틀거리는 남자를 바라보던 여자, 어쩌면 이 남자를 기다렸을지도 모르는 아내가, 걸음도 제대로 걷지 못하는 남자를 왜 부축하지 않았을까. 혹 혼자서 걷도록 응원하는 것은 아닐까. 제목도 걸음마 하는 사내이고, 후반부에서도 어머니의 손길을 운운하며 마치 자식을 바라보는 심정으로 사내를 바라보는 시선도 감지되고 있지 않은가.

시인 김지유의 시에서 남자들은 힘을 잃고 스러지기 일보 직전에 있는 것처럼 보이는 경우가 많은데, 그러한 남자들에게 희망을 주고 싶어서 이 시에서는 꾹 참고 그가 그의 길을 오르도록 참고 있지는 않을까. 김지유는 시인의 말에서, 시는 상처와 소외를 치유하기 위한 방안이고, 혼자되어 외로운 이들이 원하는 결합을 촉진할 수 있는 방안이어야 한다고 말한 바 있다.

아마 김지유는 시 속에 남편을 말없이 응원하는 여인이 되어, 외롭게 스러질지도 모르는 이 세상의 소외된 자와 연약한 자들에게 응원의 메시지를 보내고 있는지도 모른다. 그렇다면 그녀에게 시는 세상 사람들과 소통하는 통로이고, 타인을 가족으로 결합하는 끈이며, 자신의 내밀한 도움을 세상에 보내고 세상으로부터 역시 내밀한 후원을 받는 도움의 장이 된다고도 할 수 있다.

## 4. '내' 안을 찢고 나오는 마녀의 절규로

시 「커티 삭」은 현란한 이미지가 압축되어 있는 시이다. 그 현란함은 약간의 도발적인 유혹과, 약간의 답답함과, 약간의 일탈, 그리고 약간은 '나'가 아닌 것들에 대한 선망으로 이루어져 있다. 마치 마녀의 주문에 필요한 마법의 재료 같은 느낌으로 말이다.

언제나 시작엔 걸리는 것이 없어
바라는 것도 없어 어디로 가든 좋아

처음 마신 술 한 잔에 취해 속이 울렁이고
보이지 않는 세계까지 건드려
잠을 자던 마녀가 저 속에서 꿈틀거려

클레이지 인 러브, 비욘세의 음악에 홀려
귓불을 간질이는 입김에도 쉽게 흔들리고
색색의 불빛이 환하게 쏟아내는 어지러움도 좋아

누구든 머무르지 않아 설레는, 도곡동 클럽 노노스

마주 앉아 채워지는 술 한 잔 따라 마셨을 뿐
늘 새로이 시작되는 마음에 에돌 것은 없어

> 닿지도 붙잡지도 않은 손가락들, 마녀의 발목을 간질이고
>
> 끝이 아니기에 더 빠르게, 서로를 향해
> 스텝을 밟으면서도 닿자마자 멀어지는 클럽 노노스.
>
> ―김지유, 「커티 삭」

 시에 대한 분석을 하기 전에 밝혀두어야 할 것은, 나는 클럽 '노노스'에 대해 알지 못한다는 점이다. 그런 클럽이 실제로 존재하는 것인지에 대해서도 확신하지 못하겠다. 따라서 이 시의 정황을 이해하는 나의 시각은 왜곡된 것일 수도 있다.
 화자는 클럽 노노스에 있다. 1연은 화자가 클럽 노노스에 들어서는 순간의 마음가짐으로 보인다. 화자는 약간은 자포자기 심정으로, 다시 말하면 될 대로 되라는 심정으로 노노스에 가지 않았나 싶다. 앞의 시들을 통해 드러나는 화자의 정서를 볼 때, 대단히 혼란스러운 상황에 처해 있었고 이를 해소하기 위해서 노노스에 들른 것이라고도 가정할 수도 있다.
 2연은 술을 마시기 시작하면서, 마음속에서 일어나는 '착하지 않고 얌전하지 않은' 또 하나의 자신을 인지하는 순간을 그리고 있다. 앞의 시 중에서 「꽃뱀」처럼 화자는 유혹의 정서를 느끼기 시작한다. 「가위」로 표현하면, 망각의 늪에서 깨어나 그녀의 착한 여자로 박제되었던 순간을 거부하는 시점에 도달한 것이다. 착한 여자이기를 바랐던 현실원칙 '그녀'에게는, 쾌락원칙으로 접어드는 반항의 자아 '나'는 잠을 자던 마녀의 기지개에 다름 아니다. 이제 착한 여자는 죽고, 잠자던 마녀가 깨어난다.

3연은 음악과 함께 더욱 현란해지는 술집 내부의 상황을 그리고 있다. 그 상황은 내면의 상황과도 일치한다. 내면의 심리도 현란해진다. 비욘세라는 육감적인 몸매와 목소리를 지닌 가수의 끈적끈적한 노래가, 마녀로 변한 여자의 현기증을 북돋운다. 어디선가 귓불을 간질이는 입김들이 쏟아지고, 불빛과 취기가 어우러진 어지럼증으로 인해 현실원칙을 고수해야 한다는 의지는 더욱 깊숙이 사라진다. 음악, 촉감, 불빛, 취기, 그리고 내면의 열기로 화자는 물론 클럽 노노스의 내부도 몽롱해진다.

4연에서 화자는 클럽 노노스를 떠날 것을 고려하기 시작한다. 노노스를 떠난다는 것은 정확하게 무슨 의미일까. 현실의 상황에서는 일탈과 방황을 의미하는 것일 게다. 하지만 내면의 마녀를 풀어놓고 싶어 하는 화자에게는 더 큰 자유와 영혼의 해방을 뜻하는 것일 게다. 이제 화자는 대담해졌다.

문제는 5연이다. 화자는 떠나지 못한다. 화자는 다시 차분해진 마음으로 테이블 너머를 바라보고 있다. 귓불을 간질이던 촉감은 테이블 너머로 마주 앉아버렸고, 그토록 대담하게 마셨던 술도 이제 그냥 마신 것으로 의식은 변화되었다. 게다가 마지막이 되어야 할 시점에서 '새로운 시작'을 떠올리기 시작했다.

6연에서는 더욱 차분해진 마녀가 말한다. '닿지도 붙잡지도 않은 손가락들'이라고. 차분해진 마녀는 본성을 해방시켜야 하는 여자답지 않게, 그 앞의 남자들과의 거리를 스스로 늘리고 있다. 그 거리만큼 본성은 줄어들고, 줄어든 본성만큼 마녀는 약해진다.

그리고 7연의 이별이다. 마녀는 오늘의 상황을 냉정하게 정리하고 있다. 하룻밤의 인연이 끝이 되지 못하기에, 서로를 마음속으로 갈구하지만 결국에는 아무 일도 없었던 듯 멀어져야 한다고. 시적 상황으로 정리하면, 화자는 클럽 노노스를 떠나는 남녀들을 바라보면서 자신도 떠날 준비를 한다. 하지만 화자는 아마도 혼자일 것이다.

이 시를 상상력을 가미해서 재구성해보았다. 클럽 노노스를 비유적으로 해석하면, 현실원칙에 속박 당했던 쾌락원칙이 풀려나는 순간이자 지점이다. 시인은 이 순간을 잠자던 마녀가 깨어나는 순간이라고 했다. 즉, 클럽 노노스는 마녀가 부활하는 공간이었다. 그 공간에서 마녀는 현실에서는 일탈이자 방황이라고밖에 할 수 없었던 어지러운 상상과 현란한 유혹을 경험한다.

문제는 그 마녀의 상상과 유혹이 결국에는 클럽 노노스를 벗어나지 못한다는 점이다. 그 공간 내에서도 화자의 본래적 자아는 자유롭지만은 않다. 각종 제약을 상기하고 타자와의 거리를 좁히지 못한 채, 결국에는 마녀의 해방에 실패하고 만다.

하긴 상상은 상상으로 있을 때 아름다우며, 일탈의 유혹은 유혹으로 그칠 때 품위가 생길 것이다. 그래서 어쩌면 김지유의 「커티 삭」은 복잡한 심경을 지닌 화자의 멋진 상상력이자 대담하게 꾸며진 이야기로 머물 때 더욱 아름다울지도 모른다.

하지만 다른 충고를 하나 하면서 그녀의 시에 대한 평론을 줄이도록 하자. 마녀는 마녀답게 풀려나볼 필요도 있다는 충고이다. 시인으로서 김지유는 지금 초짜 마녀의 등급에 올라 있다. 앞에서도 언급했듯이 착하고 얌전한 서정시가 판을 치는 세상에서 그녀의 등장과 활력은 반가운 것이 아닐 수 없다. 「가위」나 「꽃뱀」을 관류하던 혼란도, 마녀를 꿈꾸는 그녀의 시적 새로움이 아니었으면, 그저 그런 넋두리로 전락했을지도 모른다. 따라서 지금까지 보여준 그녀의 시적 생명력은 '마녀성'에 그 뿌리를 두고 있다고 해야 할 것이다. 그렇다면 마녀성의 극한에 도전해볼 필요도 있다.

김지유 시의 화자가 마녀의 극한으로 올라갈 수 없는 것은 '마녀'가 되려는 그녀 옆을 둘러싼 남자들 때문으로 보인다. 화자의 눈에 비치는 '남자들'은 연민의 대상이다. 무기력하고 소심하고 또 도움을 필요로 하는 존재들이다. 결국 김지유의 시는 마녀가 되고 싶어 하는 원심력과 그 남자들이 끌어당기는 구심력 사이의 긴장으로 인해 지금의 자리에 있다고 결론지을 수 있겠다.

이러한 팽팽한 힘의 균형은 김지유의 시를 정해진 궤도 위에서 움직이도록 옭아맬 것이다. 지구와 달이 너무 멀지도 그렇다고 너무 가깝지도 않은 거리에 있을 때 가장 안정된 관계를 유지하듯이, 김지유 시의 마녀와 남자들도 그 거리를 조정하게 될지도 모른다. 하지만 한 번쯤은 그 거리를 파괴할 필요도 있지 않을까. 적어도 그녀 안의 마녀가 풀려나오는 순간에는, 그 마녀들이 세상의 남자들을 걱정하지 않아도, 그 남자들을 걱정하는 '그녀'의 시선을 정면으로 맞받아쳐도 괜찮지 않을까. 마녀가 되고 싶은 '작은 자아들'에게 감시자인 '그녀'나 보호 대상인 '남자들'은 잠시 잊혀져도 되지 않을까.

# 단정함과 어긋남
― 하재연, 고현정, 김언, 박진성의 시―

### 0. 네 명의 시인과 느슨한 공통점

네 명의 젊은 시인들로부터 기분 좋은 청탁을 받고, 나는 그 시인들의 시를 소리 없이 찾아 읽기 시작했다. 경력에 비해 왕성한 활동을 해나가는 그들에게 무언가 도움을 주고 싶었다. 그리고 그들에 대한 글을 더욱 풍요롭게 꾸며주고 싶었다.

그러나 그들에게는 그리 큰 공통점은 없어 보였다. 평론을 꾸미고 체제를 통일시킬 필요성과 근거가 희박한 셈이었다. 고민 끝에 여러 번 반복하여 보다가, 나는 한 가지 재미있는 공통점(만일 이것이 가능하다면)을 찾을 수 있었다.

그것은 문장을 다루는 방식이었다. 그들에게는 완숙한 시인들이 보여주는 언어의 능란한 조형감이 약했다. 오히려 언어를 다루는 방식에서 상대적으로 미숙한 편이었다. 그것은 그들이 젊기 때문이기도 했지만, 그들의 시적 경향이 언어의 조형미에 맞추어져 있지 않기 때문이기도 했다.

시 속에서 상황이 애매해지고 실수로 보이는 문장이 드러나는 순간, 그 이유를 따지고 싶어졌다. 실수와 의도를 구분하는 것은, 더욱이 그것을 가지고 시를 판단하는 것은 위험할 수도 있는 일이지만, 그들의 패기를 높이 사고 그 안에서 의미를 발견할 수 있다는 생각으로 초점을 맞추려고 한다.

## 1. 단정함 속에 숨은 함정

하재연의 시는 단정하다. 그것은 문장에서부터 나타난다. 하재연의 시는 주어와 술어가 분명하고, 불필요하게 복잡한 수식어를 동반하지 않는다. 따라서 읽기에 무리가 없고 시적 상황을 이해하는 데에 쓸데없는 심력을 낭비할 필요가 없다. 신작시 「욕조의 남자」도 이러한 성향을 잘 보여주고 있다.

욕조는 입을 벌리는 법이 없다
미끈하고 부드럽게 불빛 아래서
빛나고 있다
그의 몸이 꼭 잠길 만큼만
따뜻한 물이 욕조에 찰랑거린다

그가 오늘 들은 것은,

>  하나의 부음과 하나의 소식
>
>  명쾌한 호흡으로 끊어지는 문장처럼,
>
>  설명이 어려운 일들은 그다지 많지 않다
>
>  여기는 그의 집,
>
>  욕실인 것이다
>
>  거울은 쉽게 영향 받는다
>
>  달콤한 수증기 속에서 불빛 속에서
>
>  그의 얼굴은 조금,
>
>  아름답다, 고 생각한다
>
>  일그러지고 일렁이는 윤곽선이
>
>  그의 뒤에서 미소 짓는다
>
>   ―하재연, 「욕조의 남자」 부분

시의 공간은 욕실이다. 한편에 욕조가 있고, 다른 한편에 거울이 있다. 남자는 물을 받으며 욕조에 대해 생각한다. 그리고 욕조 안으로 피곤한 몸을 눕힌다. 영화나 텔레비전 드라마를 보면, 하루 일과에 지친 사람들이 욕실에서 샤워를 하거나 세면을 하면서 거울을 들여다보는 장면을 어렵지 않게 발견할 수 있다. 혼자만의 시간과 자유로운 공간이 보장되기 때문에, 지친 일상을 잠시 쉬어 가기에 욕실은 적격인 장소이다.

영화 「빅 피쉬」에서 지친 아버지가 혼자만의 시간을 갖는 장소도 욕조 안이었다. 그는 욕조 안에 몸을 담그고 세상의 소리를 차단한 상태로 누워 있다. 이렇게 따뜻한 물을 받은 욕조(혹은 욕실)는 타인과의 접촉을 떠나 자신과의 대면을 유도하는 공간이자 매개로 쓰이고 있다. 시 속의 남자도 그러한 상황에 빠져 있는 듯하다.

그는 욕조 안에서 하루 일과를 정리한다. 부음을 들었고 중요한 하나의 정보를 얻었다. 무엇인지 정확하게 소개하지 않는 것으로 보아, 그다지 특별한 것은 아닐 것이다. 매일매일 반복되는 일과의 한 부분이자 연장선상의 일인 것이다. 그리고 지금 그는 편안한 상태에 있기 때문에, 그 일을 처음 접했을 때 혹시 가졌을지 모르는 혼란도 더 이상 문제될 것이 없다.

시의 1연과 2연은 이러한 일반적인 상황을 쉬운 어조와 정확한 문장으로 풀어내고 있다. 어찌 보면, 산문을 보는 듯하게 정갈한 구조이다. 그런데 3연은 다르다. 3연의 첫 행 "거울은 쉽게 영향 받는다"는, 수증기에 뿌옇게 변하는 거울을 설명한 구절이다. 욕실 내부에 가득 찬 수증기로 인해 안은 조금씩 흐릿해진다. 2연에서 말한 명쾌한 호흡이 흐트러진다고나 할까.

그러면서 하재연의 시에서 꼭 풀어야 하는 모호한 문장을 만나게 된다. "달콤한 수증기 속에서 불빛 속에서 / 그의 얼굴은 조금, / 아름답다, 고 생각한다" 뿌연 수증기 속으로 남자의 얼굴이 점점 흐려진다. 욕실에서 오래 샤워를 한 사람이라면 누구나 경험하는 현상이다. 세면대 위의 거울에서 자신의 얼굴이 지워지는 것을. 그런데 시에서는 '생각한다'라고 맺어지고 있다. 그러면 누가 생각하는 것일까? 남자가? 시구에서 주어는 일단 '그의 얼굴(은)'이다. 그러나 '그의 얼굴'이 생각할 수는 없다. 정확하지 않은 표현이 두드러지는 대목이다.

보조사 '은'을 '을'로 해석해서 '남자'가 '자신의 얼굴'을 '조금 아름답다'고 생각했다고 볼 수도 있다. 그러나 다음 문장에서 '윤곽선'

이 '그의 뒤에서 미소 짓는다'는 구조가 나타나는데, 이렇게 볼 때 남자를 주어로 내세우는 것은 어색하다.

답은 중요하지 않다. 시를 읽다 보면, 이것보다 더 복잡한 문장과 비합리적인 문장 구조를 쉽게 만날 수 있다. 그때마다 규칙을 지키지 않은 이유를 캐묻거나 숨은 의도를 궁리하는 것은 불가능하다. 그러나 하재연의 경우는 조금 다르다. 그녀는 이 부분에 공들여 쉼표를 찍어 어떤 의미를 심어두려 했기 때문이다. 전체적으로 정확한 문장 속에 불분명한 문장을 심어두었다는 데에서 어떤 기미를 찾을 수 있는 것이다.

단정함 속의 어떤 어긋남이 의도된 것이라면, 그것은 4연과 깊은 관련이 있을 것이다. 의외로 4연은 대담하다. 남자의 숨겨진 욕망을 엿보는 듯한 느낌을 주고 있다. 뿐만 아니라 1연의 첫 행과 느슨한 긴장 관계를 형성하고 있다. '욕조가 입을 벌리지 않고 있다'는 것은 무슨 뜻일까.

솔직히 성적인 추론과 심리적 이론으로 이 시를 해석하고 싶지는 않다. 그러나 단정한 구절 속에 파묻힌 어떤 일탈이, 이 시 속에 더 많은 일탈이 있지 않을까 하는 생각을 하게 만든다. 그것이 있다면, 그리고 그것을 찾을 수만 있다면, 이 시는 한층 수준 높은 해석의 즐거움을 줄 수도 있을 것이다.

다시 본래의 질문으로 돌아가자. 누구일까. 누가 얼굴이 아름답다고 생각한 것일까. 거울 속의 윤곽선을 가진 남자. 그 남자는 거울 바깥의 남자와는 조금 다른 층위에 있는 남자이다. 이상의 '거울 속의 남자'와는 다르다는 뜻이다. 거울 바깥의 남자가 일상에 지쳐 돌아와 명쾌한 해결과 안온한 휴식을 갈구하는 존재라면, 거울 안쪽의 남자는 정리된 일상의 틈새를 비집고 나와 묻혀진 욕망을 드러내는 이른바 불온한 존재이다. 욕조라는 기구의 묘한 생김새나, 4연의 여자는 그 불온한 존재의 깊은 심층을 암시하는 단서들이 아닐까 한다.

하재연의 시는 정갈하지만 그 안에 불온함을 지니고 있다. 그것은 문장에서부터 출발한 것이다. 단정함 내부에 교묘하게 포진된 혼란과 모호함 그리고 불명료성. 이것은 그녀의 시를 탄력적으로 만들고 있다. 그 탄력이 보다 굳건하게 시를 지탱할 수 있다면, 더욱 대담하면서도 무척 읽기 쉬운 시를 만들 수 있을 것이다.

## 2. 과격함을 위협하는 정보량

고현정의 시는 과격하고 위험하다. 그녀의 시는 피와 체액을 흘리고 있고, 폭력과 위험에 노출되어 있다. 온몸으로 기고 고통을 감수하며 고행을 닮은 행위를 강요당한다. 그것은 고현정의 시를 파격적으로 보이게 만들고 있으며, 과격한 외침으로 주목을 받도록 만들고 있다.

문장의 측면에서 보았을 때도, 그녀의 시는 줄글에 가까운 긴 흐름을 보이고 있고 묘사도 자세하고 촘촘한 편이다.

> 사과를 향한 애벌레의 사랑을 항상 기억한다
> 'Carpe diem, 현재를 즐겨라'는 그때까지 필수적인 생활방식이다
> 인터넷의 60여개 자살 사이트를 검색하던 그가 연거푸
> 보낸 메일이 뚜뚜뚜뚜 휴대폰 푸른 액정화면에 잠시도 쉬지 않고 뜬다

"푸른 죽음을 너에게 위임해." 후두부와 가슴 언저리
그 중앙의 심장이 마지막 내 목표물이다 발빠르게 움직이고
수시로 길을 바꾸며 걸어야 한다 적외선 권총은 언제나
내 손이 0.1초 내에 닿을 수 있는 곳에 숨기고
수시로 확인한다 외인 부대나 특수 부대에서 사용하는
이 권총. 불꺼진 어둠 속에서 진정한 빛을 발한다 실수로
깨져 본 경험을 선잠이 들었을 때도 잊지 않는다
내 속의 나인 그. 여름철 뇌우보다 빠르고 질기다
양복 쟈켓의 단추도 싸개 단추로 된 것을
입는 것이 필수다 빛나는 건 금물이다
둥근 오름길 언덕의 밤 하늘을 반쯤 가린 발광 광고판에 붙박혀 있던
'죽음에게 자유를! 이란 글자들이 허공을 향해 갑자기
한 자 한 자 몸을 날리며 가볍게 튀어 오른다
그를 살려 두는 것은 배배 꼬이고, 틀어져 올라가고, 온 몸이
마디마디 꺾인 지혈되지 않는 상처에 손을 대고 누르고 있는 일이다
기분을 말랑말랑하게 만드는 밤의 언어들은
밀어 내거나 단번에 삼켜 버린다

사과를 향한 애벌레의 사랑,
나의 연대기는 방점도 필요없는 여백으로 남겨두길 바란다
　　　　　　　　　　　　　　─고현정,「킬러의 고백」

　이 시의 제목을 참조하면 말하는 이는 '킬러'이다. 그는 인터넷 자살 사이트를 검색하고 있고 그곳에서 다음 일(목표물)을 찾고 있는 눈

치다. 시인은 인터넷을 통해 자살을 종용하고 그 자살을 돕는 킬러를 제시하고, 그 독특한 직업(?) 속에서의 인물 심리를 그려내고 싶어 한 것 같다.

그러다 보니, 이러한 상황을 설명해야 할 필요성이 대두되지 않을 수 없다. 간략한 몇 마디의 수식이나 간단한 묘사만으로 일상적이지 않은 시적 상황을 이해시키기는 힘들다(사실 지금의 시도 상당한 보완을 필요로 하고 있다). 정보를 제공해야 하고 그러기 위해서는 많은 단어들이 동반되어야 한다. 문장이 길어지고 친절한 내레이터의 설명처럼 시구가 전개되어야 한다.

여기서 꼭 한 가지 짚고 넘어가야 할 것이 있다. 최근 젊은 시인들의 시는 줄글과 긴 묘사를 전혀 두려워하지 않고 있다는 점이다. 즉, 이러한 형태의 시가 고현정만의 특징은 아니라는 것이다. 아니, 어쩌면 최근 시적 창작 경향을 반영한 사례에 불과하다. 다만 고현정의 시가 길어지는 이유를 나름대로 찾아보니, 정보의 공급량이 그 주요 요인이라는 점을 미리 밝혀두고자 한다.

킬러, 인터넷, 권총(그것도 적외선 권총), 킬러의 심리 등이 복합적으로 얽혀지면서 시는 말의 홍수 속으로 들어가고 그 안에서 이야기가 뚜렷하게 살아나게 된다. 마치 이야기를 읽고 있는 듯한 느낌을 받게 된다는 것이다.

취향의 차이겠지만, 시는 틈입의 여지가 있어야 하고, 그 틈입은 시적인 상상력을 자극하고 보충할 수 있는 명상일 수 있으면 좋겠다는 것이 평소 나의 지론이다. 지나치게 자세하고 어떤 면에서 친절한 시는, 명상의 양을 줄이고 정보의 조합 과정을 어지럽힌다.

가령 「경계에서」와 같은 시를 보자.

청띠제비나비 애벌레 한 마리가 인도에서 차도를 향해
기어간다 검지 손가락만한 기름한 몸으로 더듬더듬 기어가는
눈 먼 애벌레의 행보. 두려움도 없이. 허락되지 않는 접근
나는 소스라치면서 멈추어 선다 시속 100킬로미터로 달려드는
자동차들이 즐비한 8차선의 차도. 악 나도 모르게
소리친다 망설이며 서 있는 나. 인도와 차도의 경계에서
애벌레는 따뜻한 태양 아래 숨을 거칠게 몰아쉬며 허덕이고 있다
온몸 마디마디를 둥글게 힘껏 오므렸다 폈다
오므렸다 폈다 끊임없이 이어지는 오늘과 내일. 애벌레의
필사적인 움직임. 물렁뼈가 오득오득 낮게 소리를 낸다
청띠제비나비 애벌레는 소리치는 나를
힐끗 스쳐가듯 한 번 몸을 굴려 의식할 뿐
애벌레에겐 기는 일 자체가 기도이고 구원이다
인도에서 사람들의 질긴 발길을 피하고
이제는 차도를 향해 서슴없이 내달리고 있다
태양에 굴복하는 방법을 애벌레는 깨닫고 있다

퍽!
자동차 바퀴 아래에서 납작하게 몸을 버리는 청띠제비나비 애벌레
차도 위로 주르륵 흘러 내리는 몸을 가득 채우고 있던 진초록의 눈물
내 온몸에 튀어 오르며 감겨드는 저 전복적 탈피

―고현정, 「경계에서」

'청띠제비나비의 애벌레'가 시속 100킬로미터로 차가 다니는 도로를 건너는 상황을 묘사하고 있다. 그러나 모르긴 몰라도 이 애벌레가 살아서 맞은편 인도 위로 도착할 확률은 거의 없을 것이다. 또, 술에 취한 채 도로를 횡단하는 삽화는 여러 이야기 속에서 쓰여진 바 있으니, 처음 보는 삽화라고도 할 수 없다. 그런데「경계에서」는 이러한 인접 상상력의 여지를 넓히기보다는 상황을 묘사하는 데에 지나치게 치중하여 요긴하지 않은 부분을 많이 확장시켰다.

「킬러의 고백」도 비슷하다고 생각한다. 이 시에서 눈길을 끄는 대목은 첫 행의 '사과를 향한 애벌레의 사랑을 항상 기억한다'는 구절이다. 그러나 그 밖의 대목이 지나치게 킬러 이야기에 집중되어 있어, 첫 구절의 정체는 모호해진다. 비록 결론 격으로 다시 제시되고 있지만, 그 사랑이 킬러의 어떤 점과 상응하는지 정확하게 이해하지 못하겠다. 이것은 간결함이 확보되면 저절로 사라질 문제가 아닐까 한다.

또, 특이하고 파격적인 측면에서의 시적 경이가 아니라, 그 안에 담긴 명상의 깊이를 보여주기 위해서는 엄선된 단어를 고르고 최소한의 상황으로 최대한의 묘사를 해내는 수련이 필요하지 않을까 한다. 만일 그렇게만 할 수 있다면, 그녀의 과격함과 위험성은 더 좋은 시적 무기로 작용할 것이다.

## 3. 이상한 문장과 그 안의 의미

김언의 시어는 날렵하게 상황을 포착하는 데에 특장이 있다. 낯익은 상황을 낯설게, 그러면서도 기발하게 표현하는 장기는 널리 인정된다. 그러나 그 장기가 지나치면 몇 가지 예상치 못했던 문제를 낳기도 한다.

1.
집에 들어
숨죽인 발바닥을 본다
신발을 떼어내고 남은 글자는
어제 저녁 들춰본 석간신문의 부음(訃音)란
불러서 오는 자들은 소식 없지만
누가 불러서 간 자들의 뒷맛은
개운하여 금방 잊혀진다


2.
어느 숲으로 갔을까, 생각해보기는
산을 타면서 미리 실종자의 이름을 새겨놓는
표찰만큼 날카롭고 불확실하지만
분명한 건 내가 남기고 간
탁족 몇 개,
어떻게 너는 먼 길을 돌아
돌아서 집으로 왔을까, 옆길로 새는
나는 어떻게 시작과 끝이 다른 길을
또 몰랐을까 불행을 만나서
행불(行不)로 받아치는 너는
끝말잇기 놀이하듯

3.
문장 한가운데 숲이 있음을,
숲에서는
목소리가 너무 커서
나무 하나 들리지 않는다
켜지지 않는 성냥불처럼,
희망은 끈질기게 밝은 것처럼
위장한 종이 한가운데 침을 흘려
불을 끈다 내 발바닥에서 끝나는 길을
비벼서 끄는 누군가 한 사람,

—김언, 「안 보이는 숲의 마을」 부분

 화자는 집으로 돌아와서 발뒤꿈치에 달라붙은 신문을 떼어내게 된다. 달라붙어 있던 부분은 어제 석간신문의 부음란이었다. 화자는 생각한다. 죽은 자들에 대해. 그런데 그 대목을 시는 상당히 난해하게 표현하고 있다. "불러서 오는 자들은 소식 없지만"은 무슨 뜻인지 정확하게 파악이 안 된다.

 죽은 자들이 말없이 묻힌다는 뜻으로 여겨지지만, 그 다음 구절 "누가 불러서 간 자들의 뒷맛은 개운하여 금방 잊혀진다"를 보면 반드시 그렇지만도 않다. '불러서 오는 자들'과 '누가 불러서 간 자들'이 다른 사람들이라는 말인가? 또 '뒷맛이 개운하여 금방 잊혀진다'는 말의 정확한 뜻은 무엇인가? 이러한 사례는 시적 긴장은 있으나 정확하게 표현되지 못해 모호해진 대목이라고 할 수 있다.

단정함과 어긋남

2연도 전체적으로는 모호하다. 전체적으로 이 시를 보았을 때, 화자는 집으로 들어오기 전에 등산을 갔던 것 같다(등산을 갔다가 신문지를 발에 붙이고 왔다는 설정은 조금 애매해진다). 그는 등산을 통해 누군가가 죽은 충격을 잊으려고 한 것 같다. '미리 실종자의 이름을 새겨 넣는 표찰' (이런 표찰이 실제로 있는지는 모르겠지만)의 의미는 이것과 연관되는 듯하다.

정리하면 어제 신문에서 누군가의 사망 소식을 접했고, 이에 대한 반응으로 화자는 등산을 떠났고, 산행에서 자신이 걸어온 길을 생각했다. 탁족을 한자어로 '託足'이라고 쓸 경우, '일정한 곳이나 일에 발을 붙이거나 의지함'의 뜻으로 볼 수 있다. 이 시에서는 이 경우가 더욱 합당하다. 누군가를 잃고 실의에 빠진 마음을 의지하여 붙잡아 매고 싶어 하는 시인의 심경이 드러나 있고, 이러한 탁족의 비유를 통해 삶 전체를 관조하는 힘을 얻고 싶어 하는 심경도 내비치고 있다.

그러나 탁족 이후의 시구들은 지나칠 정도로 감상적으로 나열되어 있고, 고뇌를 겉으로 드러내기에 바빠 그 깊이를 확보하지 못하고 있다. 즉 "어떻게 너는 먼 길을 돌아" 이후의 문장들은 사족에 불과하다. 탁족이라는 깊이 있는 비유를 혼란시키고 어떤 의미에서는 훼손시키는 문장들이다. 더 결정적인 문제는 설명이다. 이러한 구절들은 설명의 의미가 강하다.

3연에서도 공연한 설명이 많다. 3연에 접어들면 화자의 산행이 과연 실제인가 아니면 관념적 소행인가 의심스러워진다. 시인은 '숲'을 '문장' 한가운데에 위치시킴으로써, 현실의 숲을 벗어난 곳에 있을지도 모르는 새로운 숲의 존재를 암시한다. 그러나 그 이후의 문장들은 역시 그 숲의 신비감과 위상을 돕지 못하고 있다. '숲에서는 목소리가 너무 커서 나무 하나 들리지 않는다'는 표현은 무슨 뜻인지 명확하지 않다. 근본적으로 숲의 고요를 강조하기 위한 문구로 보이지만, 그냥 상상과 현실의 경계에 있는 숲이면 충분하지 않을까 한다.

4연과 5연은 수수께끼로 가득 찬 연이다. 나의 소견으로는 이 시에서 4연과 5연이 왜 필요한지 모르겠으며(3연의 마무리는 현실로 돌아오는 화자의 모습이다. 즉, 발바닥을 내려다보는 화자의 모습에서 고뇌와 관조의 힘을 느낄 수 있다면 그것은 괜찮은 마무리일 것이다), 그 의미를 구체적으로 파악하지 못하겠다.

4연의 그 숲이 '그의 옷'이 되는 이유도 명확하지 않고, 탁족(濯足)의 또 다른 의미인 "발을 씻음"의 뜻이 틈입하는 이유도 정확하게 모르겠다. 5연은 더욱 모호하다. 나는 이 시를 죽은 자들이 촉발한 여행의 기록과 마음의 번뇌를 옮겨놓은 진혼곡쯤으로 여긴다. 그 진혼곡에는 자신의 길을 다시 걸어가야 하는 살아 있는 사람의 혼란이 자연 담기게 된다. 그러나 그 이상을 탐내려고 한다면, 그것도 지나친 설명과 모호한 설정으로 부연한다면, 시는 어지러워질 것이다.

> 물이 식는다 얼어붙기까지는 또 몇 시간
> 바깥 출입을 하고 와서 오늘 걸어본 길의
> 열기와 끝나지 않는 불행을 얘기해야 한다
> 그것이 나의 일이다, 돌아오는 길에 젖었던
> 땅이 얼면서 빙벽을 뚫고 땀방울 식은 모양 그대로
> 피는 이상한 식물의 이름도 받아썼다 사람이 살면서
> 지천으로 피는 꽃들은 사실, 이 마을에 물이 들어오면서부터다
> 사람이 먼저 살았을까 아니면 물이 잠자고 있었던 것일까

먹을 수 있는 물의 양은 흔하지만 내리는 비의 양은
전혀 없는 이 마을에 아직은 마을 같은 이 도시에
교도소 같은 한 지붕 아래 새벽이면 모두 불이 꺼지고
네 평이 조금 넘는 내 방에 들어 밤길은 환하다
내가 끌고 온 것일까, 그 새벽에 불이 켜진 이유
먼저 이주한 자들의 떠밀려온 살림살이만큼 복잡한
구질구질 퍼 보이는 그 곡절은 어제 떠나는 선편에
잠시 실었다 떠나 있어도 모래바람에 익숙한
마음이 가 닿는 것은 한 사람의 때묻은 옷과 피부
그 피부가 써내려간 지난날과 오늘날만큼 아득한
소식에 부치는 내 머리카락과 손톱은 보는 대로
살라버려라 옷가지를 걸면서 모질게 못을 박았다 어제,
저녁 찬거리를 사들고 총총히 걸어가는 아이는 누군가
이곳에 와서 뿌린 아이들 중 하나, 기특하게도
부모 생긴 모양 그대로 자라서 더 자라서
머리 위로 삐죽 솟은 대파는 내가 걸어온 길만큼
붉어 이름을 물어도 이상하게 큰 키만 흔들어보인다
모든 길이 붉은 이곳의 풍속도 거기서 부는 바람과는
다르지 않아 지붕에는 별이 흐르고 하늘보다 더 높은
천장에선 빗방울 떨어진다 바람 끝에 매달려
새가 울고 물방울 뜨고 지는 와중에 마을을 움직이는
사람의 손길은 바쁘다 밖에서는 도무지 비가 없는 마을
아직은 마을 냄새 풍기는 이 도시 밖으로 걸어나가 가만히
서서 불타는 사람의 얼굴을 본 적이 있다 언젠가

> 사람이 할 수 있는 마지막 일이란, 죽거나 죽음까지 가는 일
> 걸어와 마음에는 붉은 길 붉다고만 할 수 없는 붉은 길
> 걸어와 검거나 엷은 얼룩과 그 밤까지 얘기할 수 있다면
> 이 마을의 일원이거나 드물게는 예외도 생기는 밤이
> 오늘처럼 해가 지지 않는 밤, 그 방에 들어 뒤늦게
> 환한 물이 끓는다 끓는 물에 못을 박으면서 변명 같은
> 잔부스러기 고이는 너는 살려고 여기 온 것이 아니다
> 떠밀려와 내일은 한 차례 더 이주가 있을 것이다
> 돌아오는 편지는 없다
>
> ─김언, 「외행성」

　김언의 신작시 「외행성」은 재기발랄한 시이다. 나는 처음 이 시를 외행성에 혼자 남겨진, 혹은 처음 이주한 지구인 1세의 탐험 일기 정도로 생각했다. 그러나 역시 현실적인 모습과 겹쳐지면서 이야기 속의 긴장감은 늘었지만 상황이 모호해졌다. 특히 후반부의 기술은 중언부언의 인상마저 준다. 낯익은 현실이 어느 날 낯선 곳에서의 삶으로 바뀐다면, 그곳은 분명 우리에게 명왕성만큼 낯선 외행성임에 틀림없을 것이다.

　그러나 그 낯섦을 핑계로 지나치게 상투적인 설명을 늘어놓는다면, 우리는 혼란에 휩싸이게 될 것이다. 낯섦이 무엇이고 낯익음이 무엇인지 혼란스러워질 것이다. 언어가 간단명료하게 이 구분만 지어줄 수 있다면, 김언의 시작 의도는 선명해질 것이다.

## 4. 내재된 공포와 그 분출

박진성의 시에는 불안 심리와 정신 이상 증세가 부각되고 있다. '불안', '강박', '우울', '발작' 같은 용어들이 시어로 사용되고 있고, 신경을 자극하는 표현들이 군데군데 배치되어 있다.

신작시 「야사」는 어두운 가족사의 그늘을 엿보게 하는 특징이 있고, 여태까지 강조된 이상 증세의 어투나 심리 상태가 어디에서 연원한 것인지 시사해주기도 한다(이것은 순전히 나의 추측으로, 객관적으로 실증된 바는 없다).

응급실은 불안의 눈알처럼 빛나고 있었다 오빠, 유리가 눈에 박혀서… 병원 들어서기 전에 자세히 하늘을 봐뒀다 내안 통째로 훑고 가는 나무들의 합창, 누이에게로 가는 길은 숲이었다 알 수 없는 빛깔이 쏟아져 흐르던 긴 긴 길… 누이는 나무들을 다 집어먹은 밤처럼 고요에 기대어 떨고 있었다.

외상은 없습니다 …… 오빠, 아무 것도 보이질 않아서…… 내 또래 의사가 차트에 무언가 적어 넣었다 이 년을 정신병동에서 보낸 후 누이는 작은 나무를 닮아 있었다 창문으로 쏟아져 들어오는 숲 소리가 누이의 몸을 힘겹게 들어올렸다

진영아집에가자 진영아집에가자 누이의 눈두덩을 가만히 만져주었다 환한 세계 하나 맑게 눈 뜨이는 소리, 그걸 비명이라고 적지 말

> 자 나는, 누이를 업고 밤하늘로 짐승처럼 걸어 들어갔다
> ―박진성, 「야사」

　제목부터 은밀한 느낌을 주는 이 시는, 정신병을 앓고 있는 누이와 이를 지켜보는 오빠의 마음을 형상화하고 있다. 한 집안에서 정신병을 앓는 사람이 있다면 이것은 감추고 싶은 비밀에 속한다. 정신병에 대한 인식이 고루하고 심한 편견에 사로잡힌 우리나라 사람들에게, 이러한 병(명)은 감추고 싶은 약점이 아닐 수 없다.

　그러므로 이 시는 이러한 비밀이자 약점을 드러낸다는 점에서 일단 충격적이다. 이것이 사실인가 아닌가는 추후의 문제이고, 시어의 표면에 드러난 충격이 만만치 않다는 것이다. 시인은 1연과 2연에 누이동생의 육성을 담는 장치를 삽입하여 그 충격을 진실함으로 바꾸어 놓았다. '유리가 박혔다고'(1연) 말하는 동생은, 실은 '아무 것도 보이질 않는'(2연) 병에 시달리고 있었다. 아마 아무것도 보이지 않는다고 믿어지는 병일 것이다.

　누이는 숲처럼 어두워졌고 고요해졌다. 1연의 어두운 숲이나 2연의 작은 나무는 이러한 상상력의 파장 안에 있다. 누이의 몰락과 침묵에 화자는 비명 같은 울음으로 맞선다. "진영아 집에 가자." 시인은 울음 섞인 말투를 흉내 내어 띄어쓰기를 포기하고 다닥다닥 붙은 한 어절로 처리했다. 끊이지 않는 울음 소리를 닮은 읍소인 셈이다.

　이 시에서 누이의 침묵과 이상이 무슨 이유 때문인지, 그리고 그 이유가 보편적 삶의 체험과 더 긴밀하게 내접했다면 좋았을 것이다. 개인적인 체험의 깊이와 질량이 크기에 숙연해지는 것 이외에도, 보편적 삶의 기운을 느낄 수 있었다면 더욱 좋았을 것이다.

그러나 언어를 통제하는 힘이 대단하고 복잡하지 않게 배치하는 구성이 세련된 느낌을 주었다. 1연보다 2연에서 더욱 많은 정보를 주면서도 3연까지 가는 긴장을 잃지 않도록 차분하게 배치한 것이다. 자칫 길어질 수 있는 가족사의 아픔을 간략하게 처리하면서도 그 안에 가족들의 아픔을 삽입하는 솜씨도 주목된다.

## 5. 결론 아닌 결론으로

시어는 되도록 간략해야 할 것이다. 그것은 비단 시만의 문제가 아니며, 문학만의 문제도 아니다. 불필요한 부분이 확대되지 않고, 상황을 포착하는 정확한 언어의 힘을 볼 수 있을 때 좋은 문학도, 좋은 시도 가능해질 것이다. 이 말을 문장과 시어의 측면으로 바꾸면, 중첩된 설명이나 상상력을 허약하게 만드는 묘사 혹은 요긴하지 않으면서도 복잡하고 긴 서술을 줄여야 한다는 것이다. 물론 시어의 배치와 문장의 구성에서 정확함과 명료함을 기본으로 전제하고 난 이후에 말이다.

시를 해석한다는 것은 반드시 많은 정보를 제공받아야 하는 작업은 아니다. 시인이 취사선택한 단어, 즉 시어를 읽는 이(독자)가 자신의 경험과 지식으로 보충하면서 읽는 것이다. 그러니 보충될 자리를 남겨두어야 한다. 시의 문면에 정보가 넘쳐흐를 때, 우리는 도리어 혼란을 느낄 수 있고, 그렇게 야기된 혼란은 시의 본질이나 위의와 거리가 먼 것일 수 있으며, 자칫하면 시의 가치를 저하시킬 수 있다. 말하자면, 시인은 시의 중요한 함의를 함부로 풀어 헤쳐서는 안 된다.

그러한 측면에서 네 명의 시인에게는 일장일단이 있지만, 시 체적의 중량감과 비례에 공히 힘을 기울여야 할 것으로 생각된다. 시어의 체중 감량은 언어의 단순한 조탁 과정만을 뜻하는 것은 아니다. 언어의 조탁은 그 언어를 갈고 닦는 명상의 축적과 의지의 성숙을 먼저 뜻한다.

어려운 시들  김남석 평론집

**첫판 1쇄 펴낸날** 2008년 3월 24일
　　**2쇄 펴낸날** 2008년 11월 18일

**지은이** 김남석
**펴낸이** 강수걸
**펴낸곳** 산지니
**등록** 2005년 2월 7일 제14-49호
**주소** 부산광역시 연제구 거제1동 1493-2 효정빌딩 601호
**전화** 051-504-7070 | **팩스** 051-507-7543
sanzini@sanzinibook.com
www.sanzinibook.com
**편집** 권경옥·김은경 | **제작·디자인** 권문경
**인쇄** 대정인쇄

ISBN 978-89-92235-34-1 03810

값 18,000원